JN108721

Professional Ethics

標準テキスト

会計専門職の職業倫理

会計大学院「職業倫理」研究会 [著]

同文舘出版

はしがき

　会計専門職である公認会計士や税理士には高度な職業倫理が求められる。

　かつて文豪のゲーテ（J. W. Goethe）が複式簿記は高度な技芸（Art）だと言ったように，会計に精通しているということは，一般の人々からはなかなか理解しにくい非常に高度な専門能力を有していることに他ならない。その専門性は使い方を間違えれば，いくらでも不当・不正な技芸を発揮してしまうおそれを内在している。言い換えれば，会計という高度な専門能力を有している専門家には，それを適正な方法で，かつ，公共の利益のために利用する責務があり，それを支える高度な倫理観が求められるのである。

　そのため，国際会計士連盟が公表している国際教育基準（IES）では，会計専門職になるための教育プロセスにおいて倫理が欠くことのできない要素として組み込まれている。

　ところが，わが国では倫理を学ぶ機会は一般に用意されていない。大学の一般教養科目の中の選択科目として「倫理」が置かれていたり，中学・高校の教育課程で「倫理社会」を選択できたりするケースもあるが，海外の大学教育におけるリベラルアーツのように，倫理学又はそれを含む社会科学の基礎としての哲学を学ぶことが通例であるというような環境はないのである。

　それに代えて，従来，わが国では会計専門職に就くまでの間に倫理を学ぶ3つの機会があったと解される。

　1つ目は，2003年改正の公認会計士法の下，現行の公認会計士試験において，監査論の「出題範囲」に職業倫理が含まれるようになったことである。実際には日本公認会計士協会の「倫理規則」から出題されるケースが多いようにも思われるが，論文式試験において倫理的な判断を問う問題が出題されたケースも見受けられる。このことは，受験生に職業倫理の重要性に対する一定の意識づけをもたらしたのではなかろうか。

　2つ目は，実務補習である。IESでは，会計専門職に就くまでに職業倫理に関する学習カリキュラムを設けることを求めているが，わが国では，公認会計士試験合格者に対して3年間にわたる実務補習が義務づけられており，

そこで職業倫理に関するカリキュラムも設けられている。試験合格後の3年間にわたる実務補習と修了考査というのは，諸外国には類を見ない会計専門職の養成プロセスではあるが，ペーパーテストに向けた受験準備では身につけられない職業倫理のような事項を学ぶためには，実務補習がわが国の試験・資格制度の補完的装置として機能しているのかもしれない。

　3つ目は，2005年に創設された会計専門職大学院である。会計専門職の養成やすでに会計専門職に就いた者のリカレント教育を目的として設立された会計専門職大学院では，職業倫理を必修科目としたり，監査関連の講義科目の中で職業倫理に関するいくつかの単元を設けたりする等の措置がとられている。実際，公認会計士試験の独立した受験科目でもない「職業倫理」を必修化することは，受験準備という観点では学生に対してさらなる負荷を課すことになるかもしれない。しかしながら，高度な倫理観に裏づけられた会計の専門知識こそが重要であるという認識は，会計専門職大学院においては創設以来一貫してとられてきた基本理念の1つであるといえる。

　本書は，会計専門職大学院における職業倫理のテキストとしての利用を第1の目的として作成された。

　問題は，職業倫理としていかなる内容を教育するかである。

　例えば，わが国のすべての会計専門職大学院で構成されている会計大学院協会では，かつて文部科学省の教育推進補助金を得て「会計大学院コアカリキュラム検討委員会成果報告書」（2010年2月21日）を公表したことがある。そこでは，各大学院の教育課程はそれぞれの設置理念に基づいて独自に設定することが原則であるが，「すべての会計大学院で標準的に教育しなければならない授業科目については，それらをコアカリキュラムとして位置づけ，その内容も担当者によって大きくばらつくことがあってはならない」として，重点4科目——会計職業倫理，国際財務報告基準（IFRS），IT支援監査技法，及びインターンシップ——について「会計大学院コアカリキュラム」を策定して，それぞれの科目の「学習の到達目標」と各講義回で取り扱うべき講義内容である「授業で取り上げるべきテーマと内容」を明らかにしている。このコアカリキュラムについては，その後も見直しが図られて現在に至っているが，残念ながらいずれも共通テキストの作成には至らなかった。

　本書の執筆者である5名は，現在，会計大学院で職業倫理の科目を担当しているが，日々試行錯誤する中で，将来の会計専門職である学生たちに講義を行うにあたって職業倫理のテキストの必要性を痛感してきた。

　現在，わが国では，職業倫理の講義等でテキストとして利用することができる基本書は数少ない。海外の職業倫理のテキストの翻訳はあるものの，できればわが国の制度等を前提として，倫理学の基礎から公認会計士法や倫理規則，ケーススダディまでカバーしているテキストがほしい。近年の動向に鑑みて，企業内会計士（Professional Accountants in Business: PAIB）や税理士の職業倫理についても取り上げたい。私たちは，各会計大学院で職業倫理の講義を行う中で，そうした悩みに近い要望をもって講義にあたってきた。本書はその中から生まれたテキストである。

　また，もう1つの背景として，2005年に会計専門職大学院が創設された当時から各校で職業倫理を担当してきた教員が各大学で徐々に代替わりをしつつあることがある。当初担当しておられた方々の知見や人生及び実務の経験に裏打ちされた講義をすべての担当者が踏襲できるわけではない。担当者の素養や講義展開に依ることなく，職業倫理について重要なことを教授するためのテキストが必要だと考えたのである。

　私たちは，約半年にわたって本書の構成及びそれぞれの章で取り上げる内容を検討した。その際には，わが国のすべての会計専門職大学院のシラバスも検討したが，結果として本書の内容は，私たち執筆者5名の大学院の講義内容をカバーすることに主眼が置かれたものとなっている。

　あえて「標準テキスト」という名称を冠したのは，前述の会計大学院協会のコアカリキュラムの考え方に賛同して，担当者の間でばらつくことがない標準的な教育内容を標榜したことによる。ただし，本書は会計大学院協会の活動とは関係なく，執筆者5名の自発的な検討に基づくものであり，本書の内容の過不足はすべて筆者たちに帰するものである。

　なお，本書の著者名を「会計大学院『職業倫理』研究会」としたのは，私たちもまた近い将来職業倫理の担当から離れ，新たな担当者に交替することを想定してのことである。その際には，新たな世代の担当者たちに本書の改訂を託すことを期待している。

本書では，各章の章末に「Assignment」「参考になる書籍」を挙げている。「Assignment」は，各章の内容を基に自ら考えて取り組む課題として，あるいは，講義内で時間をとって発言を求めたりディスカッションしたりするための課題として用意した。また，「参考になる書籍」は，各章の執筆にあたって引用・参照した参考文献ではなく，各章の内容をより深く理解するために有益な書籍という趣旨であり，こちらも各章の担当者に2冊ずつ推薦していただいている。

　また，巻末には付録として，「グループディスカッションの参考例」を2題挙げている。この例題は，実際に執筆者の会計大学院の講義で実施しているグループディスカッションで使用した課題の一部である。

　本書は，これまで述べたように，会計専門職大学院のテキストとしての利用を主たる目的として作成されたが，公認会計士試験合格後の実務補習や，有資格者の継続的専門能力研修（CPD）においての利用も可能ではないかと考えている。また，それ以外の読者の方々にも，本書を通じて会計専門職の職業倫理について理解を深めるきっかけとしていただければ幸いである。

　最後に，本書の出版にあたって，同文舘出版株式会社代表取締役会長中島治久氏，並びに，代表取締役社長中島豊彦氏には，出版事情の厳しい中，本書の意義と重要性をご理解いただき，多大なるご高配をいただいた。ここに記して深く感謝申し上げたい。また，同社取締役・専門書編集部長の青柳裕之氏には，本書の企画段階から書籍の完成までの長い期間にわたって根気強くご尽力いいただいた。心から御礼申し上げたい。

　2023年8月

著者を代表して

町田 祥弘

第 **7** 章

事例から学ぶ倫理（1）海外

第 **8** 章

事例から学ぶ倫理（2）国内

第 **9** 章

公認会計士の職業倫理（1）

第 **10** 章

公認会計士の職業倫理（2）

第**11**章

公認会計士の職業倫理（3）

第**12**章

公認会計士の職業倫理（4）品質管理

第 **13** 章

PAIBの倫理

第14章
税理士の倫理

＜付　録＞
グループ・ディスカッション事例

凡例

略語	正式名称
会	会社法
会施	会社法施行規則
会計	会社法計算規則
金商	金融商品取引法
民	民法
公	公認会計士法
公令	公認会計士法施行令
公規	公認会計士法施行規則
税	税理士法
税令	税理士法施行令
税規	税理士法施行規則
CGコード	コーポレートガバナンス・コード
犯罪収益移転防止法	犯罪による収益の移転防止に関する法律
品質管理基準	監査に関する品質管理基準
会則	日本公認会計士協会会則
倫	日本公認会計士協会倫理規則
倫QA	日本公認会計士協会倫理規則に関するQ&A
用語集	日本公認会計士協会倫理規則用語集
監基報	監査基準報告書
品基報	品質管理基準報告書
SOX法	サーベンス＝オクスリー法

略語一覧表

略称	正式名称	邦訳
AA	Arthur Andersen	アーサー・アンダーセン
AAA	American Accounting Association	アメリカ会計学会
AICPA	American Institute of Certified Public Accountants	アメリカ公認会計士協会
AOTCA	Asia Oceania Tax Consultants' Association	アジア・オセアニアタックスコンサルタント協会
ARGA	Audit, Reporting and Governance Authority	監査・企業報告・ガバナンス機構
CPD	Continuing Professional Development	継続的専門能力開発
EY	Ernst & Young	アーンスト・アンド・ヤング
FCPA	Foreign Corrupt Practices Act	海外不正支払防止法
FRC	Financial Reporting Council	財務報告評議会
FSOC	Financial Stability Oversight Council	金融安定監視評議会
GAAS	Generally Accepted Auditing Standards	一般に公正妥当と認められる監査の基準
GPPC	Global Public Policy Committee	国際公共政策委員会
IAASB	International Auditing and Assurance Standards Board	国際監査・保証基準審議会
IAESB	International Accounting Education Standards Board	国際教育基準審議会
IESBA	International Ethics Standards Board for Accountants	国際会計士倫理基準審議会
IES	International Education Standards	国際教育基準
IFAC	International Federation of Accountants	国際会計士連盟
IPD	Initial Professional Development	初期専門能力開発
ISA	International Standard on Auditing	国際監査基準
ISQM	International Standard on Quality Management	国際品質マネジメント基準
KAM	Key Audit Matters	監査上の主要な検討事項
PAIB	Professional Accountants in Business	組織内会計士
PCAOB	Public Company Accounting Oversight Board	公開会社会計監督委員会
PIE	Public Interest Entity	公共の利益に関連する事業体／社会的影響度の高い事業体
SEC	Securities and Exchange Commission	証券取引委員会
SMOs	Statements of Membership Obligations	加盟団体が遵守すべき義務に関するステートメント
SPE	Special Purpose Company	特定目的事業体
SWG	Standards Working Group	基準ワーキング・グループ

【標準テキスト】

会計専門職の職業倫理

第 **1** 章

職業倫理の意義

 1 倫理と職業倫理

（1）倫理の意義

　倫理とは，辞書によれば，「人倫のみち。実際道徳の規範となる原理。道徳。」と説明される[1]。英語では，"ethic"が該当し，「人の行動をコントロールしたり影響を与えたりする道徳的な原則。行動の道徳的な原則やルールのシステム」とされている[2]。

　またここにいう道徳とは，同じ辞書によれば，「人のふみ行うべき道。ある社会で，その成員の社会に対する，あるいは成員相互間の行為の善悪を判断する基準として，一般に承認されている規範の総体。法律のような外面的強制力を伴うものでなく，個人の内面的な原理。」とされている[3]。道徳に該当する"moral"は，「正しい行動及び間違っている行動の原則に関連するもの」「法的な権利や義務によるのではなく，正しいこと及び公正であることについてのその人自身の感覚に基づくもの」「多くの人々によって受容され正しいと考えられている行動の基準に従うこと」であるという[4]。

　上記の語義にも見られるように，「倫理」は一般に「道徳」という概念と

1　新村出編（2018）『広辞苑』（第7版）岩波書店。

2　Waite, Maurice（ed.）（2012）*The Oxford English Dictionary*, 7th ed., Oxford University Press. なお，類語に"ethics"があるが，ここでは個人の行動のみではなく，社会的システムに関連する概念ということで，"ethic"をとりあげた。

3　新村出編，前掲。

4　Waite, Maurice（ed.）（2012）, Ibid.

非常に近いもの又は同義語として捉えられている。しかしながら，両者には大きな差異がある。道徳は，個人又は個人が属するコミュニティにおいて承認される行動や考え方に関するものであるのに対して，倫理は「何がよいことか」についての考え方や判断の枠組みを取り扱い，社会的なシステムとして機能しているからである。

　例えば，監査に関して哲学的なアプローチによってその理論化を図ろうとしたMautz and Sharaf（1961）によれば，監査人の責任は，法的責任，倫理的責任，及び道徳的責任に区別されるという（Mautz and Sharaf 1961, ch.9）。ここでこの3者——法，倫理，道徳——の区別について整理したものが，**図表1-1**である。

　倫理とは，いわば「何がよいことなのか」についての論理を検討し，その検討した結果を集団や社会において合意した上で受け入れ，その集団や社会に属する人々がその合意に基づく行動指針に従って行動するものといえる。

図表1-1　法・倫理・道徳

	枠組みを作る主体	目的	責任と効果
法	社会又は社会の代表機関	社会秩序の維持	社会的に合意された最低限の水準の責任を問い，非違となる行為を違法行為として罰することで排除する
倫理	個人所属する団体や機関，又はコミュニティ（団体等）	何がよいことにあたるのかの論理を検討し，団体等の行動指針を示すこと	法的責任よりも高い水準を求め，団体等に所属する個人の判断の拠り所となる
道徳	その人自身，又はその所属するコミュニティ	望ましい行動を奨励すること	遵守するかどうかは個人の考えにかかっており一般に責任は問われず，主に社会における教育的・訓戒的な役割を果たす

出所：筆者作成

　私たちの先人は，古くから倫理，すなわち「何がよいことなのか」についての思索を重ねてきた。それが倫理学という学問領域を形成している。倫理及び倫理学には広範にわたる知的な蓄積があるが，その概略を示せば，以下の4つの点に集約されるように思われる[5]。

　まず何より，倫理はその文字通り，倫（よいこと）の理（論理）を扱う。「何がよいことなのか」を扱うのである。このときに，その判断基準を法律や規則などの外形的なものではなく，正しい・間違っている，善・悪について関係者の間で十分に議論され，合理的に判断された論理に求めることとなる。またその論理は，特定の状況にだけあてはまるものではなく，同様の状況にあてはめることができ，一部異なる状況においても該当するかどうかを検討することができるものでなければならない。倫理とはそうした様々な状況において「何がよいことなのか」を判断するための準拠枠ないし準拠枠を形成する基礎を提供するといえる。

　第2に，倫理は，単によい悪いの判断だけではなく，「いかに行動すべきか」を扱う。行動の目的がよいことなのか，行動の帰結がよいことなのかという点は倫理学における非常に重要な問題であるが（これについては，第2章で扱う），いずれにしても，倫理は単に個人の内的な態度の問題ではなく，「何がよいことなのか」の準拠枠に基づく行動ないし行動指針に関連するものである。先人が倫理学を探求してきたのは，どのように行動すれば倫理的であるのかを把握し，その理解に基づいて，自らの行動や集団の行動を倫理的なものとしたいと考えたからに他ならない。言い換えれば，事後的であれ事前のものであれ，行動に結びつかない論理や判断は倫理とは呼べないのである。

　第3の点として，倫理は，単に自分自身の問題ではなく，他者ないし利害関係者との関係を伴うものである。最も狭義には自分と相対する他者との関係において，広くは（後述するような）公共の利益に関係することとなる。ある行動が自らの利害だけでなく，他者の利害にも関連し，かつそれが重大なものであればあるほど，倫理的判断は重要性を増すこととなる。また，自分自身と他者との関係は，自分からの一方向的なものではなく，相互関係を

---

[5]　以下の倫理の主たる検討対象についての議論は，中村（2018），小坂・岡部（2005），加藤（1997），赤林・児玉（2018）の内容を基にしている。

有するものとなる。他者は，自分自身の行動に対して期待をし，利害関係を有するものであることから，意図しない行動は他者の期待を損なう場合がある。自らの行動に利害関係を有する他者が存在するということは，他者の利害と自らの考えとの間で判断に迷う局面（倫理的なジレンマが生じる状況）が生じる可能性があることを意味している。

　第4に，倫理が「何がよいことなのか」を判断するための準拠枠を提供するものだとしても，その準拠枠は一律にすべての行動を決定づけるものではなく，判断の余地が含まれる。すなわち，倫理には，個人ないし集団の価値観（Values）が関係してくるのである。一般に「何がよいことなのか」に関連する価値観を表す概念は，誠実性，公正性，忠誠心，最善を尽くすこと，客観性等々が挙げられるが，これらの価値観が常に独立的に関係してくるわけではない。例えば，特定の他者に対する忠誠心は，一般の人々の利害を守るという意味での公正性と対立する場合があるかもしれない。あるいは，契約の当事者に対する守秘義務と，他の当事者に対する説明責任とは両立しない場合があるかもしれない。こうした価値観については，個人又は集団において何にどの程度の重きを置くかという優先度（priority）の判断が必要であり，倫理的行動を考える際には，事前にあらかじめいかなる価値観に基づいて行動の準拠枠を置くかの合意を得ておく必要があるといえよう。

　以上のように，倫理を学ぶ目的を単に「何がよいことなのか」を学ぶことと捉えるのでは十分とはいえないのである。「よいこと」とされる行動が何ゆえ「よいこと」とされるのかを論理づけるのが倫理の役割である。その判断にあたっては，複数の利害関係者が関連する複雑な事態の中で，個人又は集団等があらかじめ用意した判断の枠組みに基づいて，個人の価値観をも加味しつつ，倫理的な意思決定をしていくことが求められる。そうした状況の中では，その場の個人の判断にすべてを委ねるのは過酷であり，ときとして人は弱く「よくないこと」に流されてしまうおそれがある。倫理は，個人や集団等が「よいこと」として合意した枠組みを提供し，個人の判断の支えとして，それに基づく行動の指針となるのである。

　すなわち，倫理の目的は，その時々の判断では適切に判断できないような事項について，あらかじめ判断の規準・枠組みを提供することにある。

（2）職業倫理の意義

　本書で扱う倫理は，専門職業に関する倫理，「職業倫理」である。

　職業倫理は，個人として求められる倫理を基礎として，職業に関連して求められる倫理ということになる。職業倫理のうち，一般ビジネスにおいて求められる倫理としては，例えば，法令等の遵守（コンプライアンス），環境保護，公正な取引，各種ハラスメントの防止を含む労働者の保護，会計不正の防止，消費者保護等が挙げられよう。

　専門職業に関する倫理は，そうした一般の職業倫理を基礎として，さらに高度な倫理的水準が求められる。それは，専門職業に関しては，社会からその専門性に鑑みて独占的な業務権限を認められる一方，社会からの期待に応えて高品質の業務を提供する責任を負うという，一種の社会的契約の関係が生じていることによるものである。言い換えれば，専門職業は「公共の利益」（public interest）に資する責務を負っているのである。専門職業に従事する者は，そうした社会からの付託を維持するために，また，高品質の業務の提供を行うために自ら専門職業内の不適切な業務を排除すべく，高度な倫理的水準が要請されるのである。

　かつてアメリカ公認会計士協会（American Institute of Certified Public Accountants: AICPA）が創設100年を機に職業倫理規程を全面的に改正するに先立ってその考え方を公表した職業行為規準特別委員会（アンダーソン委員会）報告書では，Carey and Doherty（1966）が指摘した専門職業の7つの特徴を挙げていた（AICPA 1986, 9）。

1．専門的知識があること

2．正式な教育課程を備えていること

3．プロフェッションの団体への入会に関する基準があること

4．職業倫理規程があること

5．免許状もしくは特別の称号によってその地位が認められていること

6．所属する人々が実施する業務に対して公共の利益が存すること

7．所属する人々がその社会的責任を認識していること

すなわち，専門職業は，公共の利益に資することとともに，職業倫理規程を備えていることを特徴とする，言い換えれば，専門職業としての要件としているのである[6]。

　ここで専門職業には，例えば，医師，弁護士，公認会計士や税理士が挙げられる。その他にも，各種の医療従事者（看護師，作業療法士，介護士等），司法書士，行政書士，中小企業診断士，社会保険労務士等が専門資格を有する専門職業として挙げられる。また会計の領域では，公認内部監査人，公認不正検査士，公認情報システム監査人といった資格を持って業務を行う専門職業人がいる。その他に，国家公務員や地方公務員，あるいは政治家も専門職業といえるかもしれない。

　しかしながら，上記の専門職業のすべてが職業倫理規程を備えているわけではない。その相違は，当該専門職業が単に国家資格又は公的な資格が設けられているだけなのか，社会から独占的な業務権限を認められるための歴史的プロセスを経ているのかにもよるであろう。あるいは，提供する業務が例えば不特定多数の人々の利害に関係しているかどうか，さらには，社会に対して提供する業務の品質に関して一定の基準が設けられているか否かにも関係しているといえよう。

　また，専門職業によっては，業界団体等において自主規制システムを備えているケースもある。自主規制の目的は，業界内の私的統制ではあるが，その対象は，業務の品質の確保だけでなく，職業倫理規程の遵守も含まれる。

　例えば，かつてAICPAの監査人の責任に関する特別委員会（コーエン委員会）の報告書では，会計プロフェッションの自主規制システムの4要素として以下のものを挙げていた（AICPA 1978, 141）。

- ●会計プロフェッションに加入し，かつ，継続して業務を行う権利を維持するための技能および専門能力に関する基準
- ●業務上の目標として，また，逸脱した業務を判定するための規範として役に

6　そもそも「公共の利益」という用語が職業倫理規程において初めて明確に規定されたのは，1988年にAICPAが職業倫理規則を大改正した際に以下の条文が導入されたことに始まるとされている。
　「第53節第Ⅱ条 公共の利益
　会員は，公共の利益に奉仕し，社会の信頼を尊重し，かつ，専門職業性の堅持を表す方法で行動する義務を負わなければならない」（AICPA 1988, 4301；八田 1987, 227）

立つ技術的基準および倫理基準
- 技術的基準および倫理基準の遵守を監視し，かつ，その遵守を促すための業務の品質管理に関する方針および手続
- 確立された規範（法律，証券取引委員会の規則もしくは会計プロフェッションによって設定された基準）から逸脱した業務あるいは行動に対して制裁を科すための有効な懲戒処分制度

　すなわち，会計プロフェッションにおいては，自主規制システムの重要な要素として倫理基準の遵守が位置づけられているのである[7]。

　以上のように，職業倫理は，専門職と認識される職業に求められる特有の倫理のことであるが，その背景には，社会から賦与された特定の資格とそれに伴う排他的権利がある。そうした権利に対して，相応の責任を負うこととなり，高い倫理観も求められる。それは，その専門職業が社会から継続的に認められる前提条件であるととともに，専門職業団体や業界内においては，そこに属する個人個人が備えるべき業務に対する基本的姿勢でもある。

　職業に関連する法律や規則は最低限のルールである。自主規制によって設けられている明文化された実務指針もそこに含まれる。しかしながら，専門職業のすべての判断を明文化することはできない。専門職業の現場では，自主判断が重要となる。専門職業が専門職業として社会的に認められ，期待されていることを理解して，法規や指針の明記されていない部分を自ら埋めていく必要がある。ルールを順守するだけでなく，ルールが設定された背景・趣旨を考えて行動し，思考することが求められる。そうしたときに，判断の準拠枠として機能するのが職業倫理なのである。

7　現在では，アメリカにおいて，倫理基準の策定・公表の権限は会計プロフェッションの業界団体であるAICPAから剥奪され，証券取引委員会（Securities and Exchange Commission: SEC）に予算を始めとした権限を管理されている準公的な機関である公開会社会計監督委員会（Public Company Accounting Oversight Board: PCAOB）によって行われている。同様に，ここに示す自主規制の要素のほとんどが，PCAOBの管轄に移されている。

2 会計プロフェッションと職業倫理

（1）会計プロフェッションの種類

　会計プロフェッションとは，専門職業のうち，会計に関係する職業，職業団体や法人，又はその職業に従事する人のことをいう。文献によっては，個人について「会計プロフェッショナル」という用語をあてているものもある。

　会計プロフェッションという用語からは，通例，公認会計士や税理士がイメージされると思われる。わが国の公認会計士であれば，公認会計士の業務（特に監査業務等），日本公認会計士協会や監査法人，個人としての公認会計士（監査人）のことを意味するし，税理士であれば，税理士の業務，各地の税理士会や日本税理士会連合会，税理士事務所，個人としての税理士ということになる。

　しかしながら，先に挙げたように，会計に関する専門職業は公認会計士と税理士に留まらない。内部監査の領域では公認内部監査人，不正の探索に関しては公認不正検査士等もいる。広くは，会計基準の設定にあたっている基準設定主体のスタッフや行政当局，証券市場当局等も含まれるであろうし，会計に関連する講義を担当する大学教員も含まれるであろう。あるいは，企業において会計専門職として採用された職員も会計を生業としている職業人といえるかもしれない。このように会計プロフェッションという用語は非常に幅広い内容を含むものであるといえる。

　本書では，会計プロフェッションの職業倫理を検討することが主題であることから，以下では，第一に公認会計士の職業倫理を取り上げて検討することとする。公認会計士は，グローバルに見れば，会計の専門職業として歴史的に古くから存在し，現在のように社会から独占的な業務権限を付与されるようになるまで，職業倫理規程の確立や自主規制システムの構築等に不断の努力を積み重ねてきた経緯がある。今や，職業倫理規程やそれに伴う自主規制システムは，他のプロフェッション以上に充実し錬成されたものとなっているからである。

　あわせて，税理士の職業倫理についても検討することとする（第14章等）。わが国では，公認会計士と税理士の業際問題があり，2つの隣接する専門職業が並立している状況にある[8]。しかしながら，税理士は，わが国の他，ドイツや韓国等の一部の国々に存在するだけで，グローバルには一般的な専門職業ではない。多くの国では，税務業務は公認会計士の業務範囲に含まれており，わが国においても公認会計士の資格保有者は，税理士として登録することで税理士としての業務を営むことができる。税理士は，グローバルに見れば，税務に特化した，いわばtax accountantなのである。近年，税理士業界においても，職業倫理の重要性が認識されるようになり，一定の取組みが行われつつある。公正な課税の実現という公共の利益に資するという使命を負っている税理士についても，職業倫理の問題を検討する必要があるであろう。

　なお，組織内会計士（Professional Accountants in Business: PAIB）についても，PAIBに固有の問題を取り上げることとする（第13章）。しかしながら，PAIBはあくまでも公認会計士が企業等の組織内で業務に従事する場合の呼称であって，後述する公認会計士協会の「倫理規則」においては，その一部として扱われている。PAIBにおける職業倫理の問題は，あくまでも公認会計士の職業倫理の問題から派生的に取り扱われることとなる。

　後述するように，現在のわが国の「倫理規則」（2022年7月25日最終改正）では，パート1「倫理規則，基本原則及び概念的枠組みの遵守」がすべての公認会計士（会員）が対象，パート2「組織所属の会員」が会計事務所を含む組織所属の公認会計士が対象，パート3「会計事務所等所属の会員」が会計事務所等所属の公認会計士が対象，パート4「独立性に関する規則等」が監査等の保証業務を実施する会計事務所等所属の公認会計士という区分を設けて，適用対象の広い規定から徐々に絞り込んでいく構成をとっている。したがって，PAIBについては，パート1とパート2の規定が適用されることとなり，これらの規定は監査業務に従事する公認会計士にも同じく適用される。PAIB固有の職業倫理の部分は決して広範なものではないといえよう。

8　公認会計士は，35,145名（日本公認会計士協会「会員数等調」2023年7月31日現在），税理士は，80,495名（日本税理士会連合会「税理士登録者・税理士法人届出数」2023年7月31日現在））となっている。

（2）会計プロフェッションにおける職業倫理

　前述のとおり，会計プロフェッションにおける職業倫理を考える際に，まずはその一日の長がある公認会計士の職業倫理を中心に検討していくこととしよう。

　わが国の場合，公認会計士の業務については，公認会計士法で規定されている（詳細は第9章等で取り上げる）。

　このうち，公認会計士法第2条1項には，「公認会計士は，他人の求めに応じ報酬を得て，財務書類の監査又は証明をすることを業とする」とされており，この「財務書類の監査又は証明」が監査人の独占業務とされている。

　また，公認会計士法第47条の2では，「公認会計士又は監査法人でない者は，法律に定のある場合を除くほか，他人の求めに応じ報酬を得て第2条第1項に規定する業務を営んではならない」として，公認会計士又は監査法人でない者に対する業務を制限していることから，上記の第2条1項における「財務書類の監査又は証明」は，公認会計士にとって排他的独占業務として規定されている。

　さらに，公認会計士法第2条2項では，「公認会計士は，前項に規定する業務のほか，公認会計士の名称を用いて，他人の求めに応じ報酬を得て，財務書類の調製をし，財務に関する調査若しくは立案をし，又は財務に関する相談に応ずることを業とすることができる。ただし，他の法律においてその業務を行うことが制限されている事項については，この限りでない」とされていることから，公認会計士の名称を用いて広く専門業務を展開できるとともに，公認会計士法第48条において「公認会計士でない者は，公認会計士の名称又は公認会計士と誤認させるような名称を使用してはならない」として，いわゆる名称独占も認められている。

　このように公認会計士法の下で，監査証明業務や名称の使用について手厚く保護されているといえるのである。

　こうした独占的な業務権限は，第一義的には公認会計士が有する専門性を信頼して付与されているといえる。

図表1-2　公認会計士に関する社会的契約

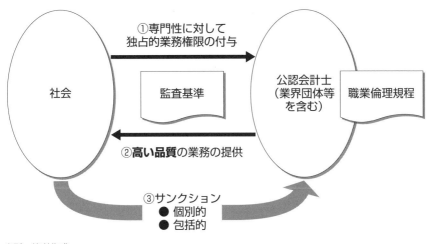

①専門性に対して
独占的業務権限の付与

社会

監査基準

公認会計士
（業界団体等
を含む）

職業倫理規程

②高い品質の業務の提供

③サンクション
● 個別的
● 包括的

出所：筆者作成

　公認会計士はその付託に応えて，高い品質の監査業務を提供する責務を負うこととなる。ここで提供される業務は「高い」品質であることに留意する必要がある。低い品質，あるいは，仮に公認会計士でない者が行ったとしても提供し得る程度の品質の業務であれば，社会が独占的業務権限を付与する意義が失われてしまうからである。この高い品質の業務の水準を監査業務に関して明文化して，社会との間に合意をしたものが「監査基準」ということになる。

　社会は，公認会計士が品質の低い業務を提供した場合あるいは非違事例に関わった場合には，サンクション（sanction：制裁措置）を課すこととなる。サンクションは，個別的なものと包括的なものが考えられる。個別的なサンクションは，品質の低い業務を提供したり非違事例に関わったりした公認会計士又は監査法人に対して課されるのに対して，包括的なサンクションは，公認会計士業界全体に課されるもので，新たな規制の導入もあれば，究極的には公認会計士から独占的業務権限を剥奪するという可能性もあり得る。

　こうしたサンクションの課される事態を回避するため，公認会計士は公認会計士協会という業界団体や監査法人という所属組織において，職業倫理規

程を設けて，職業倫理意識の維持・向上に努めることとなる。

中でも日本公認会計士協会が設けている職業倫理規程は「倫理規則」という。倫理規則は，国際会計士連盟（International Federation of Accountants: IFAC）の常設機関である国際会計士倫理基準審議会（International Ethics Standards Board for Accountants: IESBA）が策定している倫理規程（IESBA Code）を翻訳し，一部わが国の状況に応じて調整した上で，日本公認会計士協会の総会での承認を経て確定・公表されている。

公認会計士協会による「倫理規則」のほか，各監査法人等が独自に任意の倫理規程を設けている場合もある。例えば，グローバルなネットワークに属する監査法人では，グローバルなネットワークのファーム・ポリシーにおいて，倫理規則を超える独立性の規定等を設けている。こうしたネットワークによる独自の規定等は，ネットワークに属する監査法人等の業務を高い水準に維持することで他のネットワークに対する比較優位を確立しようとするものといえる。

以上のとおり，会計プロフェッションにとっての職業倫理は，社会から独占業務を付託されたことに対する見返りとして，社会にとって会計プロフェッション及びその業務が社会にとって有益となるという義務を受け入れることに他ならない。職業倫理規程は，いかなる行動をとることがそうした社会からの信頼を得ることにつながるのかの指針を，自らの業界，団体等に属する個々の会計プロフェッションに対して提供するものとなる。

とりわけ財務諸表監査の業務を提供する公認会計士の場合，職業倫理は重要である[9]。監査報告書の利用者は直接，監査業務に従事した公認会計士のことを知ることができない。資本市場の投資家たちは，監査業務を担う公認会計士が，監査対象となる財務諸表を作成し監査報酬を直接支払う被監査企業の経営者のためではなく，公共の利益のために資する存在であると信じている。その信頼が維持されている限りにおいて，公認会計士の作成する監査報告書が信用され，財務諸表監査が社会的制度として成立することとなる。このことから，監査業務を行う公認会計士にとっては，社会からの信頼を維持

---

[9] 以下の監査業務における職業倫理の重要性については，Carey and Doherty（1966），Gaa（1944）等を参照している。

するために，公認会計士が公共の利益のために倫理的に行動することを担保する職業倫理は，依頼人に対して直接専門業務を提供する専門職業以上に重要なものとなるのである。

3 職業倫理教育の枠組み

　会計プロフェッションにとって職業倫理は重要なものである。会計プロフェッションは，専門職業に就こうと決意したときからその業務から退くまでの間にわたって，職業倫理規程に関する知識を身に着け，実務の中でその適用を実践して学んでいく必要がある。公認会計士協会の倫理規則を学習し理解したからといってそれで終わりということではなく，ましてや本書を読み通したからといって職業倫理を身に着けたということにはならない。

　IFACの常設機関の1つである国際教育基準審議会（International Accounting Education Standards Board: IAESB）によって策定されている国際教育基準（International Education Standards: IES）においても，第4号において，職業専門家となるための初期専門能力開発（Initial Professional Development: IPD）[10]を取り扱う5つのIESの1つとして倫理の問題が規定されている。

　わが国の会計専門職大学院は，2005年の設立当時からIESの要求事項に準拠した教育課程を備えている。加えて，学校教育法によって専門職大学院は，5年以内ごとに一度の第三者評価が義務づけられている[11]ことから，設立から15年以上が経過した現在においても，教育課程の水準は維持されているものと想定される。

　IESは，**図表1-3**に見られるように，IES 1において職業専門家となるための会計教育プログラムへの参加要件を定めた後，IES 2からIES 6において，職業専門家になるまでに身に着けるべき事項を定めたIPDの規定を置い

10　IPDとは，IESの用語集30項によれば，「30. IPD は，職業会計士志望者が職業会計士としての役割を果たすために必要な職業専門家としての能力を最初に開発する学習及び能力開発である」と定義付けられている。

11　学校教育法第109条第3項及び学校教育法施行令第40条に基づいて，専門職大学院を置く大学は，当該専門職大学院の教育課程，教員組織等その他教育研究活動の状況について，5年以内ごとに認証評価を受けなければならないとされている。

図表1-3　IESの体系

項番	タイトル	最終改正年
Framework	職業会計士と職業会計士志望者のための国際教育基準のフレームワーク	2015年
IAESB用語集	用語集	2019年
IES 1	職業専門家会計教育プログラムへの参加要件	2014年
IES 2	初期専門能力開発－技術的能力	2015年
IES 3	初期専門能力開発－職業専門家としてのスキル	2015年
IES 4	初期専門能力開発－職業専門家としての価値観,倫理,及び姿勢	2015年
IES 5	初期専門能力開発－実務経験	2015年
IES 6	初期専門能力開発－職業専門家としての能力の評価	2015年
IES 7	継続的専門能力開発	2014年
IES 8	財務諸表の監査に対する責任を有するエンゲージメント・パートナーの職業専門家としての能力	2016年

出所：筆者作成。

ている。続くIES 7 は，職業専門家となった後の継続的な能力開発の問題であり，わが国では，公認会計士法第28条に基づく法定義務の下，公認会計士協会において「継続的専門能力開発制度」（CPD制度）として運営されている。また，IES 8 は，財務諸表監査業務に関する業務執行社員の能力開発に関する規定である。

　本書は，会計プロフェッションの職業倫理について，主にIPD及びCPDの領域をカバーするものであるが，以下では，本書によって身に着けるべき事項を明確化するために，IES 4 の規定の概要を整理することとしたい。

　IESフレームワークでは，次のように定めている。

18項　職業専門家としての能力は，定められた水準で役割を果たす能力である。
　職業専門家としての能力は，原則，基準，概念，事実，及び手続の知識を超え，
　(a) 技術的能力，(b) 職業専門家としてのスキル，及び(c) 職業専門家としての
　価値観，倫理，及び姿勢の統合と応用である。

31項　IPD は，職業専門家会計教育，実務経験，及び評価を含む。IAESB は，

これらの用語を以下のとおり定義する。

職業専門家会計教育

　一般教育を基礎とする教育及び研修であり，(a) 技術的能力，(b) 職業専門家としてのスキル，及び(c) 職業専門家としての価値観，倫理，及び姿勢を開発する。

実務経験

　実務経験とは，職業専門家としての能力の開発に関連する職場内及びその他の活動をいう。

評価

　学習及び能力開発を通じて開発した職業専門家としての能力の評価。

　以上のように，IESにおいては，「職業専門家としての価値観，倫理，及び姿勢」は，職業専門家としての能力の一部を構成するとともに，IPDの3つの要素の1つとされている。

　ここで，IESの用語集によれば，「職業専門家としての価値観，倫理，及び姿勢」は，次のように定義されている。

職業会計士を専門職の一員として特徴付ける特性。それは，職業専門家の行動と一般的に関連し，その行動特有の特徴を本質的に定義していると考えられる行動原則（例えば，倫理原則）を含む。

　具体的な説明ではないが，価値観，倫理，及び姿勢という用語によって，各個人の会計プロフェッションが会計専門職業としての行動を行う際に求められる原則であると解される。

　そうした原則を身に着けるために，IES 4では，加盟団体（わが国の場合日本公認会計士協会）に対して，①職業専門家会計教育プログラムを通じて，職業会計士志望者が，(a) 職業専門家としての懐疑心を適用し，職業専門家としての判断を行使し，(b) 公共の利益に適った倫理的な方法で行動できるように，職業専門家としての価値観，倫理，及び姿勢のフレームワークを定めること（9項），②職業専門家会計教育プログラムに関連する倫理要件を組み入れること（10項)，並びに，③職業会計士志望者が IPD の終了までに

達成すべき職業専門家としての価値観，倫理，及び姿勢に係る学習成果を定めること（11項）を要求事項として義務づけている。

　わが国の場合，日本公認会計士協会は，国家試験として実施されている公認会計士試験の合格者に対して，実務補習所において3年間にわたって実務補習を実施し，最終的に修了考査によってその達成度を確認している。したがって，上記のIES 4の規定は，実務補習所における補習のカリキュラムに

図表1-4　職業専門家としての価値観，倫理，及び姿勢に係る学習成果

能力分野 （習熟度のレベル）	学習成果	
(a) 職業専門家としての懐疑心及び職業専門家としての判断（中級）	(ⅰ)	データ及び情報を収集及び評価する際に探求心を適用する。
	(ⅱ)	課題を解決し，判断を伝え，意思決定を行い，理路整然とした結論を導く際に偏向を減らす技法を適用する。
	(ⅲ)	適切な行動指針を決定するために代替案を特定し，評価する際に批判的思考を適用する。
(b) 倫理原則 （中級）	(ⅰ)	倫理の本質を説明する。
	(ⅱ)	倫理に対する規則主義及び原則主義のアプローチの利点と欠点を説明する。
	(ⅲ)	倫理の基本原則の遵守に対する脅威を特定する。
	(ⅳ)	倫理の基本原則の遵守に対する脅威の重要性を評価し，適切に対応する。
	(ⅴ)	データ及び情報を収集，生成，保存，アクセス，使用又は共有する際に倫理の基本原則を適用する。
	(ⅵ)	関連する倫理要件を，基準に従った職業専門家としての行動に適用する。（基準には，監査基準，会計基準，及び職業会計士が行う業務に関係するその他基準が含まれる。）
(c) 公共の利益へのコミットメント（中級）	(ⅰ)	専門職及び社会的責任の概念に関して倫理の役割及び重要性を説明する。
	(ⅱ)	ビジネス及び良好なガバナンスに関連して倫理の役割及び重要性を説明する。
	(ⅲ)	倫理と法律の相互関係を分析する（法律，規則，及び公共の利益の関係を含む）。
	(ⅳ)	反倫理的な行動が個人，専門職及び社会全体に及ぼす影響を分析する。

出所：IES 4「表A　職業専門家としての価値観，倫理，及び姿勢に係る学習成果」を基に一部修正している。

反映されていると解される。

　IES 4 第11項に関連してIES 4 が提示している学習成果の内容は，**図表1-4**のとおりである。IESでは，上記の事項をIPDの終了までに，つまり職業専門資格を取得するまでに身に着けることを求めている。なお，IESでは，IES 2，3，及び 4 において，習熟度の説明を共通の「付録」によって説明しているが，そこで示されている倫理に関する習熟度は**図表1-5**のとおりとなっている。

　この習熟度のレベルからわかるように，IPDにおいては，**図表1-4**に示されている(a)職業専門家としての懐疑心及び職業専門家としての判断，(b)倫理原則，及び(c)公共の利益へのコミットメントについて，その内容を理解して重要性を認識した上で，それらを倫理的判断に適用できるようにすることが求められているといえよう。

　本書では，次章以降において，倫理一般を含む職業倫理に関する基礎知識を得た上で，IES 4 に求められる職業専門家としての価値観，倫理，及び姿勢を倫理的な問題に適用できるようにすることを目標としている。

図表1-5　IESにおける習熟度別の倫理に関する事項

習熟度のレベル	内容
基礎	割り当てられた業務を遂行するに当たり，職業専門家としての価値観，倫理，及び姿勢の重要性を認識すること
中級	割り当てられた職務に職業専門家としての価値観，倫理，及び姿勢を適用すること
上級	職業専門家としての価値観，倫理，及び姿勢に立脚する適切な行動指針を判断すること

出所：IES 2, 3, 4 における「付録 1　習熟度の説明」より一部を抜粋

・会計プロフェッションが公共の利益に資する存在だとすれば，監査業務や税務申告業務を行う者を公務員とすれば良いのではないかとの考え方がある。こうした考え方は古くから展開されてきているが，現在のわが国をはじめとする多くの国々ではそうした制度がとられていないことを踏まえて，この考え方についての賛否及びその論拠を職業倫理の観点から考えてみよう。

・あなたが契約を結んでいる企業の経営者から，あなたに対して，「本年度は業績が厳しい。赤字になると銀行融資に支障を来す。何とかうまくやることはできないか」との要請があった。あなたが，「不正を看過することはできない」旨の回答をすると，当該経営者から「従業員を路頭に迷わせるわけにはいかない。応じられないのであれば，他の事務所に変更する」との意向を伝えられた。あなたこのような場合に，一体，どのような対応をはかるべきか。また，本件において，どこに本質的な問題があるか考えてみよう。

参考になる書籍

八田進二（2016）『公認会計士倫理読本：国際的な信認を得るための鍵〈平成28年増補版〉』財経詳報社。

藤沼亜起編著（2012）『会計プロフェッションの職業倫理：教育・研修の充実を目指して』同文舘出版。

参考文献

赤林朗・児玉聡編著（2018）『入門・倫理学』勁草書房。

加藤尚武（1997）『現代倫理学入門』講談社学術文庫。

小坂国継・岡部英男編著（2005）『倫理学概説』ミネルヴァ書房。

田中恒夫（2017）『会計職業倫理（第2版）：会計士（監査人）の倫理 税理士の倫理』創成社。

八田進二（1987）「米国公認会計士協会『職業行為規程』の再構築に関する考察」『専修経営年報』第12号，223-246.

八田進二（2016）『公認会計士倫理読本：国際的な信認を得るための鍵〈平成28年増補版〉』財経詳報社。

中村隆文（2018）『「正しさ」の理由：「なぜそうすべきなのか?」を考えるための倫理学入門』ナカニシヤ出版。

American Institute of Certified Public Accountants［AICPA］（1978）Commission on Auditors' Responsibilities, Report, Conclusions, and Recommendations（鳥羽至英訳（1990）

『財務諸表監査の基本的枠組み：見直しと勧告＜アメリカ公認会計士協会・監査人の責任に関する特別委員会（コーエン委員会）報告書＞』白桃書房）.

American Institute of Certified Public Accountants［AICPA］（1986）Report of the Special Committee on Standards of Professional Conduct for Certified Public Accountants, Restructuring Professional Standards to Achieve Professional Excellence in a Changing Environment（八田進二訳（1991）『会計プロフェッションの職業基準：見直しと勧告 アメリカ公認会計士協会・職業行為基準特別委員会（アンダーソン委員会）報告書』白桃書房）.

American Institute of Certified Public Accountants［AICPA］（1988）*Code of Professional Ethics*, AICPA.

Carey, J.L. and Doherty, W.O.（1966）*Ethical Standards of the Accounting Profession*, AICPA.

Gaa, J.C.（1994）*The Ethical Foundations of Public Accounting*, CGA Canada Research Foundation（瀧田輝己訳（2005）『会計倫理』同文舘出版）.

International Accounting Education Standards Board［IAESB］（2019）International Education Standard No.4, Initial Professional Development – Professional Values, Ethics, and Attitudes（日本公認会計士協会IES検討専門委員会訳（2021）国際教育基準第4号「初期専門能力開発：職業専門家としての価値観，倫理，及び姿勢」）.

Mautz, R.K. and Sharaf, H.A.（1961）*Philosophy of Auditing*（近沢弘治監訳・関西監査研究会訳（1987）『監査理論の構造』中央経済社）.

第 2 章

職業倫理の基礎概念（1）

1 規範倫理学の概要

（1）規範倫理学

　会計プロフェッションにとって職業倫理を学ぶことの目的は，自分たちの職業上の判断において「何がよいことなのか」の判断基準を明確化し，事前に準拠枠を設定し，自らそれに基づいて行動できるようにすることにあるといえよう。

　この「何がよいことなのか」という問題について，私たちの先人たちは長年にわたって必死になって考えてきた。この問題を主たるテーマとする領域に規範倫理学がある。

　「規範」というと，辞書的には，「①のり。てほん。模範。②のっとるべき規則。判断・評価または行為などの拠るべき基準」[1]とされており，「規範」に対応する英語"norm"についても，「通常である又は期待されている状態又は行動の形態。特定の集団や社会の中において典型的だとされる又は受け入れられている行動の基準」（訳は筆者による）[2]とされている。言い換えれば，規範とは「よいことの判断や行動の基準」だというのである。

　このことから，規範というと，何か「よいこと」とされる行為や規則があらかじめ定められていて，それに従うことのように捉えられがちかもしれない。しかしながら，すべての行為に対してあてはまる唯一の基準というもの

1　新村出編（2018）『広辞苑（第7版）』岩波書店。

2　Waite, M. (ed.) (2012) *The Oxford English Dictionary*, 7th ed., Oxford University Press.

はないし，倫理の問題は，外部から所与として規定される基準に従うことではなく，その基準自体を考え，自ら（特に自分たちの属する集団の中で）決定していくことにその意義がある。

ところで，何が正しいか，いかなることが望ましいのかの判断基準を設けることに批判的な考え方もあろう。例えば，「べき論」などということばもある。これは，「〜すべき」という主張によって論を展開することを指し，自らの価値観を全面的に押し出すものであるとして，否定的に扱われることが多い。何かを主張するにあたって，「べき論」は望ましくないともいわれる。

しかしながら，私たちは「べき論」を避けることはできない。次の例を考えてみてほしい。

例1）
命題1：世論調査の結果，国民の●％が＜政策A＞には反対である。
命題2：ゆえに，＜政策A＞は実施すべきではない。
例2）
「なぜ人を殺してはいけないのか？」

例1において，2つの命題（proposition）──ここで命題とは短文の肯定文で書かれたもので，真又は偽の判断の対象となる意味内容──は，あたかも命題1から命題2が導かれたように見える。

ところが，慎重に見てみると，命題1ならば命題2が必ず導かれるということにはならないことがわかる。例えば，政策Aが「増税」であったり，ひいては（憲法の国民の義務のことはここでは考慮外として）「納税」そのものであったりしたときには，世論調査によって国民の多くが反対だという意向を表明したとしてもそれを実施しなければならない場合があるといえよう。

命題1は「事実命題」と呼ばれ，その真偽はその命題が示す事実が真か偽かによって決定される。一方，命題2は「当為命題」といわれ，「〜すべき」という価値判断を含んだ内容となっている。事実命題からは当為命題は導かれないのである。そこには必ず，隠された価値判断が含まれている。例1でいえば，「国民の●％が反対する政策は実施すべきではない」という当為命

題が隠されている。問題は，●％が政策Aに反対であるというときに，その政策を実施しないということを判断基準としてよいのかどうか，という点が問われる必要がある。このことは，この問題を論じた哲学者David Humeの名を冠して「ヒュームの法則」と呼ばれている。つまり，「〜である」(is) という命題からは論理演繹的に「〜すべき」(ought) という命題は導き出せないというもので，道徳的判断は理性的推論によって導かれないという法則である（杖下 1994，147-166）。

このことについて梅津（2002，14-17）は，当為命題は「それが事実命題によって検証されたり，反証されたりしない」という特徴と，「当為命題が事実を見つめながらも，それを超える事態を指示し，何らかの変革やそれを達成するための行為を要求している」という特徴を指摘している。

次に例2を見てみよう。これは倫理学や生命倫理における基本問題とされるもので，様々な解答が考えられる。

ここで少なくとも考慮の外にする必要があるのは，「法律で犯罪とされているから」といった法律を所与として捉える解答や，「そんなの当然だから」といった思考停止による解答であろう。

他方，「犯罪として捕まるから」という解答はどうであろうか。この解答に対しては，「捕まらなければ構わないのか」という次の問いが生じる。もしその問いに対して，「Yes」だとすれば，その解答者の価値観は「逮捕されるかどうか」「罪に問われるかどうか」にあって，人の生命には置かれていないこととなる。

さらにこの問題は，「日本では死刑制度があるが，死刑判決によれば人を殺してもよいのか」という問いに展開して考えることもできる。

例2の問いに対しても，明確な唯一の解答はないが，多くの倫理学のテキスト等では，私たちの社会は「人を殺してはいけない」という当為命題に同意・合意して，自らの命についても「殺されない」という保障を得ているという考え方が提示される。その考え方に基づいて，「死刑」とか「安楽死」や「自殺」の権利の問題が論じられ，私たちが属する国や時代によって変わ

る考え方が検討されることとなる[3]。すなわち，例2を考えることは，私たち個人や私たちの属する国や社会がいかなる当為にいかなる理由で合意してきたかを問い直すことにほかならないのである。

　私たちは，何らかの倫理的な事柄を考える際に当為命題から解放されることはなく，問題は，その問題を避けずに，いかにしてその当為を事前に自ら判断して合意していくかという点にある。

　以下，何がよいことなのかという「当為」の問題を考え続けてきた規範倫理学の系譜の概略を振り返り，会計プロフェッションの職業倫理を考えるにあたっていかなる視座が重要であるかについて考えていくこととしよう。

　なお，以下での整理は，岩崎（1975），梅津（2002），小松他（2006），及び坂本（2014）の整理に基づいている。

（2）帰結主義

　規範倫理学は，大きく分けて，帰結主義（Consequentialism）と非帰結主義（Non-Consequentialism）に分けられる。両者の違いは，ある行為を正しい又はよいと評価する際に，その行為の帰結（結果や効果）によって評価するかどうかである。帰結主義は，帰結によって評価し，非帰結主義は行為が生じる前の動機等によって評価する。

　次の例を考えてみよう。

例）
　行為：川で子供が溺れかけていた。そのとき，川辺にいた大人が助けるために飛び込んだ。
　帰結①：子供は助けられ，飛び込んだ大人も無事であった。
　　　②：子供は助かったが，飛び込んだ大人は溺れて亡くなってしまった。
　　　③：子供も大人も溺れて亡くなってしまった。

このとき，帰結主義であれば，帰結によって大人が子供を助けようとして

3　例えば，小松他（2006，第4章他）や青山（2013）を参照されたい。

飛び込んだ行為を評価することとなる。①は，子供が助けられたという帰結により，飛び込んだ大人の行為は正当化される。他方，③のように，仮に大人が飛び込まなかったとしたら子供が助かる可能性がなかったとしても，帰結として子供の命に加えて大人の命も失ったということで，助けに飛び込んだ大人の行為は無謀なものとして否定されることとなる。さらに，②については，帰結主義の立場からは，助かった子供の命の価値と失われた大人の命の価値が比較されることとなる。

　こうして見てみると帰結主義は，非人道的であるかのように思われるかもしれない。しかしながら，この立場は，経済学や社会福祉に係る政治学等の領域で有力な考え方としてとられてきているのである。

1）倫理的利己主義

　帰結主義には，主に倫理的利己主義と功利主義がある。

　このうち，倫理的利己主義は，「快楽主義」とも呼ばれ，個人にとっての「快」を善とし「不快」を悪と捉え，自分自身の「快」を最大化することに倫理の原則を求める考え方である。このとき注意しなければならないのは，あくまでも帰結の最大化を倫理的な判断基準としていることである。これに対して，人は利己的なものだと考えざるを得ない，すなわち人の行為を利己的なものだと認識する考え方もあるが，こちらは心理的利己主義と呼ばれ区別される。

　倫理的利己主義は，誰か特定の論者が主張したというよりも，行為の帰結において自己の利益を最大化するように行動すべきという考え方として，広く受け入れられてきたといえる。経済学における「経済人」というのは，まさに経済的な帰結を基に行動する人を措定するものである。また，倫理的利己主義がその目的のために，自由な社会を前提として個人が自己利益を思うがままに追求することによって，結果として社会全体の幸福につながるという考え方をとることから，社会哲学や近年アメリカ等で見られる政治思想のリバータリアニズム（Libertarianism）にも関連しているといえよう。

　こうした倫理的利己主義の立場は，非常に簡明でわかりやすいという特徴がある。また経済学のように，モデルの中で特定の行動や経済政策の効果を

分析する際に，他の多くの問題を捨象して検討するには必要不可欠な考え方かもしれない。

　しかしながら，帰結主義の下では，行為の結果のみが評価され，その行為の動機や背景は一切考慮されなくなってしまう。そのような評価は一面的すぎるのではなかろうか。

　また，倫理的利己主義はあくまでも個人の倫理的行動を問題としているが，異なる個人同士の利害が対立した場合には，一方にとってのよい帰結はもう一方にとっての望ましくない帰結である場合もある。このときはどう判断すればよいのであろうか。帰結がすべてとすれば，よい結果を生み出すことができる「強者」とそれができない「弱者」が生じた場合に，強者のみが評価されその行為が正当化されるという弱肉強食の論理を正当化してしまう。仮に強者にとっての利益が正当化されたとしても，社会全体としては帰結をどう捉えればよいのであろうか。

２）功利主義

　こうした倫理的利己主義の問題点について，社会又は集団という観点から一定の解決を導こうとしたのが功利主義である。功利主義は，ベンサム（Jeremy Bentham）の『道徳および立法の諸原理序説』（Bentham 1789）やミル（John Stuart Mill）の『自由論』（Mill 1859）及び『功利主義』（Mill 1861）が代表的な主張とされている。

　功利主義は，あくまでも帰結主義に立つものの，単に個人の問題だけではなく，その原理として「最大多数の最大幸福」（功利性原理）という多数決原理を用いるところに特徴がある。ここで厳密には，少数者は倫理的利己主義の立場からは「快」ではなく「不快」を得ることになるが，功利主義では社会や集団の幸福を個人の利害に優先するという解決策をとったのである。

　ただし，個人の問題についても一定の考慮を設けており，ベンサムによれば，「私的不可侵領域」という前提を置き，あくまでも個人に対して社会が干渉できない権利等を容認するのである。

　ここで，社会の幸福を最大化するために，いかにして社会の「富」を最大化するかが問題となる。これについて，ベンサムは，量的な富の最大化を図

ることを目的として幸福計算という方法を提示し，快苦の強さ，持続性，確実性，実現時期の近さ，多産性，純粋性，及び範囲という7つの基準によって幸福を測定することを提唱した。他方，ミルは，単に量的基準だけではなく，質的な側面にも考慮を払うべきだとして，「富のランク付け」と呼ばれる方法によって，質的な富の最大化を図るべきだとしている。有名な「満足した豚より不満足なソクラテス」というのは，ソクラテスのように多くを知っている人にとっての富は，豚のように何も知らないものにとっての富よりも質的に高い水準を要求することになる旨を意味している。

　功利主義の立場は，倫理的利己主義やリバータリアニズムに対比すれば，公共の利益（public interest）の重視ともいうことができることから，政策決定にあたって支持されることが多い。特に，政策の事前又は事後のコスト・ベネフィット分析は，一種の功利主義の考え方の展開といえよう。

　また，先に挙げた溺れる子供の例において，②の子供が助かって飛び込んだ大人が亡くなってしまったケースは，子供と大人の価値が比較衡量されると述べた。功利主義の立場からすれば，社会にとっての富の総体にどちらが貢献し得るかという検討が行われると解される。これは一見すると非人道的な経済計算のように見えるが，実際に死亡事故などの際の損賠賠償金の算定などでは，単に平均余命に対する残存期間だけではなく，その人の有する潜在的な社会的価値等も考慮されることとなる。これも一種の功利主義の適用例といえる。

　こうした功利主義に対しては，様々な批判が展開されてきた。次項で述べる非帰結主義の多くは，功利主義を克服する目的で提唱されてきたものなのである。

　例えば，梅津（2002, 34-37）で紹介されているFord Pinto事件も，功利主義に対する違和感を表す問題である。すなわち，ある自動車の不良が見つかった際に，リコール費用は13,700万ドルであるのに対して，事故による損害賠償支払い総額は4,950万ドルである場合，自動車会社の行為として，自社の利益を最大化するためにリコールを行わないことは正当化されるかどうかという問題である。功利主義による社会全体の富という観点からすればそれは正当化されるかもしれないが，そうした社会全体の富と，交通事故に遭遇してしまう少数の犠牲者の支払う犠牲とを単純に比較できるのだろうか，その

比較による行為が倫理的に正当化され得るのだろうかということなのである。

　この例に見られるように，社会的な富の最大化という基準では，それが量的であれ質的であれ，倫理的に許容できない問題を生じてしまうのではないか，というのが功利主義に対する批判であるといえよう。

　以上のように，規範倫理学の1つの系譜である帰結主義は整理することができる。帰結主義は行為の結果や波及効果の観点から行為を評価する立場である。そのうち倫理的利己主義は，新古典派経済学の倫理的な基礎を形成しているが，一方で，個々人の身勝手な振る舞いを許容してしまう恐れがある。また功利主義は，社会全体の効用の最大化を考えるものの，少数者の利益を侵害してしまうことや，社会全体の効用を誰がいかにして測るのかという点で問題が残るといえよう。

（3）非帰結主義

　非帰結主義は，行為の結果や効果ではなく，行為の行われた動機や背景を重視する考え方である。ここでは，カント（Immanuel Kant）が『実践理性批判』（Kant 1788）において提唱した義務論（Deontology）と，ロールズ（John Bordley Rawls）が『正義論』（Rawls 1971）で提唱した社会契約説の系譜を継ぐ正義論を取り上げることとしたい。

1）義務論

　カントは，批判哲学を創始してそれまでの哲学の在り方を大きく転換させた哲学者である。カントは，『実践理性批判』に先立って，『純粋理性批判（Auflage der Kritik der reinen Vernunft)』（1781）を公表しているが，その中で，形而上学——現実社会における私たちの感覚や経験を超越した世界を「真実在」とし，その世界の普遍的な原理について思索によって認識しようとする学問——を目指したものの，厳密性をもって神や来世を論じるのは人間の理性を超えた営みであるという結論に達したため，学問の対象から形而上学を排除することとしたのである。後述するように，カントは神を否定したわけではなく，それどころか神の存在を前提として論証を行っていくが，彼の

哲学上の最大の貢献というのは，神の問題（形而上の問題）を人知の及ばないものとして考慮の外とし，その上で形而下（現実社会）の問題に取り組んだことにある。

　その上でカントは，道徳的な現実から形而上学の復興を果たすべく，道徳形而上学を構想していくこととなる。従来の形而上学が，日常の誰にでも自明な真理から，神や来世の存在を論証しようと試みてきたのに対して，カントの道徳形而上学では，現世（形而下の世界）では正義と幸福が必ずしも一致しないという現実を受け入れる一方で，来世（形而上の世界）は完全な世界として存在し，そこでは正義と幸福の一致がなされると措定する。すなわち，現世の正義は必ず来世で報われるのであり，それは最高善なる神によって保証されていることから，現実社会の実践理性の要請として，「善意志」に基づく行動を提唱するのである。

　「善意志」とは，カントによればすべての倫理的行為の正当化の根拠である。帰結主義が主張するように悪事を働いた者でも幸福になり得るとすれば，帰結としての幸福の最大化をもって行為を正当化することはできない。行為の善悪の判断は，帰結以前の要素，行為に先行する要素から判断されなければならないというのである。この考え方の背景には，現世での幸福はその行為の目的が正義によるものかどうかに一致しないことを受け入れ，それは来世によって報われるのだから，現世においては行為の目的等の事前の要素によって倫理的かどうかを判断しようとする立場がある。

　カントは，善意志を前提とした行為の動機のことを「義務感」と呼ぶ。これは帰結主義の行為の動機が「快」であるのに対置される。このことから，カントの倫理哲学は「義務論」と称される。

　善意志は，理性的存在者であれば誰にでも，*a priori* に（先天的に）備わっている感覚であるとされる。善意志に支えられた行為は，定言命法（無条件の命令）として与えられる絶対的な性質を持つものであり，何らかの条件を付してはならない。

　ここで問題となるのが，善意志による行動ないし義務論的な倫理は主観的な性格を持つという点である。ある人が善意志に基づいて行った行動であっても，他の人に不利益をもたらすことが想定されるが，それについてはどう

考えるべきかということである。カントはそれに対して「格律のテスト」を主張する。格律とは主観的な行動の指針のことであり，行為を行おうとする者は，自らの格律が個人的なものではなく他者にも共有される普遍的な道徳法則となるかを見極める必要がある。その判断のためにカントは2つの原則を示している。普遍化可能性の原則と人間性の原則である。

　普遍化可能性の原則とは，「君の行為の格律が君の意志によって，あたかも普遍的自然法則となるかのように行為せよ」というもので，ここに「普遍的」というのは誰にでも妥当するということであり，「自然法則」というのは，客観的な性格を有するという意味である。すなわち，誰もがその行動指針に従って行動したときに，他者を含む社会の生活が成り立たなくなることがないように行動せよというのである。カントは，事前の思考実験によって，格律をフィルターにかけて，普遍化可能性の原則に従うものであるかどうかをテストすることができると主張する。

　もう一方の人間性の原則とは，「君自身の人格ならびに他のすべての人の人格に例外なく存するところの人間性を，常にいかなる場合にも目的として使用し，決して単なる手段としてのみ使用してはならない」というものであり，他人を自分の行為の手段として利用してはならないというものである。

　カントの義務論では，こうした2つの原則によって自らの格律をテストし，善意志が他者に迷惑をかけることがないように事前に確かめることを要請している。

　こうしたカントの義務論に対しては，形而上学を離れ，非帰結主義を論理的に展開したことに対する評価が高い一方で，その実践の困難さを指摘する声も強かった。例えば，善意志が先天的に備わっている感覚だとしても，それであれば現世のすべての行為は倫理的なものとなるのではないか。自らの行為を事前に格律のテストにかけることを求め，考えれば誰でも判断できるとするのは理想主義的すぎるのではないか。行為の動機は外部から把握することができないものであり，格律のテストをはじめすべては個人の内部の問題になってしまうのではないか。行為の動機には多様なものがあり，それを一律に格律のテストを経た義務感で一意的に決めることはできないのではないか，等々である。

　言い換えれば，カントの義務論は理想主義的すぎて，カントは行為の前に
理性を働かせて考えよと論じているが，他方で，現実のすべての問題が理性
だけでは解決できないという，一般的・日常的な感性からの批判であるとも
いえる。

2）正義論
　カントの義務論には実践性という点で大きな課題があった。しかしながら，
カントの哲学上の存在の大きさから，カント以後，倫理学は帰結主義（とく
に功利主義）と非帰結主義（義務論）との対峙によって若干の停滞に陥って
いたように見受けられる。そのような中で，倫理一般ではなく，政策論や社
会経済論としての側面に特化して正義論を展開し，新たなアプローチで功利
主義の克服を目指したのがロールズであった。ロールズは，配分上の正義
（Distributive Justice）を検討し，それによって功利主義を克服しようと試み
たのである。
　ロールズは，社会契約説に基づくリベラリズムとして位置づけられる。社
会契約説では，国家は，それが成立する前の原始的な自然状態において，国
民の契約によって成立しているとする。
　他方，社会は，道徳的な人格性を備え，一定の正しさに従って行為したい
と願う人々で構成されていると想定される。このとき人々は，自分の利益を
最大にするという経済合理性を有しており，自らの利益を最大化しようと行
動する。しかしながら，人々は自らの将来について具体的な情報がない場合，
「無知のベール」がかかった状態に置かれる。その際に人々は，不確実な状
況下において，予想される最悪の事態を避けるべく振る舞うことを合理的な
行動とする基準（マキシミン・ルール（maximin rule））を採用することとなる。
つまり，人々は，保守的な行動原理ではあるにしてもマキシミン・ルールに
従って，自分が最も不利な条件に置かれる場合を考えて一定の社会秩序を設
けることに合意するはずだとロールズは論じるのである。
　こうした前提の下で，ロールズは，社会の法や制度の根本となる正義の原
理を展開する。彼は，社会的配分を行うにあたっては少数派の権益を確保す
るための原則が必要であるとして，正義の2つの原則を提唱する。1つは，

第一原則と呼ばれ，「各人は，他人の持つ自由の体系と抵触しない限りにおいて，最も広範で包括的な基本的自由・平等の権利を有する」（基本的自由・平等の原則）というものである。もう1つは第二原則と呼ばれ，「社会的，経済的不平等は，次の二点が勘案された場合にのみ許容される」というものであり，「最も不遇な立場の人々の利益が最大となるような不平等であること」という格差原理と，「公平な機会均等という条件のもとで，全員に解放されている職務や地位に結びつくような不平等であること」という機会均等原理によって構成されている。こうした原則に基づいて社会的な富を配分することをロールズは提唱したのである。

　ロールズは，社会契約説に基づくリベラリズムの観点から，社会の構成員の自由を尊重し，その権利を平等に保つことを重視した。その際に，そうした自由がもたらす帰結としての不平等を是正するのが上記の原則ということになる。彼は，功利主義が正義の問題を無視していることを強く批判し，社会の制度や経済政策は社会の構成員の合意としての正義の原則に基づいて実施されなければならないと主張したのである。ロールズは，社会契約説の考え方を用いて，カントの理想主義的な非帰結主義とは異なるアプローチで，功利主義の克服を図ったといえる。こうしたロールズの主張は，停滞していた規範倫理学に大きな転機を生じさせ，現在の社会民主主義的な経済政策の基盤ともなっている。

　しかしながら，ロールズに対しても一定の批判はあった。1つは，リベラリズムの観点からのものであり，前述の格差原理は受け入れることができないし，また正義の原則に基づいて配分を行うには結果として大きな政府が必要となることから受け入れられないというものである。もう1つは，コミュニタリアニズム（communitarianism）の観点からの批判である。コミュニタリアニズムというのは，人はその属する共同体から自由ではいられないとする考え方である。そうした主張の下では，ロールズが想定する原初状態は西欧の社会が前提とされており，西欧以外の国や社会に対してはどのように配分するのかという批判が示され，また，ロールズが想定する初期状態においてすでに不平等が生じてしまっている現実の状況にはどう対処するのかという批判が提起されたのである。

　以上のように，規範倫理学の系譜としてカントの義務論とロールズの正義論を整理することができる。

　カントの義務論では，善意志に基づく行動が要請され，善意志は，理性的存在者であれば誰でも備えている感覚とされる。行為の当否を判断する格律は，普遍化可能性の原則及び人間性の原則によって導かれる。しかしながら，カントの義務論は，行為の前に理性を働かせて考えよと論じるもののその実践には現実的にはハードルが高いともいえる。

　それに対して，社会契約説の考え方を援用して，政策的な配分論としての正義論を提唱したのがロールズである。ロールズは，配分上の正義により，功利主義を克服しようとした。ロールズの正義論は，社会契約として社会の人々が合意する最低限の原則として，基本的自由・平等の原則と，格差原理と機会均等原理からなる不平等の容認の原則を掲げた。しかしながら，これらの原則に対しても，大きな政府を招くとか，不幸な者への配分を考えるにしても西欧型の１つの社会を想定しているに過ぎない等の批判があった。

　なお，本章では深く検討しないものの，コミュニタリアニズムの考え方は，会計プロフェッションの職業倫理を考える上では参考になる点も多いように思われる。

　会計プロフェッションは，資本市場又はそれに依拠する業務を行っているが，資本市場においては，経済的な重要性や市場の失敗のケースなどもあって，国又は社会による一定程度の規制も必要となる。こうした点は，ロールズが提唱する社会契約説に基づく正義論の枠組みが該当するようにも見受けられる。

　しかしながら，他方で，会計プロフェッションにとって重要な要素として自主規制がある。自主規制は，①公的規制に馴染まない領域，又は②公的規制よりも厳格な規制を導入するべきと考えられる事項を対象としている。ただし現代社会においては，自主規制と公的規制の間には密接な関係がある。例えば，自主規制として行われていた事項がその重要性に鑑みて後日公的規制に取り入れられる場合もあれば，公的規制の動向に応じて，自主規制においても一定の対応又は規制の分担が迫られる場合もある。いずれにしても，

会計プロフェッションの自主規制は，常に，公的規制に先んじて，より厳格なサンクション（sanction：制裁措置）に裏打ちされて実施されなければならない。

　正義論が前提とするリベラリズムの合理的な個人の想定に対して，コミュニタリアニズムでは，コミュニティから区分することができない個人を想定する。これは，会計プロフェッションが，業界や業界団体，所属法人といったコミュニティの中で，自主規制を内在しながら存在する状況に擬制されるのではなかろうか。

　会計プロフェッションにおける職業倫理は，最も資本主義的な性質を有する資本市場を基盤としながらも，プロフェッションとしての自主規制を必要とするという意味で，正義論とコミュニタリアニズムの両者の考え方を包摂するものとして成立するようにも思われるのである。

2 規範倫理学の援用と課題

　前節で規範倫理学の系譜を見てきたが，これからわかることは，先人たちは何がよいことなのか，倫理とはいかなるものかについて脈々と考え続けてきたということである。そこに唯一の決定版となるような学説はない。

　前章で述べたように，倫理とは「よいこと」をすればよいというものではなく，何がよいことなのか，善なる行動なのかを論理づけることである。私たちが倫理を学び，倫理的な制度や枠組みを設ける目的は，個々人の判断では適切に対処できないような事項について，予め判断の規準・枠組みを用意することにある。そうした用意のために，少なくとも基本的な倫理学の知識は有しておく必要がある。

　本節では，規範倫理学の考え方を踏まえて，いくつかのビジネス上の問題について検討してみることとしたい[4]。

4　以下で検討する4つの問題のうち，ケース①と②は，Sandel（2009）に取り上げられているケースを基に，大幅に加筆修正したものであり，ケース③と④は，筆者が講義でのディスカッション用に設定したものである。

ケース①：経済合理性

　次に掲げるケースについて，規範倫理学の観点からはいかなる考え方ができるだろうか。

> 　日本の原子力発電による放射性廃棄物をモンゴルの砂漠に埋めるというプランがある。モンゴル政府も地域住民もそれを許容しており，日本において永久処理地を用意するよりも，コスト的にも，安全的にも，優れたプランだといわれている。しかしながら，マスコミや環境保護団体の中には，そうしたプランは，安全性や将来の土地利用に関して地域住民の理解を十分に得ていない恐れもあるほか，今後の悪い先例になりかねないとして批判する向きもある。

　まず，規範倫理学のうち，功利主義，義務論及び正義論の3つで考えてみよう。功利主義に基づけば，社会における最大幸福を帰結として得られればよい。この場合，日本社会だけを考えれば放射性廃棄物の最終処分に関する問題が解消することになり，望ましい結果が得られるといえる。モンゴル，あるいはモンゴルと日本の両国を1つの社会として考えたとしても，功利主義の立場からはモンゴルの砂漠に放射性廃棄物を埋めることが望ましいという判断になるであろう。問題は，地域住民の利益がその他のモンゴル国民や日本国民の利益の犠牲になっていないかという点である。

　義務論では，格律のテストが行われる。人間性の原則からすれば，日本人がモンゴルの地域住民を手段として利用しているといえるかもしれないし，普遍化可能性の原則からみても，同じことを他国から依頼されたときに日本人がそれに応じるかどうかといえば否定的な回答が予想されることから，否定されるかもしれない。問題となるのは，ではいったいこの放射性廃棄物をどうしたらいいのかという問いに対し，善意志に基づいて解答を導き出せるのかどうかという点であろう。

　正義論ではどうか。正義論では社会政策を実施するにあたって，格差原理によってこの場合モンゴルの地域住民の利益を最大化するよう配分上の配慮が促される。しかしながら，一旦実施してしまった廃棄物の処分はモンゴルの地域住民の生活に対して，公平な機会均等を提供しているといえるかどう

かが問題となろう。

　このケースと同様の例として,「空港や高速道路の開設のための土地の強制収用をどう考えるか」という問題も挙げられる。

　この問題を考えるにあたって,「実施する上で必要なこと」については正義論の立場で様々な考慮を行うことが考えられる。しかしながら,もう1つ考えなくてはならないのは,そもそもモンゴル住民と日本国民を1つの社会として捉えた場合には,異なる配分の施策が求められるかもしれないということである。すなわち,偏狭なナショナリズムに基づいて自国の問題だけが解決すればよいと考えるのは早計のように思われる。さらには,現在のモンゴル及び日本の国民だけではなく,将来の人々を考慮に入れるという時間軸を設けた場合には,当該施策を行うにしても更なる配分の施策が必要となるということに留意しなければならない。

ケース②：アファーマティブ・アクション
　次のケースは現在進行中の問題である。

> 　現在,日本では,公的な会議のメンバーや企業の役職者の一定割合について,女性の参画を確保すべきといわれている。また,英米等の大学においては,入学時に一定割合で多様な人種の入学者を認める方針がとられている。これらは,一種のアファーマティブ・アクション（affirmative action：積極的差別是正措置）とも解されるが,逆差別ではないかとの見解も根強い。また,近年では,そうした措置をやめた大学もある。
>
> 　このケースに示されるようなアファーマティブ・アクションについては,倫理的な観点からはどのように考えることができるだろうか。

　こうしたアファーマティブ・アクションを考えるにあたって,2つの側面から考えてみたい。1つは,日本において,近年医学部の入試における女性受験者の差別事例があったことである。女性は,医局に勤めても退職することが多いことから,将来的な「勤務医」の担い手として男性を優先的に育てたいとするものであった。この考え方は,女性の入学における機会均等への

侵害，将来の医局に対する偏狭な見方及びそれを前提とすることによる将来の職業構造の固定化の恐れ，さらには離職することを含め個人の働き方等に対する不当な干渉といった点から，差別に当たると認識されているように思われる。実際に入試判定にあたって事後的な「操作」が行われたという事実が明らかになったことに鑑みても，当該ケースは不正事例と解さざるを得ないであろう。

　もう1つの別の側面は，入試や会議における女性枠の設定の理由としてはいかなるものであれば許容しうるのかという点である。例えば，女性枠を設定することによって企業や大学等の「社会」の構成の変化が得られること，女性枠を設定することで初めて明らかになる課題があるかもしれないこと，女性枠を設定することによって後進の者における期待の醸成又は将来に対する投資といった理由が考えられる。また，「近年では，海外ではそうした措置をやめた」のはなぜかといえば，おそらく社会構成がすでに十分に不可逆的に変化し，入学者や後進の者である女性たちにおいても，女性が差別なく受け入れられる社会であるとの認識が浸透したからであろう。

　例えばこの問題を正義論の立場から検討すれば，社会的に最も恵まれない人々というのは，入試や雇用機会が狭められる男性や白人ではなく，そもそも社会的に不利益を被っていた女性や有色人種だったといえる。あくまでも入試における機会平等の原理を維持した上で，入学者数の枠という不利益をより大きな社会的不利益の解消及び大学や企業といった「社会」の組成の改善に用いたといえよう[5]。

5　実は，この問題に対しては，アメリカにおいて一定の解が示されていた。大学入試における人種的アファーマティブ・アクションの実施を連邦最高裁判所が合憲と判断していたのである。しかしながら，2023年6月29日にアメリカ連邦最高裁判所は従来の判断を覆して，そうした大学側の措置を違憲であると判断したのである。
　この背景には，連邦最高裁において保守派の判事が多数を占める現状があるといわれているが，それにとどまらず，この問題について，1960年代に導入された措置が今なお「社会的合意」には至っていなかったことの証左とも解されよう。

ケース③：経済格差

　次のケースは，以下の通りである。

　日本では，近年，経済格差が問題となっている。「親ガチャ」などともいわれ
るように，生まれついての経済的環境が将来を左右するケースもあるといわれ
ている。こうした経済格差については，社会的な「分配」によって解決すべき
だとする考え方がある。一方で，日本の経済格差はまだ小さい方だとする分析
もある。また，社会的な分配を強制すると富裕層が海外に脱出してしまうとい
う見解もある。そうした見解を主張する者の多くは，経済的な成功者による経
済活動が活発化することで広く社会に富が浸透し，利益が再分配されるとする「ト
リクルダウン（trickle down）」の考え方を主張することが多いように見受けら
れる。

　本ケースに示された事項に基づいた場合，「日本における経済格差」の問題は
どのように考えることができるだろうか。

　この問題を考えるにあたっては，前提として，次のような手順で検討して
いく必要があると思われる。すなわち，第1に，日本の経済格差は諸外国に
比べてどの程度のものなのか，貧困層の問題が海外の議論の受け売りではな
いのかをエビデンスをもって考える必要がある。また第2に，トリクルダウ
ンが実際に起きているのかどうかも検証する必要がある。その上で第3に，
貧困層を「救済」すべきなのか，それとも機会均等を提供すべきなのか，す
なわち，配分にあたっての正義の原理が妥当するかどうかを考えることにな
るであろう。

　さらには，ケースに示されている「日本における」という部分を検討対象
とするのであれば，日本という社会を前提とする正義論に基づく配分では限
界があり，ボーダレスな世界経済という構造の中で別の判断が導かれるかも
しれない。

　この問題と同様のケースとして，「大学受験の競争の激しさに対する議論」
も挙げることができる。すなわち，大学受験の競争が激しいことで学力とい
う一面的な評価に多くの時間を投じて高校生等が準備することを弊害として

指摘することもできるが，一方で，出自や寄付金等にかかわらず誰もが機会平等の原理に基づいて希望する大学への進学の道が開かれていることを評価することもできる。いずれも事態の一面的な理解ではなく，客観的かつ合理的な判断を可能とするようなエビデンスが必要であろう。そしてこのケースにおいても，日本という限られた社会に限定せず，諸外国からの留学生に同様に門戸を開き機会平等を提供するかどうかという問題に拡大した時には，社会の合意は異なる様相を見せるかもしれないのである。

ケース④：会計プロフェッションの参入条件

　最後に，会計プロフェッションに関するケースで考えてみよう。

> 　日本における公認会計士及び税理士の人数は，それぞれ約37,000名及び約78,000名である。しかしながら，諸外国に比べて，組織内，すなわち企業等で働く会計プロフェッションはまだまだ少ない。その背景には，公認会計士試験や税理士試験が難関の試験であることが一因となっていると考えられる。そこで，会計プロフェッションの資格試験を平易なものに変えて，日本社会における会計プロフェッションの人数を増加させ，企業等で働く会計プロフェッションの増加を図るとともに，会計プロフェッションにおける競争を促し，より高品質な専門業務の提供を促すことが考えられる。
>
> 　本ケースに示した考え方について，会計プロフェッションの在り方の観点から検討した場合，どのように捉えられるであろうか。

　本ケースを考えるにあたっての参考として，以下の事実や見解を示しておきたい。

- ・ここで示した考え方は，2003年の公認会計士法改正のときにとられたもので，その後2012年に未就職者問題が発生したことで政策変更が行われた。現在では，概ね業界が受け入れ可能な水準の合格者数となっている。
- ・海外では，公認会計士しかいないケースがほとんどであるのに対して，日本には税理士という会計プロフェッションが存在している。社会において必要な会計プロフェッションという場合に，公認会計士だけでなく

税理士のことも想定する必要があるかもしれない。

・経済学では，資格（certification）と免許（license）について，「顧客（消費者）保護のためであれば，国家による免許制度ではなく，格付け制度で十分である」（Friedman 1962）といわれている。日本の公認会計士資格は，ここでいう免許制であって，その役割は顧客のためではなく業務実施者の安定的な業務の実施を確保するためにあるといえるかもしれない。

この場合にも，いかなる目的を実現するのか，現在の制度はいかなる弊害が生じそれによって誰がどの程度の不利益を被っているのかという点を検討する必要がある。そしてその考慮は，日本という社会を前提とした解でよいのかどうかという問題も内在しているのである。

以上のようなケースの他にも，次のような問題を検討し得るものとして挙げることができる。

・経済政策における大きな政府・小さな政府
・ビジネス社会における規制と規制緩和
・中小企業に対する支援と自由化の推進
・コロナ禍における個人の自由と社会的厚生の徹底，etc., etc.

倫理的検討を必要とするケースは枚挙にいとまがない。いずれにしても，すべてに共通する重要なことは，「唯一絶対の『正義』はない」ということである。善とか正義というのは相対的なものであり，倫理的ジレンマが生じるケースにおいて唯一絶対の解はないのである。

そうだとすれば，
①与えられた条件の下で，
②合意された優先順位に基づいて
③関係者があらかじめ倫理的な枠組みを用意すること
が重要なこととなる。

この枠組みについて，次章で検討していくこととしよう。

Assignment

・あなたが将来なりたいと思う会計プロフェッションを1つ想定して，その会計プロフェッションにとって，職業倫理上，最も悩ましい課題と考えられるものを1つ挙げ，その上で，その課題について，正義論の考え方を踏まえて検討してみよう。

・わが国の主な会計プロフェッションである公認会計士と税理士について，それぞれの業務の参入が認められていない，あるいは，両者の資格の統合や試験の統一が図られないことについて，「前提となる事実や条件」を整理した上で，倫理的な枠組みで検討してみよう。

参考になる書籍

梅津光弘（2002）『ビジネスの倫理学』丸善出版。

小松光彦・樽井正義・谷寿美編著（2006）『倫理学案内：理論と課題』慶應義塾大学出版会。

参考文献

青山治城（2013）『なぜ人を殺してはいけないのか：法哲学的思考への誘い』法律文化社。

岩崎武雄（1975）『西洋哲学史（再訂版）』有斐閣。

梅津光弘（2002）『ビジネスの倫理学』丸善出版。

小松光彦・樽井正義・谷寿美編著（2006）『倫理学案内：理論と課題』慶應義塾大学出版会。

坂本達哉（2014）『社会思想の歴史：マキャヴェリからロールズまで』名古屋大学出版会。

杖下隆英（1994）『ヒューム（新装版）』勁草書房。

Bentham, J. (1789) *An Introduction to the Principles of Morals and Legislation*（中山元訳（2022）『道徳および立法の諸原理序説（上下）』ちくま学芸文庫）.

Friedman, M. (1962) *Capitalism and Freedom*, University of Chicago Press（村井章子訳（2008）『資本主義と自由』日経BPクラシックス）.

Kant, I. (1788) *Kritik der praktischen Vernunft*（波多野精一・宮本和吉・篠田英雄訳（1979）『実践理性批判』岩波文庫）.

Mill, J.S. (1859) *On Liberty*（関口正司訳（2020）『自由論（新訳）』岩波文庫）.

Mill, J.S. (1861) *Utilitarianism*（関口正司訳（2021）『功利主義』岩波文庫）.

Rawls, J.B. (1971) *A Theory of Justice*（川本隆史・福間聡・神島裕子訳（2010）『正義論（改訂版）』紀伊國屋書店）.

Sandel, M.J. (2009) *Justice: What's the Right Thing to Do?*, Farrar Straus & Giroux（鬼澤忍訳（2010）『これからの「正義」の話をしよう：いまを生き延びるための哲学』早川書房）.

第3章

職業倫理の基礎概念（２）

1 会計プロフェッションに対する援用と課題

　第2章では，倫理一般の基礎知識を得るため，規範倫理学の系譜の概要を学んだ上で，それらが現実社会にどのように適用され得るのかについて検討した。本章では，より具体的に会計プロフェッションの業務に援用する形で職業倫理の問題を検討することとしたい。

　第1章で検討したように，会計プロフェッションにとって職業倫理はその存立基盤に関わるほどの重要性を有している。会計プロフェッションは，社会から専門職業を独占的かつ排他的に実施することを認められているが，その前提として，会計プロフェッションが高い職業倫理を保持していることが期待されているからである。

　例えば，職業倫理における重要な要素の1つである独立性の確保等は，一見，法律等に基づく公的規制に委ねることもできるかのように見受けられる。しかしながら，あくまでも公的規制は最低限のものであって，個別具体的な対応や実務の現場での複雑な問題への対応を図ることは期待できない。そうした判断は職業倫理の領域に属するのである。

　会計プロフェッションの業務は，経済的にも大きな規模の問題に関連性を有し，かつ，高度な専門性を有する領域において，関係者間の利害が対立する問題を扱うものである。当然に，会計プロフェッションも利害関係の当事者となるおそれがある。そうした中で，どのような判断プロセスをとるべきなのか。この点について，アメリカ会計学会（American Accounting Association: AAA）のプロジェクトとして実施されたアプローチがある。これにつ

いては，オーストラリアの職業倫理のテキストであるDellaportas, et al.（2012）において，紹介されている。第2節では，当該記述を基にこの「AAAモデル」について検討していくこととしたい。

　職業倫理が，あらかじめ「何がよいことなのか」を合意し，優先順位をつけ，その考え方を公表して広く関係者に認知してもらうことであり，それによって，個人としての会計プロフェッションを守り，その社会的な存在基盤を守るものだとすれば，その優先順位のつけ方についても考える必要がある。

　また，会計専門職業の業務の領域では，法規や基準もある。それに加えて自主規制もあれば，明文化されていない慣行もある。そうした中で，職業倫理の枠組みを備えるためには第1章でも触れた「価値観」の取扱いの問題がある。AAAモデルを参考にしつつ，この問題を考えてみよう。

　続く第3節では，職業倫理の判断を考える際に，職業倫理の枠組みの中で近年重視されてきているバイアス（bias）の問題について検討することとする。

　バイアスは，国際会計士連盟の常設機関である会計士のための国際会計士倫理基準審議会（International Ethics Standards Board for Accountants: IESBA）が策定・公表している「会計専門職業のための職業倫理の国際規程」（The International Code of Ethics for Professional Accountants: IESBA Code）において導入され，わが国においても2022年の倫理規則改正時に明記されたものである。財務諸表監査における重要な概念である「職業的懐疑心」（Professional Skepticism）が，一般に公正妥当と認められる監査の基準（Generally Accepted Auditing Standards: GAAS）を監査実務において十全に適用することを求めるものであるならば，バイアスの問題は，監査人が気づかぬうちに陥ってしまう内心の態度の問題であり，それに対して事前に十分な考慮を払い，備えておくことは，職業倫理の枠組みとして重要な課題であるといえよう。

　最後に，第4節では，公共の利益の問題を取り上げる。

　会計プロフェッションの業務は，公共の利益に資することだとされている。わが国の金融商品取引法の第1条にある「国民経済の健全な発展及び投資者の保護に資することを目的とする」という文言も同じ文脈のことと解される。会計プロフェッションが独占的かつ排他的な業務権限を付与されているとい

うことはもちろんであるが，専門職業として社会から受け入れられるには，専門性だけではその信頼を得ることはできないであろう。

　そこで，公共の利益とは何かという問題についてあらためて検討してみることとしたい。一般に，何が正しいのかは人それぞれによって大きく異なる。同様に，貢献すべきとされる公共の利益の捉え方，またより具体的には，財務諸表監査において，高度な手続や品質管理が要求される「公共の利益に関連する事業体」（Public Interest Entity: PIE）との契約についても，何をもってPIEとするのかについては国によって考え方が大きく異なるのである。第3節ではこうした問題について検討する。

2　倫理的意思決定モデル

（1）AAAモデルの概要

　会計プロフェッションが倫理的な意思決定を行うことを支援するために，職業倫理研究を基礎として開発され，AAAによって公表されたアプローチがAAAモデルである。本節では，Dellaportas, et al. (2012, ch.3) に基づいて，AAAモデルを紹介しつつ，その具体的適用について検討していくこととする[1]。

　AAAモデルは，Langenderfer and Rockness (1989) において提示されたもので，AAAが職業倫理に関する教材を開発する中で，AAA (1990) に所収されることとなったことから，AAAによる倫理的意思決定モデルとして知られている。

　その目的とするところは，「倫理的ジレンマの解決のための方策を示すこと」にあり，方法として，倫理的ジレンマに対して，事実関係，利害関係者，倫理的問題点，関連する規範・原則・価値観，代替的な行動指針とその帰結を7つのステップを踏んで考慮することで解決を図ろうというものである。

　AAAモデルによる7つのステップは次の通りである。

---

[1]　本節においては，Dellaportas, et al. (2012, ch.3) に基づき，また訳語については同書の翻訳書である浦崎・菅原（2016）に概ね依拠しているが，AAAモデルの7ステップの説明部分は筆者が付したものである。

> 1．事例の事実はどうなっているか
> 2．事例の倫理的問題点は何か
>
>> a．主要な利害関係者を列挙せよ
>>
>> b．倫理的問題点を明らかにせよ
>
> 3．事例と関連性のある規範，原則，及び価値観は何か
> 4．代替的な行動指針は何か
> 5．上記の3．で識別される規範，原則，及び価値観と矛盾しない最適の行動指針は何か
> 6．考えられるそれぞれの行動指針の帰結はいかなるものか
> 7．意思決定はいかなるものとなるか

　第1ステップは，「事例の事実はどうなっているか」を把握することである。会計プロフェッションは，自らが実施する業務その他の局面において，具体的な事例に直面する。そのときに，当該事例について，事実関係を正当な方法で可能な限り把握することに努めなければならない。

　これは，会社の経営者が，自らの意思決定に関して，いわゆる経営判断の原則（business judgement rule）によって結果責任を問われないことと同様である。経営判断の原則では，少なくともその意思決定が意思決定を行う時点で収集可能な事実に基づいて行われたことと，その意思決定が合理的に行われたものでなければならないとされる。AAAモデルにおける意思決定プロセスも同様である。

　続く第2ステップは，「事例の倫理的問題点は何か」であり，そのために，主要な利害関係者を列挙し，その問題点を明らかにすることが求められる。

　ここで倫理的問題点というのは，「正の結果又は負の結果をもたらす2つ以上の等しく説得的で競合的な選択肢のこと」である。利害対立も含まれるし，経営者からの過度な要求や不当な，あるいは違法な要求もあるかもしれない。いかなる問題であれ，当該問題に関連する利害関係者をリストアップした上で，その問題がどのような内容なのかを明確化する必要がある。

　第3ステップは，「事例と関連性のある規範，原則，及び価値観は何か」

である。会計プロフェッションの関わる事例は，多くの場合「規範」が関係している。この規範というのは，「法規や基準等，会計プロフェッションが所与として与えられる行動の枠組み」のことであり，公的な規範である法律や規則だけでなく，公認会計士協会等によって強制力を持って定められた自主規制も含まれる。

　それに対して，「原則」というのは，「会計プロフェッションにおける倫理規則や自ら設定している行動の一般的指針」のことである。上記の規範に含まれる法規や基準ほどの強制力はないものの，倫理規則や監査法人のガバナンス・コードのようにそれを遵守することが望ましいとされ，監査人自身も遵守することを受け入れたり，できる限り遵守するように努めたりしているものである。

　さらに「価値観（Values）」も問題となる。これは，「何に対して，どの程度の価値を見出すかという，選択と程度に関する意思決定者の考え方」のことである。これは，第1章で述べた国際教育基準（International Education Standards: IES）における価値観とも重なるものである。例えば，引当金の設定や減損テスト等に関して，経営者の示す将来の業績見通しをどの程度保守的に見るかというケースが挙げられよう。あるいは，注記の記載に関して，いかなる事項又はどの程度詳細な説明を行うことが「適正」と判断できるかというケースもあるかもしれない。そうした価値観をも含めて，意思決定は行われるのである。

　第4ステップは，「代替的な行動指針は何か」である。当該事例において意思決定者がとり得る行動指針をリストアップすることとなる。問題はその行動指針は，現実的にとり得るものでなければならないということである。行動指針の評価は次のステップで行われるが，非現実的な行動指針を挙げても意思決定プロセスに寄与することはない。なお，仮に代替的な行動指針としてとり得るものが1つしかない場合でも，以下のステップによってそれを行うという意思決定をするかどうかを判断することになる。

　第5ステップは，「上記の3．で識別される規範，原則，及び価値観と矛盾しない最適の行動指針は何か」である。第4ステップでリストアップした行動指針について，法規等の「規範」，倫理規則や行動指針等の「原則」，及び意思決定者の有する「価値観」のそれぞれに順に照らしていって，矛盾が生

じない行動指針を導き出すこととなる。この段階で導かれる行動指針には，最適のものが複数あるかもしれないし，あるいは，複数の行動指針が優先順位をつけて示されるかもしれない。

　第6ステップは「考えられるそれぞれの行動指針の帰結はいかなるものか」である。第5ステップにおいて最適とした行動指針，あるいは順位づけをした行動指針のうちの上位のいくつかについて，帰結（consequences）を予測することとなる。将来については必ずしも正確な予測ができるわけではないにしても，日常生活における一般的な意思決定であっても「それを行ったらどうなるのか」を予想するのと同様に，その時点で得られる情報を基に，意思決定者に可能な範囲で予測するのである。したがって，第1ステップにおける事実の把握という点は，この段階における帰結の予測のための判断材料としても重要となってくる。

　そして最終的に，第7ステップとして「意思決定はいかなるものとなるか」という最終的な倫理的意思決定が確定することとなる。

　以上がAAAモデルによる倫理的意思決定プロセスである。

（2）AAAモデルの適用例

　では，上記のAAAモデルを次の仮設のケースに適用してみることとしよう[2]。

ケース：

　上場企業であるA社は，製造業を営んでいる。本年度末時点で，A社はその主力製品のうちの1つである製品Xについて，製造物責任に関する訴訟を提起されている。A社の財務諸表監査における監査実施の責任者であるあなたは，当該訴訟に関するA社からの説明及び顧問弁護士に対する質問の回答を踏まえて，当該訴訟に関して偶発損失として引当金を計上すべきではないかとの考えに至り，A社の経営者にその考えを伝えた。ところが，経営者は，「当社は訴訟において一切責任がないとの立場をとっており，その必要はない。仮に引当計上などを行ったら，そのことが相手側に知られて，訴訟上，不利になるため受け入れら

2　以下のケースの設定にあたっては，山田善隆氏（PwC京都監査法人）に貴重なご助言をいただいた。ここに記して感謝申し上げたい。

れない」旨の見解を示した。経営者としては，訴訟戦略上，現時点で敗訴又は
和解に応じる可能性を想定していないようである。経営者は，「会計の考え方は
わかるが，それに従って当社が損害を蒙ったら，あなた方は責任をとってくれ
るんですか」とも述べた。

　さて，あなたこのような場合に，いったい，どのような対応をはかるべきだ
ろうか。

　このケースにおいて，AAAモデルの適用は以下のようになると考えられる。

1）事例の事実はどうなっているか

　監査人であるあなたは，すでに入手している経営者からの説明及び顧問弁
護士からの回答を再度検討するとともに，当該訴訟に関連するA社内外の情
報を可能な限り網羅的に収集評価する必要がある。また必要に応じて，監査
法人の法務部門等に対して，専門的な見解の問合せとして，当該訴訟に対す
る客観的な評価を求めることも考えられる。あわせて，A社における製品X
の占める事業上の重要性や，当該訴訟の帰結によって取引先との関係やA社
の事業戦略及び業績にいかなる影響が生じうるのかについても検討する必要
がある。

2）事例の倫理的問題点は何か

　本ケースにおける主要な利害関係者は，経営者と監査人の2者に見える。
しかしながら，上場企業である以上，投資家の存在がある。また，アナリス
ト等による業績予想，債権者としての銀行，あるいは大株主や主要な取引先
との関係も問題となるであろう。例えば，現在の株主にとっては，引当金の
計上は，当期の業績に影響を及ぼすとともに，経営者がいうように訴訟にネ
ガティブな影響を及ぼすかもしれないが，他方でA社に対して投資を考えて
いる潜在的な投資家にとっては，A社が抱える偶発損失が開示されないこと
は投資意思決定に重要な影響を及ぼす可能性がある。

　倫理的な問題としては，すべての事実関係の検討の上で，経営者の主張に

従って引当計上を回避するか，当初の考えのとおり引当を求めるかである。前者であれば，経営者は自らの主張が通ることで満足し経営者との関係において問題は生じないかもしれないが，そのことは投資家に対して適正な財務報告を行ったことになるのか，他の利害関係者に対して，A社の状況を適時に伝えなかったことにならないかという問題が生じる。他方，後者であれば，そうした財務報告上の問題は生じないかもしれないが，経営者の意向を損なうことで関係は悪化するであろうし，A社の業績に対して負の影響を与えることはもとより，経営者のいうように訴訟への影響があったり，当該事実が公表されることによってA社の今後の取引や借入，あるいは株価等への影響を生じさせたりするかもしれない。

　実際，訴訟に関しては，A社にとっても監査人にとっても訴訟の行方を現時点で予測するための情報が限られているため，確定的な判断ができない状況にある。そのような状況の中で，経営者の「当社が損害を蒙ったらあなた方は責任をとってくれるんですか」という発言は，監査人であるあなたにとって，大きな倫理的ジレンマを生じさせることとなった。

3）事例と関連性のある規範，原則，及び価値観は何か

　このケースにおいて関連性のある規範としては，企業会計原則注解18「引当金」における引当金の計上要件，財務諸表等規則第58条「偶発債務の注記」及び会社計算規則第103条第1項第5号「貸借対照表等に関する注記」が挙げられる。また，日本公認会計士協会の会計制度委員会研究報告「偶発事象の会計処理及び開示に関する研究報告」も実務上の規範を形成しているといえよう。

　また，偶発損失に関する引当金を計上すべきとあなたが判断した場合に，経営者との意見の対立が深まる可能性がある。その場合には，監査役等とのコミュニケーションが必要となることから，監査基準報告書260「監査役等とのコミュニケーション」が関係する。さらに，最終的に経営者が引当に応じないこととなり，それが財務報告の適正の確保に重要な影響を与え，重大な影響を及ぼすものだと考えるならば，金融商品取引法193条の3に規定されている法令違反等事実の通報の問題も生じるかもしれない。

　倫理規則においては，例えば基本原則のうち，「誠実性」，「客観性」，「職業的専門家としての能力及び正当な注意」及び「職業的専門家としての行動」などに照らして，経営者からの要求に応じて職業専門家としての判断を歪めることにならないかを検討することとなるであろう。

　価値観については，訴訟にかかる偶発損失の計上において，将来の不確実性の判定という一定の幅のある判断において，監査人であるあなたが何を重視し，どの程度まで会社側の主張や将来の帰結に対する判断を受け入れられるかという問題が関連してくる。

４）代替的な行動指針は何か

　代替的な行動指針としては，①経営者の意向を受け入れる，②当初のあなたの考えを基に引当計上を要求する，③①と②の中間のどこかの範囲で，１）引当の必要性は認めないものの偶発損失に関して注記に記載することを求める，あるいは２）引当金の計上も，偶発損失としての注記も必要とは認められないものの，有価証券報告書の「事業等のリスク」等の欄において当該訴訟について詳細な開示を行うことを求めるといった解決策を図るというのが主な行動指針であろう。

　その他に，②に関しては，監査役等に対してコミュニケーションを行い経営者の判断の変更を促す，さらには，法令違反等事実としての対応を検討するということも考えられる。

５）上記の３）で識別される規範，原則，及び価値観と矛盾しない最適の行動指針は何か

　監査人であるあなたは，１．において入手した証拠も含めて，現時点で入手できている証拠に基づいて再検討し，自分自身の価値観を踏まえて，②又は③の１）の行動指針が矛盾しないものであると考えた。

　訴訟の進展が予測できない状況においては，企業会計原則注解18「引当金」の認識要件を構成する「損失の発生の可能性が高い」かどうか，さらに「金額を合理的に見積ることができる」かどうかの判断にあたって，現在の状況では明確な線引きはできず，判断が分かれ得る。そうした中で，経営者によ

る再度の説明を求めてその合理性を検討した上で，当期末における対応としては，③の１）の指針もとり得るものと判断した。

　一方，会計基準における開示要求の趣旨に照らして考えた場合，当該訴訟が存在する旨及び当該訴訟の帰結によって将来の財務諸表に及ぼし得る影響の不確実性についての開示は，いずれの利害関係者にとっても重要性があるため，財務諸表の中でそのような開示がなされない①や③の２）は受け入れることはできず，当該訴訟にかかる偶発損失に対する財務報告としては不適切であると判断した。

６）考えられるそれぞれの行動指針の帰結はいかなるものか

　②及び③の１）について，行動指針に基づく帰結を検討し，業績への影響，利害関係者への影響，及び予想され得る経営者の反応等について予測を行った。

　②をとった場合，引当額の多寡によって利害関係者をミスリードする可能性があるため，現時点において合理的に裏づけ可能な最善の見積りが可能かどうかについて十分な検討が必要となる。また，訴訟の進展に応じて引当額の見積りを修正する必要があり，訴訟の結果が確定するまでの間は，将来の財務諸表に不確実な影響を及ぼすため，関連する開示は必要となる。確かに引当を行っている旨を開示すると，A社が何らかの責任を認めていると誤認される可能性はあるが，引当を行った旨や現在の引当額を明示せずに不確実性の性質について伝達する等の開示上の工夫は検討し得る。

　一方，③の１）をとった場合には，将来に損失をもたらす不確実性が存在するにもかかわらずその状況が適切に伝達されない場合に財務諸表利用者をミスリードする可能性がある。そのため，訴訟が存在する旨，現時点において訴訟による損害賠償を想定した引当を行っていない旨，不確実性の程度や予想し得る影響等について開示することが必要となる。

　いずれの場合であっても，当該訴訟が存在する旨及び当該訴訟の結果によって将来の財務諸表に及ぼし得る影響の不確実性についての開示は必要となるが，一般に訴訟の存在と不確実性についての開示を行うことは，訴訟戦略上A社に不利益をもたらすものと予想されないことから，必ずしも関連する開示を妨げることにはならないと考えられる。

7）意思決定はいかなるものとなるか

　監査人であるあなたは，経営者及び監査役等とのコミュニケーションを実施し，経営者の誠実性——例えば，経営者が，資本市場への説明責任の観点から適正な財務報告を行うことの必要性については十分に認識しているかどうか等——について評価を行った。

　その上で，経営者に対して，監査人であるあなたとしては②が望ましいと考えること，及び，引当を行うか否かにかかわらず，訴訟の存在とそれに伴う将来の不確実性についてまったく注記に開示しないことは適切ではないと判断したことを伝えた上で，経営者に対して当該訴訟に関して引当を行わないとすれば，それを支持する中立的かつ合理的な証拠が必要となる旨を申し入れた。

　その後，経営者から，③の１）の開示方針とそれに関連する追加的な説明資料が提示されたため，監査人であるあなたも自ら追加的な証拠を入手し，それについて再検討を行った上で，最終的に，当期においては③の１）の方針を許容し得るとの結論に至った。

　なお，経営者に対して，上記の判断に関する説明内容について経営者確認書に記載するとともに，今後，裁判所の和解勧告等がある等の訴訟の進展によっては，年度決算を待たず四半期報告であっても，速やかに偶発損失の引当計上を行う旨についても，同意を取り付けた。

　以上のように，ここでのケースは，通常生じ得る会計処理の問題であったが，もっと複雑なケースも想定できるであろう。監査報酬の交渉や，監査人の交代，継続企業の前提に関する対応等，問題は多岐にわたることが予想される。しかしながら，一連の７ステップモデルは，それぞれの場合において監査人があらかじめそのような状況に置かれた場合に備えて，あらかじめ規範，原則，及び価値観について検討して準備したり，シミュレーションしたりすることも可能であろう。

　つまり，倫理的意思決定アプローチは，倫理的問題に直面したときにそれに従って実行するものではなく，職業倫理の考え方の通り，あらかじめ想定される状況ごとに検討しておく行動枠組みのことなのである。

3 判断のバイアス

　会計プロフェッションは，職業倫理に基づく意思決定を行うとするが，その際に，個人の中に内在する判断のバイアスに影響されてしまう場合がある。少なくとも，そのバイアスの存在を認識し，それにかかるリスクを識別しているか否かは，監査人が適切な判断を下すことができるかどうかを左右することとなる。

　会計上の認識や監査判断においてバイアスが存在することは古くから学術的にも指摘されていた[3]。しかしながら，社会的な注目を集め，またその後の監査規制の議論に大きな影響を与えたのは，2001年12月に経営破綻したエンロン社の粉飾決算について監査人が不正を発見できなかったことに関連して，Bazerman et al.（2002）が監査人の判断におけるバイアスの存在を指摘し，監査事務所のローテーション制の必要性を指摘したことであろう。

図表3-1　職業的懐疑心と判断のバイアス

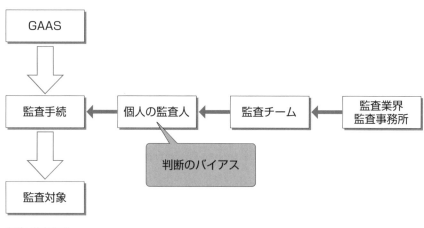

出所：筆者作成

3　例えば，監査の領域では，Butler（1986）が証拠の評価において後述するアンカリングバイアスの存在を指摘しており，また，Ashton and Ashton（1995）においては監査におけるバイアスに関する様々な指摘がなされている。

その後，2008年前後の世界金融危機において，監査が十分な役割を果たさなかったのではないかとの批判を受ける中で，世界的な6大会計事務所の代表からなる国際公共政策委員会（Global Public Policy Committee: GPPC）の基準ワーキング・グループ（Standards Working Group: SWG）は，監査人の職業的懐疑心を高めるための措置を識別すべく委託研究を実施した。その成果であるGlover and Prawitt（2013）では，職業的懐疑心との関係で，監査人の職業的懐疑心に対する脅威を①個々の監査人，②監査チーム，及び③監査業界／監査事務所のそれぞれに分類して取り上げ，それらの脅威の軽減措置を論じている。そのうち①個々の監査人のレベルにおける職業的懐疑心に対する脅威の1つとして，「判断上の罠とバイアス」を挙げているのである。そこでは，具体的なバイアスとして，以下のものを取り上げており，これらはいずれも後述のIESBA Code及びわが国の倫理規則に含まれている。

　・自信過剰バイアス（Overconfidence）
　・確証バイアス（Confirmation）
　・アンカリングバイアス（Anchoring）
　・利用可能性バイアス（Availability）

ここで留意すべきは，職業的懐疑心の問題は，監査業務においてGAASの適用に関連性を有し，職業的懐疑心が発揮されたかどうかは監査手続の実施によって跡づけられる[4]のに対して，バイアスの問題は，監査人個人のマインドセット，すなわち心理的な要因に関連して，職業的懐疑心の発揮に関連する問題として捉えられていることである。

IESBAでは，2018年に「討議文書　職業的懐疑心―公共の期待に応える」（IESBA 2018）を公表し，その中で，バイアスに関する規定を倫理規程に含めることについても意見を募った。その上で，2020年10月に倫理規程の改訂（IESBA 2020）を最終的に公表し，倫理規程に後述する一連のバイアスに関する規定が含まれたのである。

2022年7月25日に改正された日本公認会計士協会の「倫理規則」では，他の課題（報酬や非監査業務等）に関する改訂とともに，2020年10月にIESBA

4　職業的懐疑心とそれに関連する監査上の諸概念については，町田（2015），松本（2011）等を参照されたい。

Codeにおいて行われたバイアスに関する規定を含む職業的懐疑心に関する改訂が導入されたのである。

　そこでは，まず，基本原則の1つである「客観性」に関して，次のように規定している（110.1 A1）。

（2）客観性

　次のいずれにも影響されることなく，職業的専門家としての判断又は業務上の判断を行うこと。

①バイアス

②利益相反

③個人，組織，テクノロジー若しくはその他の要因からの過度の影響又はこれらへの過度の依存

　続いて，バイアスのもたらす問題について，次のように述べている（120.12 A1）。

　意識的な，又は無意識のバイアスは，基本原則の遵守に対する阻害要因の識別，評価及び対処の際における職業的専門家としての判断の行使に影響を及ぼす。

　すなわち，バイアスによって影響された判断は，利益相反等と並んで，会計プロフェッションの業務に求められる「客観性」を損なう要因の1つであるとされているのである。

　倫理規則では，具体的なバイアスの種類として以下のものを例示列挙している（120.12 A2）。

（1）アンカリングバイアス

　最初に得た情報をアンカー（錨）として使用することで，その後の情報の評価が歪められる傾向

（2）オートメーションバイアス

　自動システムから生成されたアウトプットの信頼性又は目的適合性について，人間の論理的思考又は矛盾する情報によって疑問が提起された場合であっても，自動システムのアウトプットを選好する傾向

（3）利用可能性バイアス

　　最初に思い浮かぶ，又は想起しやすい事象又は経験をその他の事象又は経
　験よりも重視する傾向
（4）確証バイアス
　　既存の考えを証明する情報を，その考えに反する情報又はその考えに疑問
　を呈する情報よりも重視する傾向
（5）集団思考
　　複数の個人で構成される集団が個人の創造性と責任を抑制し，その結果と
　して論理的思考又は代替案の検討がなされることなく決定が下される傾向
（6）自信過剰バイアス
　　正確なリスク評価又はその他の判断や決定を行う自らの能力を過大評価す
　る傾向
（7）代表性バイアス
　　代表的とみなされる経験，事象又は考え方のパターンに基づき物事を理解
　する傾向
（8）選択的知覚
　　その人の期待が特定の事項又は人に対する見方に影響する傾向

　これらのバイアスがわが国の監査人においても観察されることは実証され
ている[5]。
　上記のようなバイアスの影響を軽減する行動として，倫理規則は以下のも
のを列挙している（120.12 A3）。

（1）追加的な情報を得るために，専門家に助言を求める。
（2）評価プロセスの一環として，適切に異議が唱えられるようにするため，他
　　者に相談する。
（3）職業的専門家としての能力開発の一環として，バイアスの識別に関する研
　　修を受ける。

---

[5]　例えば，町田・井野（2019）では，Rush to Solve（期限等に追われて結論を急ぐ），自信過剰バ
　イアス，確証バイアス，アンカリングバイアス，利用可能性バイアス，Self-Serving（監査人が自
　己に都合の良い判断を下してしまうバイアス）という6つのバイアスを取り上げ，監査人を被験者
　として複数の監査法人において実験的調査を実施したところ，利用可能性バイアス以外については，
　確かにバイアスが存在しているという結果が示されたのである。

これらのうち，特に（3）に示されているように，継続的専門能力開発（Continuing Professional Development: CPD）においてバイアスに関する研修を受けるなどして，監査人の判断にはバイアスが含まれるリスクがあること，バイアスにはいかなる種類があってそのそれぞれがどのようなときに生じやすいのかについての理解を深めることが，バイアスの影響を軽減するのである[6]。

バイアスに関して研修等によって理解を深めることは，監査人個人が心理的な側面において職業倫理的な枠組みを備えるものであるといえよう。

4 公共の利益

（1）公共の利益のために行動する責任

職業倫理が会計プロフェッションがプロフェッションとしての成立要件の1つであるのに対して，公共の利益（public interest）は，プロフェッションが社会から専門職業として認められるための要件ともいえる。

会計プロフェッションについていえば，第1章で述べたように，公認会計士にせよ税理士にせよ，社会からその専門性を評価されて独占的な業務権限を与えられていることから，高い品質の業務を提供しなくてはならない責務を負っている。その高い品質の業務の提供を通じて貢献する対象が，公共の利益ということになる。

ここでまず，公共（public）とは何かといえば，第1には，財務報告のサプライ・チェーンに含まれる財務情報のすべての利用者と意思決定者であり，さらには，会計プロフェッションに対して専門業務を独占的に委託している社会全体であるといえよう。また，利益（interest）とは何かといえば，利害関係者又は社会の人々が有する様々な価値や利得のうち，会計プロフェッションが責任を有する事柄である。

倫理規則においても，その冒頭に，次のように述べられている（100.1）。

6　同じく，町田・井野（2019）においても，バイアスの存在について説明を受けた監査人は，何も説明を受けない監査人と比べてバイアスの生じる程度が低い又は生じないとの結果が示されている。

> 会計専門職の特徴の一つは，公共の利益のために行動するという責任を引き受けることにある。

　また，遵守すべき倫理上の基本原則の1つである「職業専門家としての行動」の説明においても，次のように規定されている（110.1 A1）。

> （5）職業的専門家としての行動
> 　①関連する法令等を遵守すること。
> 　②全ての専門業務及びビジネス上の関係において，公共の利益のために行動するという職業的専門家の責任を全うするように行動すること。
> 　③職業的専門家に対する社会的信用を傷付ける可能性があることを会員が知っている，又は当然に知っているべき行動をしないこと。

　ここにいう「公共の利益のために行動する」ということは，会計プロフェッションの業務の全般にわたる問題ではあるが，近年，倫理規則（セクション260）において新たに規定された「違法行為」への対応は，その顕著なものであろう。

　会計プロフェッションは，監査業務に従事する会計士であれ，組織内会計士（Professional Accountants in Business: PAIB）であれ，違法行為を発見した場合にはそれに対応することが求められ，必要に応じて外部通報も含めた措置をとることが要請されている。こうした対応が求められることによって，従来に比べて会計プロフェッションの責任は非常に重いものになったと解される。

　こうした倫理規則の規定は，会計プロフェッションに対して，単に専門業務を提供するだけではなく，業務の過程で発見した違法行為に対して，場合によってはその専門性を活用して，公共の利益に資する存在として解決を図ることを求めているものといえる。いわば会計プロフェッションを公共の利益に資する社会的な存在として認識しているといえるのである（詳細は第11章及び13章において取り上げる）。

　また，会計プロフェッションの教育に関する基準であるIES第4号「初期専門能力開発—職業専門家としての価値観，倫理，及び姿勢」（2019改訂，2021適用）には，以下のように規定されている（A14）。

職業専門家としての価値観，倫理，及び姿勢には，(a) 技術的能力と職業専門家としてのスキル，(b) 倫理的行動（例えば，独立性，客観性，秘密保持，及び誠実性），(c) 職業専門家らしい振る舞い（例えば，正当な注意，適時性，礼儀正しさ，尊敬，責任，及び信頼性），(d) 優秀さの追求（例えば，継続的な向上及び生涯にわたる学習へのコミットメント），及び (e) 社会的責任（例えば，公共の利益の認知と考慮）に対するコミットメントが含まれる。

　先述したように，倫理的意思決定にあたっては，価値観が重要な役割を果たすが，会計プロフェッションの教育によって醸成すべき価値観には，社会的責任の一部として公共の利益の認知と考慮に対するコミットメントが含まれるとされているのである。

　このように重視される公共の利益については，近年の監査の基準においても繰り返し明記されるようになっている。一例を挙げれば，品質管理基準報告書第 1 号「監査事務所における品質管理」（2023年 1 月12日最終改正）では，当該基準の「目的」に関して，次のように規定されている（15項）。

　公共の利益は，より質の高い監査を一貫して実施することにより実現される。

　これは，高い品質の監査業務を維持するために実施される品質管理の目的を単に監査事務所における業務管理に矮小化することなく，公共の利益との関連性を強調するものといえる。こうした形で近年の監査の基準では，公共の利益への言及を繰り返し行う傾向にある。

　ただし，ここで付言しておかなければならないのは，「公共の利益」とは何かについて直接的な定義は示されていないということである。監査に関する用語の定義を一覧で示している監査基準報告書（序）「監査基準報告書及び関連する公表物の体系及び用語」（2023年 1 月12日最終改正）にもその定義は示されていない。前述した「公共」も「利益」も，関係者によってかなり幅広い概念となっていることから，明確に規定することが困難だという側面もあるといえよう。

　会計プロフェッションはそれぞれの立場で，またそれぞれが置かれた状況と関係する当事者を判断しつつ，公共の利益のために行動するということを

考える必要があると解すべきであるといえる。

（2）PIE（公共の利益に関連する事業体）

　公共の利益に関する明確な定義はないものの，公共の利益に関連して，公共の利益に関連する事業体（Public Interest Entity: PIE）という用語については，近年，IESBAが，従来，国や法域によって異なっていたPIEの定義を一貫性のあるものとすべく，PIEの定義の改訂を図るプロジェクトを実施するなどして，その範囲・対象を明確化しようとする動向がある[7]。

　現行のPIEの定義は，倫理規則の最後につけられている「用語集」によれば，次の通りである。

社会的影響度の高い事業体（Public interest entity）

（1）全ての上場事業体

（2）法令等により，監査を実施するにあたり，上場事業体と同じ独立性に関する要求事項が求められる事業体

（3）第400.8項で規定されているとおり，追加的に社会的影響度の高い事業体と同様に扱うこととした事業体

　上記（1）及び（2）について，我が国においては，公認会計士法上の大会社等がこれらの要件を満たしている。

　日本公認会計士協会では，PIEのことを「社会的影響度の高い事業体」と訳している。

　また，上記のとおり，わが国では公認会計士法上の大会社等がこの要件を満たしているとして，監査基準報告書（序）「監査基準報告書及び関連する公表物の体系及び用語」（2023年1月12日最終改正）では，「大会社等（Public interest entity）」という見出しで表記している。

　公認会計士法上の大会社等とは，以下のような会社が含まれる。

---

[7] IESBAでは，2021年11月から12月にかけての会合において，PIEの定義を最終化した。その後，PIEの定義の変更が最も大きな影響を受ける国際監査・保証基準審議会（International Auditing and Assurance Standards Board: IAASB）との間で共同して，新たなPIEの定義が国際監査基準等に及ぼす影響等を検討する次の段階のプロジェクトを実施中である。PIEの新たな定義は，2024年12月15日に適用される。

①会社法上の大会社

　―ただし，最終事業年度の貸借対照表に計上した資本金100億円未満，かつ，
　　負債総額が1,000億円未満の会社を除く

②金商法上の有価証券報告書提出会社

　―ただし，資本金５億円未満又は売上高（３年平均）10億円未満，かつ，負
　　債総額200億円未満の会社を除く

　―上場会社（及び店頭登録会社）は規模が小さくても除かれない

③銀行，長期信用銀行，保険会社

　―除外はなし

④その他金融機関（全国規模の信用金庫等）

　―上記の金商法適用会社における規模による除外規定が適用

　公認会計士法では，これを基に，独立性規制のうち，一般的なパートナー・
ローテーション，非監査業務の同時提供禁止，単独監査の禁止の対象（就職
制限は含まれない）を規定しているのである。

　なお，この他に，わが国では，会社法上の「大会社」，監査の基準では「監
査における不正リスク対応基準」，「監査上の主要な検討事項」の適用対象と
なる「上場企業等」（上記の②に同じ），及び公認会計士法において大規模監
査法人における筆頭業務執行社員等のローテーションの対象となる「上場有
価証券発行者等」（上場会社及び店頭登録会社）」といった規制上の区分がある。
これはかなり複雑であるが，それぞれの法規の目的や制定経緯によって様々
な区分が設けられているといえる。

　こうした傾向は，PIEに関する従来の各国の対応にも見られた。例えば，
EUの中でも，上場企業のみをPIEとする国もあれば，上場企業と金融機関
とする国，さらにそれに加えて一定規模以上の企業や特定の公益法人等を含
める場合もある。またアメリカでは，PIEという概念は用いずに，証券取引
委員会（Securities and Exchange Commission: SEC）に登録している企業かど
うかという区分が一般的である。IESBAのPIEのプロジェクトはそうした問
題に一定の枠組みを与えようとするものであったと解される。

　IESBAによるPIEの新しい定義が一定の強制力を持って適用されるとわが

国においても「公認会計士法上の大会社等」という整理を再検討する必要に迫られるかもしれない。特にわが国の場合、「公認会計士法上の大会社等」は、会社法上の大会社を含むことから、現在でもEU諸国に比べて適用範囲が相当大きなものとなっていることが課題となるかもしれない。

このように近年PIEの範囲が検討されるのには、職業倫理上にも理由がある。倫理規則において、PIEの監査業務に関する報酬に関して重要な規定が置かれるようになったからである。

倫理規則における報酬に関する問題は、後の章で論じられるが、その概要を示せば、次のとおりである。

> 410.14 A1　特定の監査業務の依頼人に対する報酬依存度（監査意見を表明する会計事務所等の総収入のうち、特定の監査業務の依頼人からの総報酬が占める割合）が高い割合を占める場合、当該依頼人に対する報酬依存度の高さ並びに当該依頼人からの監査及びその他の業務からの報酬を失うことへの懸念は、自己利益という阻害要因の水準に影響を与え、不当なプレッシャーという阻害要因を生じさせる。

> R410.18　会計事務所等は、2年連続して、社会的影響度の高い事業体である特定の監査業務の依頼人に対する報酬依存度が15％を超える場合又は超える可能性が高い場合には、2年目の監査意見を表明する前に、会計事務所等の構成員ではない会員による監査業務に係る審査と同様のレビュー（「監査意見表明前のレビュー」）が、阻害要因を許容可能な水準にまで軽減するためのセーフガードとなり得るかどうかを判断し、セーフガードとなり得ると判断した場合は、その対応策を適用しなければならない。

> R410.20　R410.21項で規定されている場合を除き、会計事務所等は、5年連続してR410.18 項で規定されている状況が継続する場合、5年目の監査意見の表明後に監査人を辞任しなければならない。

> R410.31　会計事務所等は、R410.30項に規定された監査役等との協議を実施した

後，社会的影響度の高い事業体である監査業務の依頼人が関連する開示を行わない場合は，R410.32項で規定されている場合を除き，次の全ての事項を開示しなければならない。

　＜中略＞

（4）2年連続して報酬依存度が15％を超える場合又は超える可能性が高い場合，
　　その事実及び当該状況が最初に生じた年

　倫理規則では，410.14 A1に示されているように，報酬依存度が高いことは，その報酬依存度及びその依頼人を失うことの懸念から，「自己利益という阻害要因の水準に影響を与え，不当なプレッシャーという阻害要因を生じさせる」という前提に立っている。

　その上で，R410.18に規定されているように，報酬依存度が2年連続15％を超えるか，超える可能性が高い場合には，会計事務所等の構成員ではない会員による監査業務に係る審査と同様のレビュー（「監査意見表明前のレビュー」）を受けなければならない。

　また，R410.31（4）によって，報酬依存度が2年連続 15 ％を超えるか，超える可能性が高い場合には，通常の有価証券報告書上の監査報酬とともに，その報酬依存度について開示しなくてはならず，さらにR410.20によって，5年連続して報酬依存度が15％を超えるか，超える可能性が高い状況が継続する場合には，「5年目の監査意見の表明後に監査人を辞任しなければならない」とされている。

　以上のようなPIEの監査業務に関する規定は，わが国の監査市場にも大きな影響を及ぼすものと考えられる。同時に，こうしたPIEの監査業務に関する規定は今後とも拡充していくことが予想される。すなわち，倫理規則においても，監査業務に関与している会計士とそうではない会計士の倫理という区分だけではなく，PIEに対する業務に関わっているかどうかという区分が重要な意味をもって展開されるようになってきたといえるのである。

Assignment

・あなた自身がこれまで経験した『倫理的ジレンマ』の具体的な例を１つ挙げ，その事例について，AAAモデルの７つのステップに沿って分析し，当該ジレンマについての解決策について考えてみよう。

・不特定多数の一般投資家を対象とする資本市場において開示される財務諸表に対して，監査人は監査報告書を通じて保証を付している。このとき監査人及び監査業務は「公共の利益」（public interest）に資するためにあるとされる。では，資本市場を前提としない個別の監査契約（例えば，閉鎖企業における監査や非営利組織における監査等）においては，監査人及び監査業務の存在意義はどこにあるのか考えてみよう。

参考になる書籍

浦崎直浩・菅原智監訳（2016）『会計職業倫理の基礎知識』中央経済社。

マーク・チェファーズ，マイケル・パカラック著，藤沼亜起監訳（2011）『会計倫理の基礎と実践：公認会計士の職業倫理』同文舘出版。

参考文献

栗濱竜一郎（2011）『社会的存在としての財務諸表監査』中央経済社。

多賀谷 充（2017）「監査人のバイアスに関する制度的考察」『会計プロフェッション』第12号，101-110.

中村 讓（2019）『監査人はなぜ判断を誤るか』デザインエッグ社。

原田保秀（2012）『会計倫理の視座：規範的・教育的・実証的考察』千倉書房。

藤沼亜起編著（2012）『会計プロフェッションの職業倫理：教育・研修の充実を目指して』同文舘出版。

町田祥弘（2015）「第2章 職業的懐疑心に関する基礎概念」増田宏一編著『監査人の職業的懐疑心』同文舘出版。

町田祥弘・井野貴章（2019）「監査判断のバイアス」町田祥弘編著『監査の品質に関する研究』同文舘出版，第29章，485-499.

松本祥尚（2011）「職業的懐疑心の発現とその規制」『會計』第179巻第3号，321-335.

American Accounting Association［AAA］（1990）*Ethics in the Accounting Curriculum: Cases and Readings*, Saratosa, Florida.

Ashton, R.H. and A. H.Ashton（1995）*Judgment and Decision-Making Research in Accounting and Auditing*, Cambridge University Press.

Bazerman, Max H., George Loewenstein and Don A. Moore（2002）Why Good Accountants

Do Bad Audits, *Harvard Business Review*, 80 (平谷美枝子訳 (2005)「善意の会計士が不正監査を犯す理由」『DIAMONND ハーバード・ビジネス・レビュー』10月).

Butler, S.A. (1986) Anchoring in Judgmental Evaluation of Audit Samples, *The Accounting Review*, 61 (1), 101-111.

Cheffers, Mark and Michael Pakaluk (2007) *Understanding Accounting Ethics*, 2nd ed., Allen David Press (藤沼亜起監訳,「公認会計士の職業倫理」研究会訳 (2011)『会計倫理の基礎と実践—公認会計士の職業倫理』同文舘出版).

Dellaportas, Steven, Steen Thomsen and Martin Conyon (2012) *Principles of Ethics and Corporate Governance in Financial Services*, McGraw-Hill Australia (浦崎直浩・菅原智 [監訳] (2016)『会計職業倫理の基礎知識』中央経済社).

Glover, Steven M. and Douglas F. Prawitt (2013) *Enhancing Auditor Professional Skepticism*, Global Public Policy Committee [GPPC] (増田宏一・梶川融・橋本尚監訳, 監査人の職業的懐疑心に関する研究会訳 (2015)『財務諸表監査における「職業的懐疑心」』同文舘出版, 所収).

International Ethics Standards Board for Accountants [IESBA] (2018) Consultation Paper: Professional Skepticism — Meeting Public Expectations, August 15.

International Ethics Standards Board for Accountants [IESBA] (2020) Revisions to the Code to Promote the Role and Mindset Expected of Professional Accountants, October 5th.

Langenderfer, H.Q. and J.W. Rockness (1989) Intergrating Ethics into the Accounting Curriculum: Issues, Problems, and Solutions, *Issues in Accounting Education*, 4 (1), 58-69.

第 4 章

資本市場における倫理（1）
経営者

1 株式会社及び資本市場の仕組み

　監査業務であれ税務業務であれ，業務実施者が業務を実施するにあたって，経営者との関係をどのように捉えるかは重要な論点である。また，経営者についても，資本市場の関係者としての倫理観が要求されることになる。

　現代の株式会社は，出資者は会社の第三者に対する債務に出資額までしか責任を負わない，いわゆる「有限責任制」を背景として，多数の出資者から多額の資金を集めている。個々の出資者が提供する資金は少額でも，多数の出資者を得ることにより，多額の資金を調達することができる。そして，株式会社は，それを元手として大規模な事業活動を行っているのである。

　株式会社は，出資者に対してその出資額に応じた数の株式を交付する。株式を受け取った出資者は当該会社の株主となり，株式は会社の経営に対する発言権を表す。大規模な株式会社では株主が多数に上るため，株式の所有は分散し，個々の株主の発言権は大幅に希薄化されることになる。

　その一方で，株式会社の経営者は，多額の資金を背景に，ビッグ・パワーとして社会経済において重要な役割を担うことにより，その地位と存在感を高めてきた。研究開発やマーケティング等を通じて新たな財やサービスを社会に送り出し，また，人材や経済のインフラなどの集積の場を提供する。株式会社はその活動を通じて利潤を獲得し，これを再投資することによって存続・成長を図るが，そのために生まれる株式会社間の競争は，新たな財やサービスをもたらし，イノベーションを産み出しているのである。

　このように，現代の株式会社は，資本主義経済の発展のために欠かせない

存在である。しかし，株主の発言権が希薄化されたことによって経営者の発言力が相対的に大きくなり，経営者の中には，株主から経営を任された会社をあたかも自分の所有物であるかのように振る舞う者が現れてきた。いわゆる「経営者支配」の状態となり，経営者の発言力がさらに増すことになったのである。

　近年，個人投資家の資金を基礎としたファンドをはじめとする機関投資家が徐々に発言力を増しており，経営者に対する1つの牽制機能となりつつある。しかし，ビッグ・パワーとして経済社会から認められた経営者を前にして，個人投資家は，keep or sell（株式を保有し続けるか，それとも売却するか）という，いわゆるウォールストリート・ルールに従うことくらいしか対抗手段を持ち得ないのである。

　いずれにしても，経営者によって支配された大規模な株式会社に投資家が対抗するのは難しく，市場における他の株式会社との競争優位を得るための経営者による自主規制，あるいは国による公的規制や資本市場による私的な規制に頼らざるを得ないのが現実である。株式会社は，その経営者が持つ力が適切に行使されないと，社会経済にとって危険な装置になる恐れがある。

　資本市場には，少額・多数の出資者からの大量の資金調達を容易にすることで，株式会社に対してビジネスの基礎を提供し，特に新規事業への投資を促進する効果がある。また，ビジネスに対する評価の指標としての株価を通じて，株式会社のビジネスへの新規参入と退出を活発化させ，ビジネスの新陳代謝を促進する効果もある。

　その一方で，新規公開企業が公開直後に相次いで業績の下方修正を行ったり，ファンドによって買収された事業が切り売りされたりするなど，経済社会にとって好ましからざる事象が散見される。我々は，いわゆる「市場の失敗」を目の当たりにしているのである。しかし，それでも現代社会は，資本市場とそれを背景にした株式会社を中心としたビジネス社会を維持していかざるを得ないであろう。

　それでは，我々は，市場の失敗を回避し，経済社会の健全性を維持するために，株式会社及びその支配者である経営者の行動をどのように規律づければよいのだろうか。次にこうした問題について考えることにする。

2 経営者に対する規律づけとしてのガバナンス

　株式会社を中心とするビジネス社会を健全に維持していこうとするとき，株式会社を実質的に支配している経営者が，不当に自らの利益を図り経済社会の利益を損なうことのないように，経営者の行動を規律づけるにはどのような手段があるだろうか。

　ここでは，経営者の規律づけの手段を，株主総会における経営者のアカウンタビリティ，ガバナンスに関わる法制度の整備，そしてコーポレートガバナンス・コードの機能という3つの観点から検討する。

（１）　株主総会におけるアカウンタビリティ

　株式会社の経営者は，株主総会において選任された取締役の中から選定される代表取締役である。代表取締役は会社を代表し，会社の業務を執行する。そして，すべての取締役によって構成される取締役会が，代表取締役の業務執行を監督することになっている。

　経営者は，少なくとも年に1回，株主総会において自らの経営成績について報告・説明する責任を負っている。これを「アカウンタビリティ」という。株主総会に対して報告・説明し，株主総会の承認を得ることによって，経営者は株主から受託した責任を解除されることになる。株主総会は，経営者にアカウンタビリティを課し，そしてそれを解除することを通じて，経営者に対する規律づけとしてのガバナンス機能を果たしていると考えることができるのである。

　経営者のアカウンタビリティは，具体的には，計算書類や事業報告書等の株主総会への提出によって果たされることになる。株式会社は，各事業年度に係る計算書類，すなわち貸借対照表，損益計算書，株主資本等変動計算書，個別注記表，事業報告並びにこれらの附属明細書を作成しなければならない（会第435条第2項，会計第59条）。そして，株式会社の取締役は，監査役，監査等委員会又は監査委員会（監査役等）及び会計監査人による会計監査を受け，取締役会の承認を受けた計算書類，事業報告書及び附属明細書を株主総会に

提出又は提供しなければならないとされている（会第438条）[1]。

　事業活動の内容，経営成績，財産の状況などを説明し，それが株主をはじめとするステークホルダーの利益に適うものであること，あるいは少なくとも利益を損なうものでないことが認められたとき，業務執行取締役である経営者は，株主から受託した責任を遂行したものと認められ，当該受託責任が解除されることになる。

　このように，株主総会は，経営者に対して定期的に経営内容についての説明を求めることにより，経営者の行動を規律づけるという意味でのガバナンス機能を果たしているのである。

（2）ガバナンス法制

　株主総会による経営者の規律づけは，年に1回の説明に基づいて行われる。これに対して，会社法に基づく監査役等によるいわゆる業務監査は，取締役である経営者の業務執行を，日常的・継続的にモニタリングすることを通じて規律づけを行うものである。

　会社法は，監査役等は取締役の職務の執行を監査することとし，そのためにいつでも取締役や支配人その他の使用人に対して事業の報告を求め，会社及び必要があれば子会社の業務及び財産の状況の調査をすることができると定めている（会第381条，第399条の2第3項第1号，第339条の3第1項及び第2項，第404条第2項第1号，第405条第1項及び第2項）。

　また，取締役が法令や定款に違反する行為を行ったか又は行う恐れがあるときには，監査役等に対して，会社の損害を防止するために，当該行為の差し止めを請求する権限を与えている（会第385条，第399条の6，第407条）。すなわち，会社法は，監査役等に対して，経営者の暴走を防止するために，行為の差し止めという監査職務の遂行に関わる権限を超える権限を与えているのである。

　指名委員会等設置会社は，会社法の規定により，指名委員会，監査委員会

1　会計監査人設置会社にあっては，取締役会による承認を受けた計算書類が法令及び定款に従い株式会社の財産及び損益の状況を正しく表示しているものとされている場合には，取締役は，当該計算書類の内容を株主総会に報告するものとされている（会第439条）。

及び報酬委員会を置くこととされている（会第2条第12号）。指名委員会は，取締役の選・解任に関する議案の決定を行い，一方，報酬委員会は，取締役の報酬の決定に関与する（会第404条）。これらの委員会の構成員は取締役で，その過半数を社外取締役が占めることとされており，経営者の人事及び報酬の決定プロセスに対する客観性の担保が図られているのである。

（3）　コーポレートガバナンス・コード

　経営者に対する規律づけという観点から，指名委員会等設置会社以外の会社でも，任意に指名委員会や報酬委員会の設置を求められる場合がある。例えば，東京証券取引所が定める「コーポレートガバナンス・コード」（以下，CGコード）は，指名委員会等設置会社以外の上場会社で，独立社外取締役が取締役会構成員の過半数に満たないものに対して，経営陣の人事及び報酬に係る取締役会の機能の独立性，客観性及び説明責任を強化するために，任意に指名委員会や報酬委員会を設置することを求めている（原則4-10，補充原則4-10①）。

　CGコードは，実効的なコーポレートガバナンスの実現に資する主要な原則を取りまとめたもので，プライム市場及びスタンダード市場の上場会社は全原則を，グロース市場の上場会社は基本原則を実施するものとし，実施しないものがある場合にはその理由を説明することが求められている[2]。そして，これらの原則が適切に実践されることにより，それぞれの会社において持続的な成長と中長期的な企業価値の向上のための自律的な対応が図られ，会社，投資家，ひいては経済全体の発展に寄与するとされているのである。

　CGコードに基づいて，多くの機関投資家の投資対象になり得る規模の時価総額を持ち，より高いガバナンス水準を備えるプライム市場上場会社の8割が，公開された市場における投資対象として一定の時価総額を持ち，上場企業としての基本的なガバナンス水準を備えるスタンダード市場上場会社では3分の1以上の会社が，それぞれ任意の指名委員会及び報酬委員会を設置している。また，上場会社全体でも半数を超える会社が任意に指名委員会及び報酬

2　東京証券取引所（https://www.jpx.co.jp/equities/listing/cg/）。

委員会を設置しており，その数は前年比で1割程度増加している（**図表4-1**）。

図表4-1　東京証券取引所上場会社における指名・報酬委員会の設置状況

集計対象	社数	指名委員会等設置会社		監査等委員会設置会社または監査役会設置会社			
		法定の指名・報酬委員会		任意の指名委員会		任意の報酬委員会	
		会社数	比率	会社数	比率	会社数	比率
プライム市場	1,837社	72社	3.9%	1,464社	79.7%	1,499社	81.6%
スタンダード市場	1,456社	11社	0.8%	494社	33.9%	547社	37.6%
グロース市場	477社	5社	1.0%	78社	16.4%	129社	27.0%
全上場会社	3,770社	88社 （+7社）	2.3% （+0.1pt）	2,036社 （+401社）	54.0% （+10.2pt）	2,175社 （+370社）	57.7% （+9.4pt）
JPX日経400	399社	37社 （+3社）	9.3% （+0.8pt）	330社 （+13社）	82.7% （+3.3pt）	333社 （+10社）	83.5% （+2.5pt）

注：括弧内は前年比。
出所：株式会社東京証券取引所（2022）「東証上場会社における独立社外取締役の選任状況及び指名委員会・報酬委員会の設置状況」2022年8月3日。

　上場株式会社の多くが，「政策目的保有株式」を保有している。これは，会社が他の会社と株式を相互に持ちあうというものである。政策目的保有株式には，株主総会において，相互に相手の会社の経営者の意向に沿う形で議決権を行使することによって，経営者が自社の株主総会における議決権を実質的に支配することを可能にするという効果がある。しかし，同時に，株主総会によるガバナンスを無機能化し，経営者の規律づけを妨げる恐れもある。

　こうした政策目的保有株式について，CGコードは，上場会社に対して政策保有に関する方針の開示，また，取締役会における保有の適否の検証とその内容の開示を求めている（原則1-4）。

　経営者の規律づけという観点でのガバナンスを巡る法制度は，強行法規としての会社法のようないわゆるハード・ローと，CGコードに代表される，法令ではないが何らかの拘束感を持ちながら従っている規範である，いわゆるソフト・ローからなっている（荒井・加藤 2010）。計算書類の作成及び株主総会への提出や監査役等による業務監査などは，ハード・ローによるガバナンスの仕組みである。一方，ソフト・ローは，強行法規ではないが，資本市場で投資者の信任を得て，できるだけ有利な条件で資金を調達するために

遵守することを求められる，自主規制の性格を持つルールである。

　複雑・多様で変化の激しい企業活動を，ハード・ローによって画一的に規制することは難しい。柔軟性があり，環境の変化に迅速に対応できるソフト・ローによる規制で補完することが必要となるのである。

3 企業経営におけるビジネス倫理

　経営者が利潤を追求すること自体は決して悪いことではなく，経営者にはアニマルスピリットに導かれた投資行動が求められている部分がある。すなわち，将来の収益に対する経営者の主観的な期待に基づく事業の拡大といった行動が，実は資本主義経済の原動力となっていると考えることもできるのである。

　しかし，当然のことながら，経営者による利潤の追求が，企業のステークホルダーの利益を犠牲にしたり，社会全体の公正を損なったりすることは認められない。このため，経営者は利潤を獲得して事業を拡大することと，社会的公正に資することという，本質的にはいずれも好ましいことの間で倫理的ジレンマに陥ることがある。こうしたジレンマをいかに解決するかを考えるのが，ビジネス倫理であり経営者の倫理問題なのである。

（1）　経団連の企業行動憲章

　経営者を倫理的な行動へと導くための様々な試みがあるが，その1つに，一般社団法人日本経済団体連合会（以下，経団連）の「企業行動憲章—持続可能な社会の実現のために—」がある。経団連は，総合経済団体として，企業と企業を支える個人や地域の活力を引き出し，わが国経済の自律的な発展と国民生活の向上に寄与することをその目的として掲げている（定款第3条）。

　1991年9月に制定された企業行動憲章[3]では，企業は，公正かつ自由な競争の下，社会に有用な付加価値及び雇用の創出と自律的で責任ある行動を通じて，持続可能な社会の実現を牽引する役割を担い，そのため国の内外にお

3　2017年11月に第5回の改定が行われている。

いて10の原則（**図表4-2**）に基づき，関係法令，国際ルール及びその精神を遵守しつつ，高い倫理観をもって社会的責任を果たしていく，と述べられている。

図表4-2　経団連の企業行動憲章における10の原則

（持続可能な経済成長と社会的課題の解決）
1．イノベーションを通じて社会に有用で安全な商品・サービスを開発，提供し，持続可能な経済成長と社会的課題の解決を図る。
（公正な事業慣行）
2．公正かつ自由な競争ならびに適正な取引，責任ある調達を行う。また，政治，行政との健全な関係を保つ。
（公正な情報開示，ステークホルダーとの建設的対話）
3．企業情報を積極的，効果的かつ公正に開示し，企業をとりまく幅広いステークホルダーと建設的な対話を行い，企業価値の向上を図る。
（人権の尊重）
4．すべての人々の人権を尊重する経営を行う。
（消費者・顧客との信頼関係）
5．消費者・顧客に対して，商品・サービスに関する適切な情報提供，誠実なコミュニケーションを行い，満足と信頼を獲得する。
（働き方の改革，職場環境の充実）
6．従業員の能力を高め，多様性，人格，個性を尊重する働き方を実現する。また，健康と安全に配慮した働きやすい職場環境を整備する。
（環境問題への取り組み）
7．環境問題への取り組みは人類共通の課題であり，企業の存在と活動に必須の要件として，主体的に行動する。
（社会参画と発展への貢献）
8．「良き企業市民」として，積極的に社会に参画し，その発展に貢献する。
（危機管理の徹底）
9．市民生活や企業活動に脅威を与える反社会的勢力の行動やテロ，サイバー攻撃，自然災害等に備え，組織的な危機管理を徹底する。
（経営トップの役割と本憲章の徹底）
10．経営トップは，本憲章の精神の実現が自らの役割であることを認識して経営にあたり，実効あるガバナンスを構築して社内，グループ企業に周知徹底を図る。あわせてサプライチェーンにも本憲章の精神に基づく行動を促す。また，本憲章の精神に反し社会からの信頼を失うような事態が発生した時には，経営トップが率先して問題解決，原因究明，再発防止等に努め，その責任を果たす。

出所：一般社団法人日本経済団体連合会「企業行動憲章」（https://www.keidanren.or.jp/policy/cgcb/）。

　行動憲章は，考え方や指針を掲げるだけでは意味がなく，企業はそれらを経営活動とともに実践する必要がある。経団連は，「企業行動憲章実行の手引き」を作成し，かねてより公正かつ自由な市場経済の下，民主導による豊かで活力ある社会を実現するためには，企業が高い倫理観と責任感をもって行動し，社会から信頼と共感を得る必要があると主張し，そのために企業行動憲章を制定し，企業の責任ある行動原則を定めているとしている。そして，会員企業が，企業行動憲章の精神を遵守し，自主的に実践していくことを宣言している。

　企業による違法行為や不正があとを絶たないという現実を前に，会員企業の経営者は，憲章の精神を深く理解した上で，具体的な措置や行動に移していく責任を負っているのである。

（2）　企業の行動指針

　Johnson & Johnson社は，1943年に，会社の果たすべき社会的責任について述べた「Our Credo（我が信条）」を制定した（**図表4-3**）。以来，長きにわたり同社の企業理念・倫理規定として，世界に広がるグループ各社・社員一人ひとりに確実に受け継がれており，各国のファミリー企業において事業運営の中核となっている。

図表4-3　Johnson & Johnson社の「我が信条」

　我々の第一の責任は，我々の製品およびサービスを使用してくれる患者，医師，看護師，そして母親，父親をはじめとする，すべての顧客に対するものであると確信する。顧客一人ひとりのニーズに応えるにあたり，我々の行なうすべての活動は質的に高い水準のものでなければならない。

　我々は価値を提供し，製品原価を引き下げ，適正な価格を維持するよう常に努力をしなければならない。顧客からの注文には，迅速，かつ正確に応えなければならない。我々のビジネスパートナーには，適正な利益をあげる機会を提供しなければならない。

　我々の第二の責任は，世界中で共に働く全社員に対するものである。

　社員一人ひとりが個人として尊重され，受け入れられる職場環境を提供しなければならない。社員の多様性と尊厳が尊重され，その価値が認められなければならない。社員は安心して仕事に従事できなければならず，仕事を通して目的意識と達成感を得られなければならない。待遇は公正かつ適切でなければならず，働

く環境は清潔で，整理整頓され，かつ安全でなければならない。社員の健康と幸福を支援し，社員が家族に対する責任および個人としての責任を果たすことができるよう，配慮しなければならない。

社員の提案，苦情が自由にできる環境でなければならない。能力ある人々には，雇用，能力開発および昇進の機会が平等に与えられなければならない。

我々は卓越した能力を持つリーダーを任命しなければならない。

そして，その行動は公正，かつ道義にかなったものでなければならない。

我々の第三の責任は，我々が生活し，働いている地域社会，更には全世界の共同社会に対するものである。世界中のより多くの場所で，ヘルスケアを身近で充実したものにし，人々がより健康でいられるよう支援しなければならない。

我々は良き市民として，有益な社会事業および福祉に貢献し，健康の増進，教育の改善に寄与し，適切な租税を負担しなければならない。我々が使用する施設を常に良好な状態に保ち，環境と資源の保護に努めなければならない。

我々の第四の，そして最後の責任は，会社の株主に対するものである。

事業は健全な利益を生まなければならない。我々は新しい考えを試みなければならない。研究開発は継続され，革新的な企画は開発され，将来に向けた投資がなされ，失敗は償わなければならない。新しい設備を購入し，新しい施設を整備し，新しい製品を市場に導入しなければならない。逆境の時に備えて蓄積を行なわなければならない。これらすべての原則が実行されてはじめて，株主は正当な報酬を享受することができるものと確信する。

出所：Johnson & Johnson社「我が信条（Our Credo）」（https://www.jnj.co.jp/jnj-group/our-credo）。

この文書はJohnson & Johnsonという会社の社会的責任を記したものであり，この文章の中に書かれている考え方が会社の経営理念である。そして，会社が責任を果たす対象の順位づけをし，この理念に賛同する者にこの会社で働いてほしいということを明言しているのである。

顧客第一で考え行動し，残りの責任を，従業員，地域社会そして株主という順序で果たせば，最後に位置づけられる株主に対する責任は自ずと果たされるというのが，正しいビジネス倫理であると考えられているのである。

Johnson & Johnson社の「我が信条」は，同社が株式市場に上場する前年に制定されたものである。上場を目前に控えている会社なら，普通は株主に対する責任を最も重視する姿勢を示すように思われるが，同社は株主に迎合することなく，社会への貢献を前面に打ち出している。これが，「我が信条」が色褪せることなく，長く受け継がれている理由なのであろう。

日本でも，Credoに相当する企業理念やビジョンなどを掲げ，ステークホ

ルダーとの良好な関係の構築を図る企業が見られる。

　例えば，楽天グループは，次のような企業理念を掲げている[4]。

> 　楽天グループは，「イノベーションを通じて，人々と社会をエンパワーメントする」ことをミッションとしています。
>
> 　ユーザーや取引先企業へ満足度の高いサービスを提供するとともに，多くの人々の成長を後押しすることで，社会を変革し豊かにしていきます。
>
> 　「グローバル イノベーション カンパニー」であり続けるというビジョンのもと，企業価値・株主価値の最大化を図ってまいります。

　その上で，「グローバル イノベーション カンパニー」というビジョンを「私たちは世界中の人々が夢を持って幸せに生きられる社会を創るために知力と創造力と想いを結集し，何事をも成し遂げていく企業文化のもと常識をくつがえすイノベーションを生み出し続けることを目指します。」と説明している。

　また，楽天グループの在り方を明確にすると同時に，すべての従業員が理解し実行する価値観・行動指針である「楽天主義」が掲げられている。「楽天主義」は，楽天グループの事業を通して実現しようとしている価値観を提示する「ブランドコンセプト」と，「楽天の目標」への共感度を強め実現度を高めるための「成功のコンセプト」の2つで構成されている。

　さらに，すべての従業員が遵守すべき「楽天グループ企業倫理憲章」も制定されている（**図表4-4**）。

図表4-4　楽天グループ企業倫理憲章

> 　私たちは，楽天グループの一員として，ブランドコンセプトのもと，「グローバルイノベーションカンパニー」として高い倫理意識をもってグループの企業価値を高めながら，社会に貢献し，社会と共生していきます。
>
> **・法令・社会規範を守ります**
> 　私たちは，楽天グループの一員として，各国の関係法令および社会のルール（消費者保護，公正競争，自然環境，労働環境，犯罪防止，開示・納税の適正に関する法令等）を守り，高い倫理観を持って行動します。そして，ブランドコンセプ

4　楽天グループ株式会社（https://corp.rakuten.co.jp/about/philosophy/）。

トで謳っているように，「品性高潔」に振る舞い，関係法令等に反する行為に対しては厳正に対応します。

・すべての人を尊重します

　私たちは，すべての人々の人権を尊重し，個人の尊厳を守ります。プライバシー，表現の自由，公平で安全な労働環境などすべてのステークホルダーの権利を促進し，差別やハラスメント，児童労働，強制労働のない社会を目指します。

・お客さまの満足の最大化を図ります

　私たちは，常にお客さまの視点に立ち，お客さまの満足の最大化を図ります。お客さまに喜ばれるサービスを提供することが社会への貢献につながり，楽天グループの企業価値向上の「大義名分」となります。

・フェアに行動します

　私たちは，事業基盤であるインターネットの本質がフェアな点にあると捉え，全ての消費者や事業者がその機会を最大限活用できるように，私たち自身のあらゆる事業活動において，フェアに行動します。このため，公正な競争を尊重し，サービス利用者の判断に資する適切な情報伝達を行います。また，職務に公私のけじめをつけ，利益相反行為を回避し，贈収賄に関与しません。

・広く社会とのコミュニケーションをもち，情報を適正に使用，管理します

　私たちは，株主はもとより，広く社会とのコミュニケーションをもち，適時適切に企業情報を開示することによって透明性を高めてまいります。同時に，楽天グループの情報やお客さまなどの情報が，楽天グループにとって極めて重要な資産であることを深く認識し，これらを適正に使用，管理します。

・反社会的勢力には毅然とした対応をとります

　私たちは，市民社会の秩序や安全に脅威を与える反社会的勢力に対しては，毅然とした態度で臨み，関係遮断を徹底し，不当な要求に対しては「大義」に則り断固として社会的正義を貫きます。

・持続可能な社会の実現に貢献します

　私たちは，責任あるビジネスを実践する一方で，事業活動により生じる社会・環境・経済へのいかなる影響にも対応します。また，顧客やビジネスパートナーをはじめとするステークホルダーの皆様とともに本業を通じた社会課題の解決に取り組み，持続可能な未来の実現に貢献します。

出所：「楽天グループ企業倫理憲章」(https://corp.rakuten.co.jp/about/philosophy/principle/#ethic)。

 4 ビジネス倫理の展開

（1）アメリカにおけるビジネス倫理の確立過程

　ビジネス倫理は1970年代のアメリカで確立された。その背景には，環境汚

染や人種差別などが社会問題化し，経営者による利潤追求と環境・人種問題の間で倫理的ジレンマが生じたということがあった。社会問題に対応し，倫理的ジレンマを克服するためにビジネス倫理の確立が必要になったのである。

1970年代に大規模な企業不祥事が相次いだことから，1977年に海外不正支払防止法（Foreign Corrupt Practices Act: FCPA）が制定された。この法律は，①企業や個人がビジネスの機会や不適切な便宜を得るために，外国の政府関係者や公務員に対して賄賂を贈ることを禁止し（贈賄禁止条項），②資産の処分及び取引を合理的な程度に詳細に，正確にそして適正に反映する帳簿，記録及び勘定を作成・保存し，贈賄等の不正な支払いを隠蔽するための虚偽の財務記録を禁止するとともに，適切な内部会計統制システムを整備し維持することを求めている（内部統制条項）。

また，1980年代半ばには防衛産業の構造的な腐敗が露見したため，当時のレーガン大統領の指示で対応が検討された。その結果，市場原理が働かないこの産業分野においては自主的な行動の是正を求めるしかないとの結論に達し，1986年に防衛関連企業がDII原則（Principles of Defense Industry Initiative on Business Ethics and Conduct）を採択することになった。

一方，下院の司法制度改革の一環として，1991年11月に，同程度の犯罪行為に対する量刑のばらつきを是正し，科すべき量刑の基本的な原則を明示する「連邦量刑ガイドライン」が制定された。これによって，個人と同様に組織が不正行為によって有罪となった場合の罪の算定基準が定められた。

このガイドラインは，犯罪者の罪の程度に応じた懲罰と，犯罪の防止・発見という2つの目的で立案されている。企業が不正防止のための効果的なコンプライアンス・プログラムを持っている場合や，調査に協力したり責任を認めたりした場合に量刑が軽減されることになっている。企業にとってコンプライアンス・プログラムの作成はリスク回避の手段となることから，積極的に取り組まれるようになったのである（鈴木 2009）。

1990年代には，企業を取り巻く状況が不確実性を増し，また，多様なステークホルダーの存在によって利害対立が複雑化したこと，ビジネスのグローバル化と企業の多国籍化に伴い，従来の西洋文化に根差した統一的なモラルを全社で維持することが困難になったこと，さらには，経営者が，法律のグレイ

ゾーンにおける意思決定や激化する競争下での行動についての指針や助言を求めたことなどを背景として，ビジネス倫理の見直しが行われることとなった。

（2） SOX法以降の展開

　ビジネス倫理の新たな視点として，経営戦略とビジネス倫理との融合が求められている。すなわち，健全な企業戦略との組合せによる倫理的な実践こそが，会社の競争優位を生み出し，それを維持することを可能にするのである。倫理的規範が確立されている企業ほど社会から信用され，評価も高いことから競争力を持ち，逆に，企業内に倫理的に健全な行為を支える価値観がなければ法律による規制や訴訟を招くことになる。

　アメリカにおける公的規制の強化としては，2002年のサーベンス・オクスリー法（以下，SOX法）の制定がある。この法律は，エンロン・ワールドコム会計不正事件をきっかけに制定されたものである。その第404条は，SEC登録会社の経営者に対して，財務報告に係る内部統制の有効性の評価とその結果の報告を義務づけている。

　SOX法第302条では，財務報告書に対する企業の責任に関して，公開企業の筆頭執行役員及び筆頭財務役員が，年次報告書及び四半期報告書で企業の事業及び財政状態をすべての重要な点において適正に表示していること，及び内部統制の構築・維持責任を負っていることなどを証明することが義務づけられている。

　また，SOX法第906条は，連邦刑事法を改正して，SECに提出される財務諸表を含む定期報告書においてCEO及びCFO（又は同等の地位にある者）に対して，財務諸表を含む定期報告書が証券取引所法の規定に完全に準拠したものであり，かかる定期報告書に含まれる情報がすべての重要な点において当該会社の財政状態及び経営成績を適正に表示していることを証明する文書を添付することを義務づけている。そして，当該定期報告書がすべての要件を満たしていないと知りながら証明した場合には，100万ドル以下の罰金若しくは10年以下の禁固刑又はこれらを併科し，こうした証明が意図的に行われた場合には，500万ドル以下の罰金若しくは20年以下の禁固刑又はこれらが併科される（柿﨑 2007）。

（３）　日本におけるビジネス倫理の展開

　日本では，2004年に発覚した大手鉄道会社による有価証券報告書の虚偽記載事件やその後に相次いだ不正会計事件などが発端となって，上場会社に対して，「内部統制報告書」及び「有価証券報告書等の記載内容に関する確認書」の提出が義務づけられることになった。

　内部統制報告書は，会社の属する企業集団及び当該会社に係る財務計算に関する書類その他の情報の適正性を確保するために必要な体制について経営者が評価した報告書であり，有価証券報告書とあわせて内閣総理大臣に提出されるものである（金商第24条の４の４）。この報告書には，経営者が財務報告に係る内部統制の整備・運用に責任を有していること，及び内部統制が有効であるかどうかについての，経営者による評価の結果などが記載されることになっている（**図表4-5**）。

図表4-5　内部統制報告書の記載内容

　１【財務報告に係る内部統制の基本的枠組みに関する事項】
　　代表取締役○○○○及び代表取締役○○○○は，当社の財務報告に係る内部統制の整備及び運用に責任を有しており，企業会計審議会の公表した「財務報告に係る内部統制の評価及び監査の基準並びに財務報告に係る内部統制の評価及び監査に関する実施基準の設定について（意見書）」に示されている内部統制の基本的枠組みに準拠して財務報告に係る内部統制を整備及び運用しております。（以下省略）
　２【評価の範囲，基準日及び評価手続に関する事項】
　　財務報告に係る内部統制の評価は，当事業年度の末日であるXXXX年３月31日を基準日として行われており，評価に当たっては，一般に公正妥当と認められる財務報告に係る内部統制の評価の基準に準拠しました。（以下省略）
　３【評価結果に関する事項】
　　上記の評価の結果，当事業年度末日時点において，当社の財務報告に係る内部統制は有効であると判断しました。
　４【付記事項】
　　該当事項はありません。
　５【特記事項】
　　該当事項はありません。

出所：「財務計算に関する書類その他の情報の適正性を確保するための体制に関する内閣府令」第１号
　　　様式をもとに筆者作成。

内部統制には，経営業務の有効性と効率性の確保，報告の信頼性の確保，コンプライアンスの徹底及び資産の保全という目的があるが，企業はこれらの目的の達成に対するリスクの評価において，不正の可能性について検討する必要がある。経営者は内部統制を整備しその有効性を維持する責任があり，また，有効性を評価して報告する義務がある。しかし，同時に，経営者は，内部統制を無効化することができる立場にあることに注意する必要がある。

　経営者による内部統制の無効化とは，個人的な利益，企業の財務内容又はコンプライアンスの状況をよく見せようとする不法な目的のために，企業の内部統制が機能しないようにする行為である。内部統制の無効化にあたっては，無効化のための行為を隠蔽しようとするため，通常，文書化や開示は行われない（COSO 2013）。

　無効化の隠蔽は不正や違法行為の発見を遅らせ，企業に大きな損害をもたらす恐れがある。経営者は，内部統制の整備・運用という形でボンディング（自己規制）を行うことによって，自らの誠実性を自己保証することができる。しかし，経営者による内部統制の無効化は自らの誠実性を自己否定する行為にほかならず，無効化をすれば，経営者は大きな代償を払うことになろう。

　さて，上場会社に対しては，有価証券報告書の記載内容が金融商品取引法令に基づき適正であることを確認した旨を記載した確認書（**図表4-6**）を，有価証券報告書とあわせて内閣総理大臣に提出することが義務づけられている（金商第24条の4の2）。

図表4-6　金融商品取引法に基づく「確認書」の記載内容

1 【有価証券報告書の記載内容の適正性に関する事項】 　当社代表取締役○○○○及び代表取締役○○○○は，当社の第XX期（自XXXX年4月1日至XXXX年3月31日）の有価証券報告書の記載内容が金融商品取引法令に基づき適正に記載されていることを確認しました。 2 【特記事項】 　特記すべき事項はありません。

出所：「企業内容等の開示に関する内閣府令」第4号の2様式をもとに筆者作成。

　内部統制報告書の重要事項について虚偽記載をした者は，5年以下の懲役

又は500万円以下の罰金に処せられる（金商第197条の2第6号）。両罰規定があり，会社には5億円以下の罰金（金商第207条第1項第2号）が課せられる。ただし，確認書については，確認の対象である有価証券報告書等の虚偽記載に対する罰則が適用されるため，確認書それ自体の虚偽記載に対する罰則はない。

　日本証券取引所自主規制法人は，上場会社の不祥事が頻発する状況に鑑み，不祥事を予防する取組みが上場会社の間で実効性をもって進められる必要性が高まっているとの認識に基づき，2018年3月に「上場会社における不祥事予防のプリンシプル」を策定した。上場会社には，不祥事の予防に取り組むに際して，その実効性を高めるためにこのプリンシプル（原則）を活用することが期待され，取組みにあたっては，経営陣，とりわけ経営トップによるリーダーシップの発揮が重要であるとして，次の6つの原則が提示されている。

［原則1］実を伴った実態把握
　自社のコンプライアンスの状況を制度・実態の両面にわたり正確に把握する。明文の法令・ルールの遵守にとどまらず，取引先・顧客・従業員などステークホルダーへの誠実な対応や，広く社会規範を踏まえた業務運営の在り方にも着眼する。その際，社内慣習や業界慣行を無反省に所与のものとせず，また規範に対する社会的意識の変化にも鋭敏な感覚を持つ。
　これらの実態把握の仕組みを持続的かつ自律的に機能させる。
［原則2］使命感に裏付けられた職責の全う
　経営陣は，コンプライアンスにコミットし，その旨を継続的に発信し，コンプライアンス違反を誘発させないよう事業実態に即した経営目標の設定や業務遂行を行う。
　監査機関及び監督機関は，自身が担う牽制機能の重要性を常に意識し，必要十分な情報収集と客観的な分析・評価に基づき，積極的に行動する。
　これらが着実に実現するよう，適切な組織設計とリソース配分に配意する。
［原則3］双方向のコミュニケーション
　現場と経営陣の間の双方向のコミュニケーションを充実させ，現場と経営陣

がコンプライアンス意識を共有する。このためには，現場の声を束ねて経営陣に伝える等の役割を担う中間管理層の意識と行動が極めて重要である。

こうしたコミュニケーションの充実がコンプライアンス違反の早期発見に資する。

［原則4］不正の芽の察知と機敏な対処

コンプライアンス違反を早期に把握し，迅速に対処することで，それが重大な不祥事に発展することを未然に防止する。

早期発見と迅速な対処，それに続く業務改善まで，一連のサイクルを企業文化として定着させる。

［原則5］グループ全体を貫く経営管理

グループ全体に行きわたる実効的な経営管理を行う。管理体制の構築に当たっては，自社グループの構造や特性に即して，各グループ会社の経営上の重要性や抱えるリスクの高低等を踏まえることが重要である。

特に海外子会社や買収子会社にはその特性に応じた実効性ある経営管理が求められる。

［原則6］サプライチェーンを展望した責任感

業務委託先や仕入先・販売先などで問題が発生した場合においても，サプライチェーンにおける当事者としての役割を意識し，それに見合った責務を果たすよう努める。

経営者は，株主から委託された資金の運用についてアカウンタビリティを果たさなければならない。もし経営者が，適正なディスクロージャーと自らの利益の追求との間でジレンマに陥るリスクがあるとすれば，こうしたジレンマを解消するために，①公的な規制及び厳格なサンクションの設定，②経営者による戦略と適正なディスクロージャーを一致させるための枠組みの提供，あるいは③ステークホルダーとの倫理的コンセンサスの醸成といった，倫理的な枠組みが提供されなければならない。

Assignment

・アメリカでビジネス倫理が確立されていった背景及び過程を説明してみよう。

・経営者の行為・行動を規律づけるための手段を1つ挙げ，それによってどのように規律づけが行われるか説明してみよう。

・経営者が企業経営を行う際に陥る倫理的ジレンマとはどのようなもので，そのジレンマを解決するにはどうすればよいか説明してみよう。

参考になる書籍

幸田博人・柴崎健編著（2023）『現代ビジネスエシックスと企業価値向上』金融財政事情研究会。

参考文献

荒井邦彦・加藤實（2010）「企業法務におけるソフトローへの対応」『東海学園大学研究紀要』第15号，83-97。

柿﨑環（2005）『内部統制の法的研究』日本評論社。

柿﨑環（2007）「わが国の上場会社に求められる内部統制システム：SOX法制定後の内部統制を巡る米国の法状況を参考に」『跡見学園女子大学マネジメント学部紀要』第5号，41-62。

証券経営研究会編（2015）『資本市場の変貌と証券ビジネス』日本証券経済研究所。

鈴木由紀子（2009）「アメリカにおける企業倫理」『創価経営論集』第33巻第3号，39-52。

Committee of Sponsoring Organizations of the Treadway Commission（COSO）（2013）*Internal Control – Integrated Framework*（*2013*）（八田進二・箱田順哉監訳，日本内部統制研究学会・新COSO研究会訳（2013）『COSO内部統制の統合的フレームワーク（フレームワーク篇）』日本公認会計士協会出版局）.

第 **5** 章

資本市場における倫理（2）
利用者

 ## 1 資本市場における利用者

（1） 利用者の責任と種類

　資本市場における倫理を考えるにあたって，情報作成者である経営者，情報の信頼性を確保する監査人とともに，情報の利用者である投資家等の倫理についても考える必要がある。

　例えば，わが国では，「お客様は神様です」という言葉がよく使われる。この言葉を使った歌手によれば，本来の意味は，観客を神様と見て完璧な芸を見せようという，歌う際の演者の心持ちを表したものであるという[1]。すなわち，「お客様は神様です」という言葉には，わが国で誤用されているように，販売者やサービスの提供者に対して客が上だとか，ましてや客のいうことには絶対服従だという意味ではないのである。

　サービスの提供者と利用者の間には，サービスを巡って契約関係が生じるだけであり，対等な関係にあるといえる。したがって，提供者にサービスの提供に係る責任があるとすれば，利用者にも一定の責任が生じることとなる。

　まず，資本市場を考えれば，「投資は自己責任で」といわれるように，情

1　三波春夫オフィシャルサイト「『お客様は神様です』について」によれば，三波春夫氏は，生前にインタビューなどでこのフレーズの意味を尋ねられたとき，以下のように答えていたという。
　「歌う時に私は，あたかも神前で祈るときのように，雑念を払ってまっさらな，澄み切った心にならなければ完璧な藝をお見せすることはできないと思っております。ですから，お客様を神様とみて，歌を唄うのです。また，演者にとってお客様を歓ばせるということは絶対条件です。ですからお客様は絶対者，神様なのです」（https://www.minamiharuo.jp/profile/index2.html）

報を利用した利用者は，その情報を用いて自ら行った投資意思決定の帰結については自分自身で責任を負わなくてはならない。

　資本市場において一般投資家保護が謳われることはあるが，その趣旨は投資の結果について損失が出た場合にその一部又は全部の損失の補填をする[2]といったことではなく，情報によって保護することを意味している。このとき，その情報は適時（timely），適切（fair），かつ適量（adequate volume）であることが求められる。会計プロフェッションが提供する監査等の保証業務は，この情報の信頼性を確保することによって，資本市場における情報の利用，ひいては「資本市場の機能の十全な発揮による金融商品等の公正な価格形成等」（金商第1条）に貢献することとなる。

　ところで，資本市場における利用者という場合に，利用者には様々な種類が想定される。

　例えば，株主について考えただけでも，現在株式を所有している者（現在株主）とこれから株式を購入し所有しようとしている者（潜在株主）がいる。さらにいえば，株主総会に出席できるのは一般に決算日に指定されている「権利確定日」現在の株主であり，株主総会に出席する者が株主総会時点で現在株主であるとは限らない。一般には株主という場合，現在株主又は権利確定日時点で株主であった者を指すといえよう。

　それに対して，投資家という用語は，株式に関していえば，現在株主と潜在株主の双方を含むものであろう。また，投資家という場合，投資対象は株式だけとは限らない。社債や商品相場ということもある。投資家という用語は資本市場を考えた場合に最も広い範囲をカバーする用語と考えられる。なお，「投資者」という用語は金融商品取引法の用語法であり，それに対して

2　証券会社等が顧客の損失を補填することについては，以下のとおり金融商品取引法において禁止行為とされている。
　「第42条の2　金融商品取引業者等は，その行う投資運用業に関して，次に掲げる行為をしてはならない。＜中略＞
　六　運用財産の運用として行つた取引により生じた権利者の損失の全部若しくは一部を補填し，又は運用財産の運用として行つた取引により生じた権利者の利益に追加するため，当該権利者又は第三者に対し，財産上の利益を提供し，又は第三者に提供させること（事故による損失又は当該権利者と金融商品取引業者等との間で行われる有価証券の売買その他の取引に係る金銭の授受の用に供することを目的としてその受益権が取得され，若しくは保有されるものとして内閣府令で定める投資信託の元本に生じた損失の全部又は一部を補填する場合を除く。）。＜以下略＞」

図表5-1　資本市場における情報利用の構造

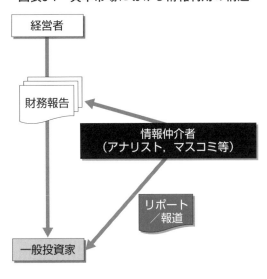

出所：筆者作成。

投資家という用語は一般用語といえる。

　投資家にも「一般投資家」と「機関投資家」がある。機関投資家というのは金融機関等の会社組織や投資組合（ファンド）等を指す用語であり，一般投資家はそうした組織を有していない投資家のことである。

　また，投資家の専門性によっても区別されることがある。「一般投資家」と「洗練された（sophisticated）投資家」の区別である。後者は，専門能力を有しており，財務情報等を自らの力で読み解くことができる投資家のことであり，アナリストや格付け機関，あるいはマスコミ等が含まれる。

　以上のことを踏まえると，株式市場における一般投資家による情報利用に絞って考えたとしても，現代の資本市場では**図表5-1**のような構造が想定される。

　ここで問題となるのは，こうした現代の資本市場の構造を前提としたときに，資本市場にかかる規制や制度はいかなる利用者を前提とすべきなのか，とりわけ，信頼し得る情報の提供によって保護する対象としての利用者は，いったい誰なのかという点である。

（2） 財務報告の対象となる利用者の考え方

　わが国の金融商品取引法の前身の証券取引法は，アメリカにおける1933年証券法（*Securities Act of 1933*）及び1934年証券取引所法（*Securities Exchange Act of 1934*）のいわゆる証券2法を基にして，1948年に制定されたものであり，一般投資家を想定利用者とするディスクロージャーの枠組みとなっている。法制度の前提とされているのは，投資家自身による財務情報の分析であり，一般投資家が高度な専門的知識を有さない以上，彼／彼女らに理解可能な情報提供が望まれることとなる。

　この系譜に属するディスクロージャー規制としては，アメリカ証券取引委員会（SEC）が2000年に導入したフェア・ディスクロージャー規制（Regulation FD）及びわが国においても2018年4月より導入された「フェア・ディスクロージャー・ルール」が挙げられよう。これらの規制ではアナリストに対する選別的開示の禁止が規定されているが，その前提となるのは，一般投資家自らが情報に接する機会を増やし，個人投資家が情報を分析することにある。

　しかしながら，近年の財務情報の専門性の高さ及び情報量の多さは，一般投資家の理解力に委ねる範囲を超えているともいえる。そこで，例えば，イギリスなどでは，財務諸表だけでなく，要約財務諸表の作成・開示が求められている。こうした試みも，一般投資家を利用者として想定するディスクロージャーの枠組みを補完又は支援するものといえる。

　こうした一般投資家の利用を想定したディスクロージャーの枠組みに相対する考え方がある。すなわち，開示情報の増加や機関投資家の影響力を背景として，資本市場に存在する機関投資家やアナリスト等の情報媒介者を利用者として想定すべきだとする考え方である。

　この考え方の下では，資本市場においては，少数の専門家が超過的利益を求めて情報を収集・分析しており，それによって市場の情報効率性が維持されているとする。かかる効率的な市場において一般投資家は，開示情報の意味が理解できなくても，開示情報によって形成された市場価格で取引していれば開示情報が正しい限り保護されることとなる。つまり，一般投資家が情

報を理解・分析する能力は必要なく，また，一般投資家の理解を前提とした
ディスクロージャーの必要はないというのである。こうした理解は，いわゆ
る経済学における効率的市場仮説に基づく考え方といえよう。

　この系譜に属するディスクロージャー規制もある。例えば，SECが認めて
いる簡易な有価証券届出書（フォームS3）や，わが国の組込方式による有価
証券届出書が挙げられよう。そこでは，一般投資家の理解というよりも，登
録される有価証券の利用適格や登録発行者の適格性のみによって一括登録を
認めているからである。

　しかしながら，こうした効率的市場仮説の考え方には，有力な批判又は代
替的モデルが提起されている。すなわち，いわゆる行動経済学や行動ファイ
ナンスの領域からの研究に基づく議論であり，主に1990年代以降に，実験経
済学の手法も取り入れながら，数多くの研究成果が公表され，市場が本当に
効率的なのか，あるいは，開示情報が多すぎるとかえって市場の効率性が害
されるのではないか等の分析が重ねられてきたのである。

　かくして，資本市場における開示制度研究又は会計情報に関する研究は，
専門性が高く大量の開示情報が提供されたとしても，市場はそれを吸収し理
解して，それを反映した証券価格を形成し得るのかどうかという「市場の効
率性」を巡って，今なお研究が続けられているといえる。

　ここでは，現時点における資本市場法制についての中心的な理解として，
Goshen and Parcheomovsky（2006）の論稿を挙げておきたい。そこでは，
投資家を，インサイダー，情報に基づいて決定を行う情報投資家，非合理な
投資行動をとるノイズ投資家，インデックスの構成にのみ着目するインデッ
クス投資家，マーケットメイカーに分類して証券制度を分析しており，最終
的に，資本市場の機能という観点から見れば，法制度は情報投資家にインセ
ンティブを与えるように設計されるべきであると結論づけている。資本市場
での価格形成はマーケットメイカーによって行われるとしても，現状におい
て資本市場法制は，一般投資家が情報を利用するように制度設計することが
望ましいというのである[3]。

3　アメリカの証券取引委員会（Securities and Exchange Commission: SEC）は，作成者に対
　するガイドとして，誰もが読んで理解できる"plain English"（平易な言葉）による開示を推奨して

いずれにしても，現状の制度は，会計情報に対する専門性を必ずしも有さない一般投資家と，会計情報の複雑性を読み解くだけの専門性を有しプロとして資本市場における価格形成を行う情報媒介者の双方を対象としているハイブリッドシステムであることに変わりはない。そこでは，常にディスクロージャー規制によって提供される情報の質と量の問題が生じるのである。

　例えば，監査の領域においてもこの問題が見受けられる。わが国では2018年7月の監査基準改訂によって，「監査上の主要な検討事項」（Key Audit Matters：KAM）の記載の実務が導入された。従来の短文式監査報告書の性格——簡潔明瞭に意見を表明するものとしての性格は変わらないものの，当期の監査において監査人が最も重要だと判断した事項を監査報告書にKAMとして記載することが求められることとなった。

　従来の短文式監査報告書の目的は，いわば家電製品の保証書のようなものといわれる。監査報告書において適正意見が表明されていれば，利用者は，財務諸表をそのまま利用して構わないとの「お墨つき」を与えていることとなる。このとき，利用者が監査報告書を「読む」ことは想定されておらず，あくまでも，誰でもわかるように「簡潔明瞭に記載して報告する」ことで，監査報告書は財務諸表に添付されていることこそに意義があると考えられる。ここで想定されている利用者は，専門知識を持たない一般投資家ということになろう。

　それに対して，財務諸表情報でさえも十分に専門性が高い中で，KAMでは，KAMとして取り上げた事項に対する「監査上の対応」も記載されることとなる。KAMが記載される監査報告書は，明らかにアナリスト等に向けた情報提供と位置づけられるように思われる。監査報告書の記載情報が大きく変容することで，監査報告書の想定利用者についてもいわばパラダイムシフトが生じつつあるといえるのである[4]。

いる（SEC 1998）。

4 KAMの意義や利用の問題については，町田（2018），松本他（2020）を参照されたい。

2 利用者における倫理問題①
：フェア・ディスクロージャー規制

（1）　フェア・ディスクロージャーの考え方と規制の導入

　利用者における倫理問題について3つの側面から考えることとしたい。1つ目は，利用者に対する情報提供の方法を問題とするフェア・ディスクロージャーの点である。この問題は単に利用者側の問題というわけではなく，作成者と利用者の関係の問題といえる。

　フェア・ディスクロージャー・ルール（Fair Disclosure Rule：公正開示規則）とは，「企業が決算情報や会社内で生じた投資判断にとって重要な情報を自発的に開示する場合に，アナリスト等の特定の者に情報を選択的に開示すること（selective disclosure）を禁止するルール」のことであり，「未公表の重要情報が一般の投資家に広く行き渡るように，発行者に公平に開示を行わせる」ことを目的としている（黒沼他 2019，2：下線は筆者による）。発行者が未公表の重要情報を特定の者（例えば，特定のアナリスト等）に選択的に開示した場合には，それが意図的な場合には同時に，意図的でない場合には迅速に，当該情報を一般に公表しなければならないとされている。

　海外では，アメリカにおいては，SECが2000年8月に選別的開示を禁じる「公正開示規則（Regulation Fair Disclosure）」（SEC 2000）を採択し，EUにおいても2003年6月に同様の内容を有する「市場阻害行為指令」（Market Abuse Directive）（EU 2003）が制定され，その後，2014年に「市場阻害行為レギュレーション」（Market Abuse Regulation）（EU 2014）として域内に直接適用されている。なお，アメリカの公正開示規則はインサイダー取引規制の補完的性格が強く，EUの市場阻害行為指令はそもそもすべての情報を適時開示することを求めるという意味で適時開示義務との関連性が高いといわれている（金融庁 2016a）。

　わが国では，海外でそうした制度が導入されつつあった当時には，発行会社による情報提供や株主との対話等を委縮させるとの懸念から時期尚早であるとして導入が見送られたものの，わが国においても，「近年，発行者の内

部情報を顧客に提供して勧誘を行った証券会社に対する行政処分の事案において，発行者が当該証券会社のアナリストのみに未公表の業績に関する情報を提供していたなどの問題が発生」(金融庁 2016b，1）したことから，フェア・ディスクロージャー・ルールが導入されることとなった。2017年5月に金融商品取引法が改正され，同法第27条の36において規定され，2018年4月から施行されている。

（2）フェア・ディスクロージャー規制の枠組みと効果

わが国におけるフェア・ディスクロージャーの枠組みの概要は以下のとおりである[5]。

フェア・ディスクロージャー規制の基本となる法規は，金融商品取引法第27条の36第1項である。それによれば，「上場会社等，上場投資法人等の資産運用会社，それらの役員等」が，その業務に関して，金融商品取引業者等の「取引関係者」に，当該会社等の未公表の「重要情報」の伝達を行う場合には，「当該伝達と同時に，その重要情報を公表」しなければならないとされている。

ここで，情報提供者として規定されているのは，「上場会社等，上場投資法人等の資産運用会社，それらの役員等」であり，このうち役員等は「役員，代理人，使用人その他の従業員」であって，単に取締役等に限られているわけではない。この情報提供者の範囲は，インサイダー規制の対象と同様に規定されているといえる。

一方，フェア・ディスクロージャー規制における情報受領者は，「取引関係者」と定義される。この「取引関係者」とは，①金融商品取引業者，登録金融機関，信用格付業者若しくは投資法人その他，及びその役員等と，②当該重要情報に基づく投資判断に基づいて当該上場会社等の上場有価証券等に係る売買等を行う蓋然性の高い者が該当する。このうち②の蓋然性の高い者とは，当該上場会社等に係る上場有価証券等の保有者や適格機関投資家等のことである。

---

5 本節の説明は，黒沼他（2019）及び芳賀・田路（2019）に基づいている。

　ただし，法令又は契約により，取引関係者が重要情報が公表される前に，守秘義務を負い，かつ，上場有価証券等の売買等をしてはならない義務を負う場合には，当該重要情報の公表は不要とされる。例えば，証券会社の投資銀行業務部門や格付機関に対する重要情報の伝達がこれにあたる。

　フェア・ディスクロージャー規制において何が重要情報にあたるか，その範囲については規定されていない。「金融商品取引法第27条の36の規定に関する留意事項について（フェア・ディスクロージャー・ルールガイドライン）」の問２において，「未公表の確定的な情報であって，公表されれば有価証券の価額に重要な影響を及ぼす蓋然性のある情報を対象とするものです。」と述べているのみである。上場会社等は，自ら個別の状況に応じて判断することが求められるのである。

　公表については，重要情報を取引関係者に伝達した場合，原則その伝達と「同時に」公表することが求められる。ただし，伝達時に重要情報に該当することを知らなかった場合や伝達と同時にこれを公表することが困難な場合には，「速やかに」公表することが求められる。

　公表の方法については，金融商品取引法第27条の36第４項では，「インターネットの利用その他の方法により公表しなければならない」とされているが，インサイダー取引規制では公表はEDINET等の公衆縦覧等の方法に限られているのに対して，フェア・ディスクロージャー規制では自社のウェブサイトへの掲載も認められている。

　このように，フェア・ディスクロージャー規制は規定内容を見る限り主に上場会社等の情報提供者に対する規制となっているが，それは，法規の枠組み上，情報提供者側を規制することとなるからであって，実際には，こうした規制によって大きく情報受容者である利用者等の情報の利用方法や役割も大きく変容することとなる。

　例えば，かつては，アナリストが企業の経営者やIR担当者と懇意になって当該企業の未公表情報や将来の事業計画等に関する考え方を聞き出すことで，アナリスト・レポートを作成したり，アナリストが所属する機関の投資戦略に寄与したりすることがあった。しかしながら，フェア・ディスクロージャー規制の下では，そうした行為は禁止される。アナリスト等は，自分だ

けの情報を得て自らの職務に有利に利用することはできない。上場会社等の未公表の重要情報を得たとすれば，その重要情報は，同時に又は速やかに一般投資家に対しても公表される。となると，アナリストの役割は，いち早く未公表の情報を独自のネットワークによって入手することではなく，一般に公表されている情報を自らの分析能力や考え方に基づいて分析し，レポート等でその分析を必要とする顧客等に届けることになる。アナリストが「分析」という本来の役割を担うともいえるのである。

3 利用者における倫理問題②：スチュワードシップ・コード

　情報利用者のうち，機関投資家の役割に影響を与えたものとして，スチュワードシップ・コード（SSコード）の導入も挙げられる。コーポレートガバナンス・コード（CGコード）が上場企業に対するガバナンスの規律づけであるとするならば，SSコードは，機関投資家に対する投資家行動の規律づけ

図表5-2　SSコードとCGコードの概要

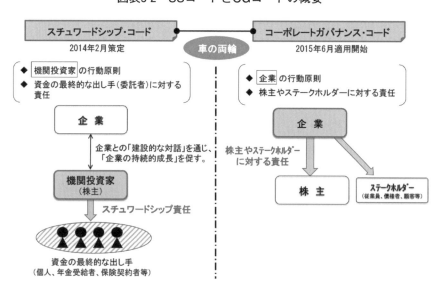

出所：金融庁（2015）より一部抜粋。

にほかならない。

　SSコードは，機関投資家も，個人の株主による資金の受け入れによって成り立っており，最終的な資金の出し手に対するアカウンタビリティがあるとの認識に基づいて，機関投資家に対する責任ある投資家行動を要請する目的で，わが国では，2014年2月に策定された。その後，SSコードは2017年と2020年に改訂されている。

　SSコードは，2010年にイギリスで策定・公表されたものを範としてわが国においても導入されたものである。イギリスでは，2008年の世界金融危機において，機関投資家が投資先企業に対して適切なモニタリングを行っていなかったのではないかという認識の下，機関投資家の責任を明らかにして，一定の役割を果たすよう求めるためにSSコードが策定されたのである。

　わが国においては，2010年代の経済環境の中で，成長戦略の一環として，企業に持続的な成長を促すべく，機関投資家に対してはSSコード，上場企業に対してはCGコードが策定されたのである。

　SSコードは，法規ではなく，機関投資家がコードを受け入れるかどうかは任意とされている。ただし，受入れを表明した場合，金融庁において公表する「機関投資家のリスト」に掲載される。また，機関投資家の行動を詳細に規定するのではなく，原則を示す原則主義アプローチがとられている。機関投資家は，個別の原則ごとに，「原則を実施するか，実施しない場合には，その理由を説明するか」を求める手法（コンプライ・オア・エクスプレイン）が採用されている。

　具体的には，現在のSSコード（2020年3月24日再改訂）によれば，以下の原則が設けられている（金融庁 2020）。

スチュワードシップ・コードの原則（2020年3月24日）

　投資先企業の持続的成長を促し，顧客・受益者の中長期的な投資リターンの拡大を図るために，

1．機関投資家は，スチュワードシップ責任を果たすための明確な方針を策定し，

これを公表すべきである。

2．機関投資家は，スチュワードシップ責任を果たす上で管理すべき利益相反について，明確な方針を策定し，これを公表すべきである。

3．機関投資家は，投資先企業の持続的成長に向けてスチュワードシップ責任を適切に果たすため，当該企業の状況を的確に把握すべきである。

4．機関投資家は，投資先企業との建設的な「目的を持った対話」を通じて，投資先企業と認識の共有を図るとともに，問題の改善に努めるべきである。

5．機関投資家は，議決権の行使と行使結果の公表について明確な方針を持つとともに，議決権行使の方針については，単に形式的な判断基準にとどまるのではなく，投資先企業の持続的成長に資するものとなるよう工夫すべきである。

6．機関投資家は，議決権の行使も含め，スチュワードシップ責任をどのように果たしているのかについて，原則として，顧客・受益者に対して定期的に報告を行うべきである。

7．機関投資家は，投資先企業の持続的成長に資するよう，投資先企業やその事業環境等に関する深い理解のほか運用戦略に応じたサステナビリティの考慮に基づき，当該企業との対話やスチュワードシップ活動に伴う判断を適切に行うための実力を備えるべきである。

8．機関投資家向けサービス提供者は，機関投資家がスチュワードシップ責任を果たすに当たり，適切にサービスを提供し，インベストメント・チェーン全体の機能向上に資するものとなるよう努めるべきである。

このようにSSコードにおいては，機関投資家に対して，議決権行使の方針や行使結果の開示が求められるとともに，投資先企業との「目的を持った対話」が求められることとなった。これによって，機関投資家は，単なる「安定株主」であることは認められず，自らの資金の最終的な拠出者である個人や年金受給者等に対する説明責任を果たすことが求められるようになったのである。

機関投資家はいうまでもなく資本市場における財務情報の主たる利用者である。その利用者の行動原則が定められたことの意義は大きく，またその内

容は利用者に一定の倫理的規範を策定し遵守するよう求めるものであると解されるのである。

4 利用者における倫理問題③ ：インサイダー取引規制

（1）インサイダー取引規制の枠組み

　いわゆるインサイダー取引とは，内部者取引と呼ばれるもので，金融商品取引法第166条及び有価証券の取引等の規制に関する内閣府令によって規制されている。すなわち，「会社関係者」及び情報受領者は，「重要事実」を知って，それが公表される前に，特定有価証券等の売買等を行ってはならないとするものである。

　インサイダー取引規制の概要は以下のとおりである[6]。

　まず，上記の「会社関係者」というのは，以下の者が該当する。

①上場会社等の役員等

②上場会社等の帳簿閲覧請求権を有する者

③上場会社等に対して法令に基づく権限を有する者

④上場会社等と契約を締結している者又は締結交渉中の者

⑤同一法人の他の役員等

ここで公認会計士や税理士は④に該当する。

　次に，「重要事実」というのは，以下の事項である。

①決定事実

②発生事実

③決算情報

④その他（上場会社の運営，業務又は財産に関する重要な事実であって投資判断に著しい影響を及ぼすもの）

⑤子会社に係る重要事実（①から④に該当）

　詳細は省くが，④にバスケット条項と呼ばれる包括規定があることが肝要

6　以下の説明は，芳賀・田路（2019）に基づいている。

であって，基本的に重要事実は数値基準によって判断されるものの，④がある限り「常識」によって判断されるといえる。

最後に公表の問題である。先述のフェア・ディスクロージャー規制とも重なるが，インサイダー取引規制では，以下の３つの方法に限られる。

①会社の代表取締役等が，重要事実を，いわゆる一般紙やNHKなど，法令に定められている２つ以上の報道機関に公開してから，12時間の周知期間が経過すること

②上場会社等が上場する金融商品取引所に対して重要事実を通知し，金融商品取引所において内閣府令で定める電磁的方法により公衆縦覧に供されること

③重要事実に係る事項が記載された有価証券報告書，半期報告書，臨時報告書等が公衆縦覧に供されること（EDINETによる公開を含む）

インサイダー取引規制においては，かなり限定的なチャネルしか「公表」とは認められないといえよう。したがって，未「公表」の事実に触れる可能性が高い者は，基本的に，「特定有価証券等の売買等」をしない方向でリスクを回避するのが現実的な方法となるのである。

一般に，インサイダー取引をしても儲からなければ問題はないと言われることがあるが，それは大きな誤解である。インサイダー取引の罪は，未公開の情報を入手した特別の立場を利用して，市場を欺き，自己利益を実現しようとしたというその行為自体にある。その場合，結果として「成功」したかどうかは問題ではない。いわば，そうした機会を活用しようとしたこと自体が，市場＝公共の利益に対する犯罪なのである。

証券取引所等では，インサイダー取引を防ぐために，上場会社の役員に対して，日本証券業協会が運営する「J-IRISS」（Japan-Insider Registration & Identification Support System）への登録を求めている。J-IRISSは，2009年5月25日より稼働を開始したシステムで，証券会社，上場会社，全国証券取引所，行政当局などを含め幅広い市場関係者が検討し，構築されたシステムである。**図表5-3**のように，上場会社から登録された役員情報のデータベースに対し，証券会社が自社の顧客情報を照合・確認することで，インサイダー取引の未然防止等に活用されている。J-IRISSへの上場会社による役員情報

図表5-3　J-IRISS（ジェイ・アイリス）の仕組み

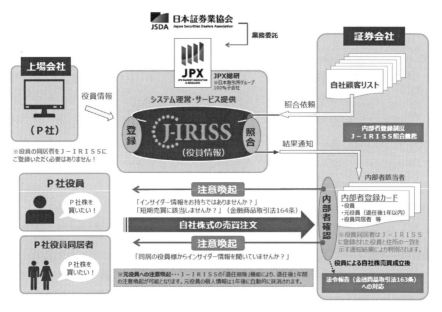

出所：日本証券業協会「J-IRISSの仕組みやメリット」。

　の登録は，金融庁及び証券取引等監視委員会より，「登録が促進されること
が強く望まれます」との考えが示されている[7]。

　現在のように，資本市場におけるすべての売買が証券取引所のシステムで
常にモニタリングされている環境下では，特定の株式等の銘柄に異常な動き
があれば取引所に把握されることとなる。市場参加者たる投資家が，自分だ
けの（不当な）情報で利得を得ようとすることはほとんど不可能に近いとい
えるのである。

（2）　会計プロフェッションにおけるインサイダー取引の事例と問題点

　上場企業等の監査にあたる監査人は，インサイダー取引規制の会社関係者
に該当する。

7　日本証券業協会「J-IRISSについて」（https://www.jsda.or.jp/about/hatten/j-iriss/）。

この監査人がインサイダー取引規制で摘発された事例があった。

2008年3月，大手監査法人に所属し上場会社の監査に補助者として従事していた公認会計士が，関与先の企業2社について，業績の下方修正の情報をもとに，知人名義で売買し，1社では利益を上げたという事件である[8]。

その後，当該公認会計士は，課徴金134万円，1年6か月の業務停止命令という行政処分を受けた。また，所属していた監査法人も，自らの処分として，法人顧客株式の売買禁止・信用取引の禁止と，理事長の減給30％ほか，経営陣等の減給処分を行った。

金融庁は，金融庁長官名で日本公認会計士協会に対して再発防止策を要請し，同協会では，会員に対する強制力を有する「会長通牒」によって，以下の事項をすべての監査法人に求めたのである（日本公認会計士協会 2008）。
「（1）職業倫理遵守のための内部管理体制の整備及びその運用状況を自己点検し，改善すべき点があれば直ちに是正措置を講じること。
（2）インサイダー取引規制は監査事務所のすべての構成員（社員，監査補助者及び事務職員等）が対象となっていることから，監査事務所における職業倫理研修の再確認を行うこと。」

また，公認会計士協会としても，以下の対策を講じることとした（日本公認会計士協会 2008）。

「（3）協会が実施する品質管理レビューにおいて，上記（1）の自己点検状況をレビュー対象とし，監査事務所の自己点検の状況及び是正措置についてチェックする。

（4）協会の実施している，①公認会計士試験合格者を対象とした実務補習及び②公認会計士全員に受講義務を課している継続的専門研修における職業倫理研修の強化を図る。」

2008年3月当時，当該大手監査法人をはじめ，日本の監査法人のほとんどは，社員に対して保有有価証券の登録を義務づけるなどのインサイダー防止策を導入していたが，マネージャー以下は，対象外であった。海外の監査事

---

[8] 当時の報道では，その数年前に発覚したカネボウ事件を念頭に，会計士の信頼の失墜を論じる社説も掲載された（「社説　再び傷ついた会計士の信頼」『日本経済新聞』2008年3月5日，2面）。

務所では，監査部門に所属する全員が対象であり，脇が甘かったといわざるを得ない。事件後，他の8割の監査法人においても，インサイダー取引対応策として，宣誓書の提出，法人内の規定の新設，及び職業倫理の法人内研修などが行われた[9]。

　会計プロフェッション，特に監査人たる公認会計士のインサイダー取引が上記のような大問題となったのは，当然のことである。

　監査の成立条件の1つとして，「遠隔性」（remoteness）が挙げられる（AAA 1973, 10）。情報利用者は，制度的に，また地理的，時間的に，会計情報の情報源にアクセスすることができない。それに対して，監査業務に関与する監査人は，守秘義務契約の下，被監査企業のほとんどすべての情報にアクセスすることができる。

　インサイダー取引に手を染めることは，監査の前提条件を自らの手で壊すことなのである。市場の番人たる監査人が，市場を欺くことは，社会から監査業務の権限を独占的に与えられた「社会との契約」を反故にすることにほかならない。何より，適正意見を表明しようという監査人は，fairであることを最も重要視しなくてはならない。

5 利用者における倫理とは何か

　資本市場を支え，その中心的な存在として，情報によって保護されるべきは「利用者」である。ただし，利用者にあっても，守らなければならない最低限のルールや倫理は存在する。市場規制は，単に経営者（有価証券の発行体）にばかり向けられているのではないのである。

　特に，会計プロフェッションにとって，インサイダー情報に触れる機会は非常に多い。一般に，社会的地位が上がることで最も増えるのは情報であり，

---

[9]　こうした業界を挙げての対応策にもかかわらず，翌2009年5月には，個人事務所の会計士が，証券会社の社員から入手した未公開情報をもとに，5銘柄の株式売買を行い，課徴金258万円を科せられるという事件が発覚している。これは，監査人と証券会社との密接な関係を利用したインサイダー取引であり，個人については，品質管理等が及ばないという限界もあったといえよう。
　しかしながら，再び会計士がインサイダー取引を行ったことによる会計プロフェッション全体に対するレピュテーションの問題が生じたともいえるのである。

それに比例して「重要事実」に接する機会も増える。

　インサイダー取引を制度や自主規制で防ぐことは容易ではない。自己売買だけでなく，知人を通じての売買や，売買までいかなくとも，重要事実を誰かに伝達することも，インサイダー取引規制の対象となるということに十分留意する必要がある。重要なことは，インサイダー取引についての適切な知識を持つこと，及び重要事実に接することができる立場は，なぜ与えられているのかという，プロフェッションの存在意義を常に想起することであろう。

　会計プロフェッションは，誠実な情報利用者の側に立って行動することが期待されている。と同時に，会計プロフェッションは，会計領域における専門能力を背景として，ある種の社会的なエリートとしての地位が与えられており，その知識や経験に応じてより多くの高度な情報に接する機会を得ることとなる。そうした状況においてこそ，会計プロフェッションの倫理観が必要とされるのである。

Assignment

- 近年，有価証券報告書の記載事項は年々増加し，その内容も高度化してきている。他方で，株主総会に向けて株主に提供される事業報告の内容は簡便なものとなっている。一方，個人投資家の多くは，アナリストの予想やレポート，マスコミの報道を参照しながら株式の取引を行っているといわれている。このような状況において，「利用者志向のディスクロージャー制度」とはいかなるものか考えてみよう。
- 会計プロフェッション（会計士・税理士等）において，インサイダー取引は厳しく咎められなければならない。ただし，問題は，一般的なインサイダー取引の問題に限らない。顧客企業の様々な情報を知り得る会計プロフェッションにとって，それらの情報をどのように扱うかは非常に重要な問題である。現代の会計プロフェッションにおける情報管理と利用について，いかなる課題があり，それについてどのように対処すればよいかについて考えてみよう。

参考になる書籍

芳賀良・田路至弘（2019）『インサイダー取引規制・フェアディスクロージャールール入

　『門』きんざい。

佐藤隆文（2019）『資本市場とプリンシプル』日本経済新聞出版社。

参考文献

金融庁（2015）「スチュワードシップ・コード及びコーポレートガバナンス・コードのフォローアップ会議　第1回　資料3　事務局説明資料」2015年9月24日。

金融庁（2016a）「金融審議会　市場ワーキング・グループ『フェア・ディスクロージャー・ルール・タスクフォース』第1回　資料2　事務局説明資料」2016年10月21日。

金融庁（2016b）「金融審議会　市場ワーキング・グループ『フェア・ディスクロージャー・ルール・タスクフォース報告：投資家への公平・適時な情報開示の確保のために』」2016年12月7日。

金融庁（2020）「スチュワードシップ・コードに関する有識者検討会（令和元年度）『責任ある機関投資家』の諸原則≪日本版スチュワードシップ・コード≫：投資と対話を通じて企業の持続的成長を促すために」2020年3月24日。

黒沼悦郎・吉川純・株式会社大和総研（2019）『フェア・ディスクロージャー・ルールブック』金融財政事情研究会。

日本公認会計士協会（2008）「会長通牒　公認会計士のインサイダー取引について」2008年3月18日。

芳賀良・田路至弘（2019）『インサイダー取引規制・フェアディスクロージャールール入門』きんざい。

町田祥弘（2018）『監査の品質：日本の現状と新たな規制』中央経済社。

松本祥尚・町田祥弘・関口智和編著（2020）『監査報告書論：KAMをめぐる日本および各国の対応』中央経済社。

American Accounting Association（AAA）(1973) *The Committee on Basic Auditing Concepts, A Statements of Basic Auditing Concepts*（青木茂男監訳，鳥羽至英訳（1982）『基礎的監査概念』国元書房）.

European Union（EU）(2003) Directive 2003/6/EC of the European Parliament and of the Council of 28 January 2003 on insider dealing and market manipulation（market abuse）.

European Union（EU）(2014) Regulation（EU）No 596/2014 of the European Parliament and of the Council of 16 April 2014 on market abuse（market abuse regulation）and repealing Directive 2003/6/EC of the European Parliament and of the Council and Commission Directives 2003/124/EC, 2003/125/EC and 2004/72/EC.

Goshen, Z. and Parchomovsky, G.（2006）The Essential Role of Securities Regulation, *Duke Law Journal*, 55(4), 711-782.

U.S. Securities and Exchange Commission（SEC）(1998) *A Plain English Handbook: How to create clear SEC disclosure documents*, the Office of Investor Education and Assistance, August 1998.

U.S. Securities and Exchange Commission（SEC）(2000) Final Rule: Selective Disclosure and Insider Trading, Release Nos. 33-7881, 34-43154, IC-24599, File No. S7-31-99.

第 6 章

職業倫理に関する公的規制
及び自主規制

　本章は，日本における代表的な会計プロフェッションである公認会計士と税理士に求められる職業倫理に関して，公的規制及び自主規制の観点から検討する。最初に公的規制と自主規制の意味，必要性及び関係について検討し，次に，公認会計士と税理士のそれぞれについて公的規制と自主規制の内容に関係する法律，基準及び規則に基づいて見ていく。最後に，公認会計士と税理士の法定責任について概説する。

▶**1** 公的規制と自主規制の関係

（1）　公的規制と自主規制の意味と必要性

　市場機構を基礎において経済が運行される目的は，効率的な資源配分の実現にある。しかし，市場機構は万能ではなく，ミクロ経済レベルでは公共財，外部性，自然独占，不完全競争，不確実性・リスク，情報の非対称性等の市場の失敗といわれる問題が内在する。市場の失敗によって，市場機構による効率的な資源配分は達成できず，市場参加者の利益は阻害される（植草 1997，4-6）。

　市場の失敗の補正を目的とした政府による経済主体に対する政策は「公的関与」といわれ，ミクロ経済に対する公的関与は「公的提供」，「公的誘導」及び「公的規制」の3つに分類されるが，このうち，「公的提供」には，市場機構を円滑に機能させるために情報の非対称性[1]を是正することが含まれ

1　情報の非対称性とは，取引主体の一方に情報が偏在していることを基礎として，他方の取引主体が不確実な世界に置かれることを意味する（植草 2000，16）。

る（植草 1997, 5）。秋月他（2021, 114）によれば，職業会計士による財務諸表監査を例にとると，それは情報の質について会社と投資者との間に存在する情報の非対称性を緩和することを通じて，ディスクロージャー制度を支援することを目的としている。

　しかし，監査人たる職業会計士の被監査企業との経済的な結びつきや長期間の関与による癒着等を理由として，監査報告書において事実どおりの意見が表明されないリスクがもたらされる場合がある。資本市場の参加者である投資者は意思決定に際して，監査人により監査報告書で表明される，財務諸表の信頼性の認定に関する判断を頼りに意思決定するため，何らかの社会的な保護が必要となる。そのため，職業会計士による財務諸表監査は，社会的規制の対象となり，資格取得のための国家試験制度や監査事務所が提供する監査業務の品質確保のための規制が必要となる（櫻井 2021, 9）。このように，資本市場の機能を維持する上で，財務諸表の信頼性について合理的な保証を与える監査の品質を「公的規制」[2]により確保することが必要となる[3]。ただし，行き過ぎた公的規制は，規制を受ける主体の自律性を弱め，自己改革を弱める可能性がある（秋月他 2021, 136）。

　一方，自主規制[4]は，高水準な業務の維持を目的として専門職団体の会員の活動を団体自体が統制することである。その目的は，当該会員が社会的役割を自覚し，社会の期待にかなう行動をとる責任を果たすことにある（デラポータス他 2016, 129）。公的規制で会計プロフェッションの業務のすべてを対象にできるものではなく，公的規制で対応できない場合には，自主規制に

2　公的関与のうち，公的規制は，市場の失敗に対処する目的で，政府が法的権限をもって経済主体の行動を規制するものである（植草 1997, 6）。

3　歴史的に，公的規制は監査プロフェッショナルの自主規制の有効性に対する国（行政機関）の不信を強く反映したものであることを認識する必要がある（詳しくは秋月他（2021, 134以下）を参照されたい）。

4　秋月他（2021, 125-129）は，監査に関してではあるが，規制を次の4つの階層から識別できるとしている。
　（1）国（行政機関）等による規制
　（2）専門職業団体（会計士協会）による規制
　（3）監査事務所による規制
　（4）監査人個人による自己規制
　　本章は，この規制の階層を前提にして，（1）と（2）を中心に扱う。また，本章では（1）の意味での規制を公的規制とし，（2）の意味での規制を自主規制としている。

任せることになる。その場合，会計プロフェッションの社会的役割の大きさから，自主規制にはより大きな期待が寄せられる（小俣 2023, 61）。小暮（2023, 68）は，自主規制のメリットとして，「実務を踏まえた指導監督ができる」ことにあるとし，「専門家同士，お互いの意見をよく聞いて合理的な課題解決に結びつけていくプロセスこそ自主規制」であるとしている。また，自主規制の長所について，櫻井（2021, 8）は次の3点を示している。第1は，よりいっそう効率的な規制を実践できる場合が多いことである。第2は，法令や基準の改正に要する時間を短縮できるメリットがあることである。第3は，規制の実施や管理のためのコストを業界で内部化することが可能になることである[5]。

（2）日本における会計プロフェッションの自主規制と公的規制

　ここでは，日本における会計プロフェッションの自主規制と公的規制についてその概要を見ておく。

　まず，公認会計士に対する公的規制に含まれるのは，公認会計士法，金融商品取引法や会社法等の法律である[6]。企業会計審議会による「監査基準」も含まれる。ここで中心となるのが公認会計士法である。他方，自主規制には，日本公認会計士協会による会則，倫理規則が含まれる[7]。具体的には，公認会計士の職業倫理に関する規範は，「公認会計士法等の法規制」及び日本公認会計士協会が定める「倫理規則による自主規制」の2本立ての体系となっている。このうち，「倫理規則による自主規制」は，公認会計士法46条の3（会則を守る義務）を受けた日本公認会計士協会の会則50条の委任に基づくものであり，公認会計士がその職責を果たすための基礎となるものである（樋口 2022, 15）。

　また，税理士の職業倫理の構造は，税理士法第1条に規定している納税義務の適正な実現という税理士に課せられている社会的使命を達成するため，

5　自主規制の長所に対して，その短所の第1は，自主規制団体やその構成員だけが「お手盛り」によって得をしているという疑念が拭えないことである。第2に，自主規制の民主的正当性が疑問視される恐れもある。第3の問題点として，規制の効果や国民の権利保護が不十分になることである。（櫻井 2021, 7-8）

6　これらの法律に関連する内閣府令等も含まれる。

7　自主規制には，日本公認会計士協会による「監査基準報告書」も含まれる。

税理士法に職業倫理に係る諸規定を定めている。さらに，税理士法の諸規定の遵守が会則における税理士の品位保持に関する規定等及び紀律規則の遵守事項等によりさらに要求されるといった一連の体系から構成されているものといえる（小関 1996, 112）。

2 会計プロフェッションの職業倫理に関連する公的規制

　本節では，会計プロフェッションの職業倫理に関連する公的規制について具体的に見ていく。公認会計士については，公認会計士法，金融商品取引法，会社法及び監査基準を取り上げ，税理士については，税理士法を取り上げる。

（1）公認会計士法

　公認会計士の公的規制において，その中心を成すのは，公認会計士法である。公認会計士法は，公認会計士業務，試験制度等の公認会計士制度全般にわたって規定している法律である。戦後における証券民主化の気運が高まる中で1948（昭和23）年４月の証券取引法制定と相前後して投資者の保護等を目的とした開示書類における財務書類の真実性を担保するために同年の７月に制定された。

　公認会計士法第１条において，「公認会計士は，監査及び会計の専門家として，独立した立場において，財務書類その他の財務に関する情報の信頼性を確保することにより，会社等の公正な事業活動，投資者及び債権者の保護等を図り，もつて国民経済の健全な発展に寄与することを使命とする」ことが明確にされている。同法第１条の２は，公認会計士が，「常に品位を保持し，その知識及び技能の修得に努め，独立した立場において公正かつ誠実にその業務を行わなければならない」として，公認会計士の職責を示している。公認会計士は，公認会計士の信用を傷つけたり，又は公認会計士全体の不名誉となるような行為をしてはならず（公第26条），正当な理由がなく，その業務上取り扱ったことについて知り得た秘密を他に漏らしたり，又は盗用してはならない（公第27条）。さらに，公認会計士は，内閣府令で定めるところにより，日本公認会計士協会が行う資質の向上を図るための研修を受けるも

のとされている（公第28条）。

　ここで，公認会計士法が定める公認会計士の独立性の確保の規定を見ておこう。公認会計士と被監査会社との間に，社会の人々が客観的な監査が実施されたのだろうかとの疑念を抱くような関係が存在している場合には，公認会計士監査に対する社会的信頼は著しく毀損する。公認会計士法は，そのような公認会計士と被監査会社との関係を「特別の利害関係」と規定し，かかる関係を有する監査証明業務を禁止している。公認会計士法第24条及び同法施行令第7条により，その例を示すと次のとおりである。

- ・役員又は使用人である場合（現在又は過去1年以内）。
- ・公務員であって職務上密接な関係にある場合又は公務員を退職して2年以内で，公務員時代の職と職務上密接な関係にある場合。
- ・株主，出資者，債権者又は債務者である場合。
- ・通常よりも優遇された経済上の利益の供与を受けている場合。
- ・役員等から税理士業務や監査・会計とは関連しない業務によって継続的な報酬を受けている場合。

　なお，監査法人における特定の利害関係については，公認会計士法第34条の11及び同法施行令第15条に規定がある。

　ところで，アメリカにおけるエンロン社や近年の日本における不正会計事例において，監査人の被監査会社からの独立性について問題が指摘されてきた。そこで，公認会計士法は2003（平成15）年の改正により，会社法上の会計監査人設置会社や金融商品取引法の規定により監査証明を受けなければならない者等，社会的影響度の高い事業体として大会社等の範囲を定めた上で，独立性に関する特例を定め，次のような独立性強化の措置を講じている。

1）大会社等に対する監査証明業務と非監査証明業務の同時提供の禁止

　公認会計士が財務書類を自らが作成していると認められる業務又は被監査会社等の経営判断に関与すると認められる業務として内閣府令で定められる非監査証明業務（公第2条第2項の業務）により継続的な報酬を受けている場合，監査証明業務を同時提供することが禁じられる（公第24条の2）。

図表6-1　監査証明業務と同時提供が認められない非監査証明業務

1	会計帳簿の記帳の代行その他の財務書類の調製に関する業務
2	財務又は会計に係る情報システムの整備又は管理に関する業務
3	現物出資財産その他これに準ずる財産の証明又は鑑定評価に関する業務
4	保険数理に関する業務
5	内部監査の外部委託に関する業務
6	前各号に掲げるもののほか，監査又は証明をしようとする財務書類を自らが作成していると認められる業務又は被監査会社等の経営判断に関与すると認められる業務

出所：公認会計士法施行規則第 6 条をもとに筆者作成。

2）大会社等に対する継続的監査の制限

　同一の公認会計士が長期間にわたって，同一の会社に関与することによる癒着を防止するため，継続的な監査を制限し，ローテーションを義務づけるものである（公第24条の 3 第 1 項，第34条の11の 3 ，第34条の11の 4 ）。すなわち， 7 会計期間連続して同一の会社の監査関連業務を行った場合，その後 2 会計期間に係る当該会社の財務書類について監査関連業務を行うことが原則として禁じられる[8]。さらに，大規模監査法人の上場会社の監査証明業務については，筆頭業務執行社員等の継続監査期間は 5 年，インターバル期間は 5 年とされる。なお，監査事務所自体の交代が求められているわけではない。

3）監査責任者の被監査会社又はその連結会社等への就職制限等

　公認会計士が，被監査会社等の幹部に将来就任することを見込んで，不公正な意見の形成や判断を行うようなことがあれば，監査の公正性と信頼性を損ねることとなる（羽藤 2009，121）。不公正な監査が行われる余地を排除するため，公認会計士又は監査法人の業務執行社員は，監査証明業務を行った翌会計期間終了までの間，被監査会社又はその連結会社等の役員等に就職することはできない（公第28条の 2 ，第34条の14の 2 ，第34条の11第 1 項第 3 号，

8　ローテーションの対象となる人的範囲については，監査責任者に限られることなく，審査担当者として関与した者，さらに補助者も含まれる。

公施第13条2項)。

　また，監査法人の業務執行社員が上記の就職制限に違反し，関与した被監査会社又はその連結会社等の役員等に就任した場合には，当該監査法人は，翌会計期間まで当該会社等に対して監査証明業務を行ってはならない。就任後に所属していた監査法人の監査証明業務に対して影響力を行使する可能性を排除し，監査の公平性と信頼性を確保するためである（羽藤 2009，120）。

　なお，以上の制限は大会社等に限定されない。

4）共同監査の義務づけ

　公認会計士が，大会社等の監査証明業務を行う場合，やむを得ない事情がある場合を除き，他の公認会計士等と共同監査を行うか，又は，他の公認会計士を補助者として使用しなければならない（公第24条の4）。これは，監査の水準を一定以上に保つために，適切な人員や施設等を確保し，複数の者による相互監視によって監査会社との癒着を防止するためである（羽藤 2009，117）。

（2）金融商品取引法

　金融商品取引法は，第193条の2第1項において，有価証券届出書，有価証券報告書及び四半期報告書（又は半期報告書）の「経理の状況」に掲載される財務諸表については，被監査会社と特別の利害関係[9]のない公認会計士又は監査法人の監査証明を受けることを義務づけている。投資者にとって特に重要な意思決定情報となることから，その信頼性を担保することを目的としている。また，上場会社等が有価証券報告書とあわせて提出する内部統制報告書についても同様である。

9　「特別の利害関係」とは，公認会計士及び監査法人が発行会社との間に有する公認会計士法に規定する関係（公第24条，第24条の2，第24条の3，第34条の11第1項又は第34条の11の2第1項若しくは第2項）及び公認会計士及び監査法人が発行会社に対し株主若しくは出資者として有する関係又は発行会社の事業若しくは財産経理に関して有する関係で，財務諸表等の監査証明に関する内閣府令第2条で定めるものをいう（金商第193条の2第4項）。

（3） 会社法

　会社法は，会社法上の大会社，監査等委員会設置会社及び指名委員会等設置会社については，会計監査人として株式会社の計算関係書類に対して会計監査を行うことを義務づけている。

1）会計監査人の資格

　会計監査人は，公認会計士又は監査法人でなければならない（会第337条第1項）。ただし，以下に該当する者は，会計監査人となることができない（会第337条第3項）。

- ・公認会計士法の規定により，計算書類について監査をすることができない者
- ・株式会社の子会社若しくはその取締役，会計参与，監査役若しくは執行役から公認会計士若しくは監査法人の業務以外の業務により継続的な報酬を受けている者又はその配偶者
- ・監査法人でその社員の半数以上が前記に掲げる者である者

2）会計監査人の選任

　会計監査人は，株主総会の普通決議で選任されるが（会第329条第1項），株主総会に提出する会計監査人の選任及び解任並びに会計監査人を再任しないことに関する議案の内容は，会計監査人の独立性を担保するため監査役会が決定する（会第344条第1項，第3項）[10]。

（4） 監査基準

　監査基準とこれを具体化した日本公認会計士協会の指針により，日本における一般に公正妥当と認められる監査の基準が構成されている[11]。その頂点にある監査基準は，すべての職業的監査人が財務諸表監査を行うにあたって，

10　監査等委員会設置会社では監査等委員会，指名委員会等設置会社では監査委員会が決定する（会第399条の2第3項第2号，第404条第2項第2号）。

11　「2002年改訂監査基準　前文二改訂基準の性格，構成及び位置付け　2改訂基準の構成」を参照。

法令によって強制されなくても常に遵守しなければならない原則である。金融商品取引法は，第193条の2第5項において，監査証明は，「一般に公正妥当と認められる監査に関する基準及び慣行」によって行わなければならないとして，金融商品取引法による監査が監査基準に従って行われることを示している[12]。

　監査基準の中で，監査人が業務を実施するにあたって守るべき職業的な義務として，専門的能力の向上と知識の蓄積，独立性，正当な注意と職業的懐疑心を示す[13]。

　一般基準の1は，「監査人は，職業的専門家として，その専門能力の向上と実務経験等から得られる知識の蓄積に常に努めなければならない。」として，監査人の専門的能力の向上と知識の蓄積の必要性を規定している。

　一般基準の2は，「監査人は，監査を行うに当たって，常に公正不偏の態度を保持し，独立の立場を損なう利害や独立の立場に疑いを招く外観を有してはならない。」として，監査人が特定の利害に与しない公正不偏な態度を貫かなければならないという精神的姿勢と外観上の独立性を規定している。前者を精神的独立性，後者を外観的独立性という。外観的独立性が害されると，監査人の心の状態としての精神的独立性が害される危険が高まる。また，たとえ精神的独立性が確保されていたとしても，それが害されているのではないかという社会の疑念が生じる。監査人の独立性確保のために，公的規制である公認会計士法，監査証明府令，さらに自主規制としての日本公認会計士協会の倫理規則においても細かく規定されている。

　一般基準の3は，「監査人は，職業的専門家としての正当な注意を払い，懐疑心を保持して監査を行わなければならない。」として，監査人の注意義務を求める正当な注意と職業的懐疑心を保持して監査することを要求している。正当な注意とは，職業的専門家として当然払うべき注意のことであり，民法第644条の善良なる管理者の注意に相当すると考えられている。したが

12　会社法は，「監査基準」に法的根拠を与える規定を持たない。しかし，会社法監査においても監査基準に準拠して行われる理由として金融商品取引法の上場企業の監査と同じ監査人が行っている場合が多く，その場合に，異なる監査の実施方法をとることは考えにくいこと等が挙げられる（町田2013，21）。

13　なお，守秘義務については，第11章で詳述されているため，ここでは割愛した。

って，職業的専門家としての正当な注意を払う義務を履行したか否かは，監査人の責任の判断基準であるといわれる。加えて，監査人が財務諸表の虚偽表示の発見という社会の要請に応えるには，重要な虚偽表示が存在する可能性に常に注意を払わなければならない。特に不正に起因する虚偽の表示についてはその性格上，隠蔽されやすい。そこで，監査基準は，「誤謬又は不正による虚偽表示の可能性を示す状態に常に注意し，監査証拠を鵜呑みにせず，批判的に評価する姿勢」[14]を意味する職業的懐疑心という概念を基準化したのである。

（5） 税理士法

　税理士法第1条によれば，税理士は，税務に関する専門家として，独立した公正な立場において，申告納税制度の理念にそって，納税義務者の信頼に応え，租税に関する法令に規定された納税義務の適正な実現を図ることを使命とする。このような税理士に課せられた社会的使命を達成するため，税理士法において職業倫理に直接的に関係する諸規定を定めている。税理士法の規定によると，まず，税理士は，税理士の信用又は品位を害するような行為をしてはならないことが定められている（税第37条　信用失墜行為の禁止）。次に，税理士は，税理士業務の制限又は名称の使用制限に関する規定に違反する者に自己の名義を利用させてはならない（税第37条の2　非税理士に対する名義貸しの禁止）。また，税理士は，正当な理由がなく税理士業務に関して知り得た秘密を他に洩らしたり，又は窃用してはならない。この守秘義務は，税理士でなくなった後においても同様に求められる（税第38条　秘密を守る義務）。さらに，税理士は，所属税理士会及び日本税理士会連合会の会則を守らなければならず（税第39条　会則を守る義務），所属税理士会及び日本税理士会連合会が行う研修を受け，その資質の向上を図るように努めなければならない（税第39条の2　研修を受ける義務）。最後に，税理士法第1条の目的に照らして，税理士は，脱税相談等に応じたり，その他これらに類似する行為をしてはならない（税第36条　脱税相談等の禁止）。なお，税理士の義務

14　監査基準報告書200「財務諸表監査における総括的な目的」第12項（11）。

及び禁止事項の詳細は第14章を参照されたい。

3 会計プロフェッションの職業倫理に関連する自主規制

　本節では，会計プロフェッションの職業倫理に関連する自主規制について具体的に検討する。公認会計士については，職業倫理の規範体系のうち日本公認会計士協会の倫理規則にふれ，税理士については，日本税理士会連合会の倫理に関係する規定を取り上げる。

（1）　公認会計士の倫理規定

1）職業倫理の規範体系

　公的規制である公認会計士法は，自主規制である日本公認会計士協会会則，倫理規則を守るように定めている。すなわち，公認会計士法は，日本公認会計士協会の会員は，同協会の会則[15]を守るよう定めている（公第46条3）。会員は，同協会の会則及び倫理規則を守るよう定めている（会則第45条）。なお，第9章において職業倫理の規範に関する体系図が示されている。

2）日本公認会計士協会・倫理規則

　倫理規則は，専門業務を実施するに際して遵守すべき職業倫理の基本原則として，①誠実性の原則，②公正性の原則，③職業的専門家としての能力及び正当な注意の原則，④守秘義務の原則及び⑤職業的専門家としての行動の原則を挙げている（倫セクション110）。その遵守のために，概念的枠組みアプローチの適用を求めている。これは，①基本原則の遵守を阻害する要因の認識，②阻害要因の重要性の程度の評価，③セーフガードの適用による阻害要因の除去，④除去が困難な場合の専門業務の辞退又は契約の解除からなるプロセスである（倫セクション120.2）。このアプローチが採用される理由には，基本原則の遵守を阻害する様々な要因を生じさせる状況をすべて定義し，セーフガードを特定することは不可能であること，規則において具体的に禁止

15　倫理に関する日本公認会計士協会会則については，第9章を参照されたい。

されていない状況について会員が安易な判断に陥ることを未然に防ぐことにも役立つことが挙げられる[16]。

　また，従来の倫理規則による自主規制では，倫理規則の規範が，複数の規則・指針に分かれ，複雑な構造となっているため，倫理規則の理解のしやすさの向上を図ることを主眼とした改正が行われた。「倫理規則」全体の構成の見直しが行われている。改正された倫理規則は2023年4月1日から適用され，早期適用が認められる。この改正は国際会計士連盟（International Federation of Accountants: IFAC）の組織である国際会計士倫理基準審議会（International Ethics Standards Board for Accountants: IESBA）の規程の再構成を含む大幅な改訂に対応したものである（樋口 2022，14-15）。なお，概念的枠組みアプローチを含む新しい倫理規則の規範の詳細は第9章を参照されたい。

（2）　税理士会の倫理規定

1）税理士会の会則の記載事項（税第49条の2第2項）

　税理士法は，各税理士会会則と日本税理士会連合会会則に記載されなければならない事項については，**図表6-2**に示すような事項を規定している。

図表6-2　税理士会の会則の記載事項

1　名称及び事務所の所在地
2　入会及び退会に関する規定
3　役員に関する規定
4　会議に関する規定
5　税理士の品位保持に関する規定
6　会員の研修に関する規定
7　会員の業務に関する紛議の調停に関する規定
8　第二条の業務において電磁的方法により行う事務に関する規定
9　税理士業務に係る使用人その他の従業者に対する監督に関する規定
10　委嘱者の経済的理由により無償又は著しく低い報酬で行う税理士業務に関する規定
11　租税に関する教育その他知識の普及及び啓発のための活動に関する規定

16　倫理規則注解6を参照。

```
12　会費に関する規定
13　庶務及び会計に関する規定
```

出所：税理士法第49条の２第２項。

２）日本税理士会連合会の会則の記載事項

　日本税理士会連合会の会則の記載事項には，上記の税理士法第49条の２第
２項の他に，税理士の登録に関する規定，資格審査会に関する規定，税理士
業務に関する帳簿及びその記載に関する規定，税理士会の会員の研修に関す
る規定を記載しなければならない（税第49条の14）。

　上記の会則記載事項のうち，税理士の職業倫理に関する事項としては，税
理士の品位保持に関する規定の他，次のような事項を詳細に規定している。

図表6-3　日本税理士会連合会の会則の職業倫理に関係する規定

（品位保持の指導）
税理士会は，その会員が税理士及び税理士法人の使命にかんがみ，税理士業務の
改善進歩及び納税義務の適正な実現に努めるとともに，税理士の信用又は品位を
害するような行為をしないように指導しなければならない。（第59条）
（不当勧誘行為等の禁止）
税理士会の会員は，税理士の業務において，不当勧誘，不当広告，報酬額の不明
示等その他相手方等の利益を害するおそれがある行為をしてはならない。（第59
条の２）
（会則等の遵守）
税理士会の会員は，税理士に関する法令，本会の会則及び税理士会の会則，規則
等を遵守しなければならない。（第60条）
（非税理士との提携の禁止）
税理士及び税理士法人は，法第52条又は法第53条第１項若しくは第２項の規定に
違反する者から業務のあっ旋を受けてはならない。（第61条）
（名義貸しの禁止）
税理士及び税理士法人は，何人にも税理士又は税理士法人としての自己の名義を
利用させてはならない。（第61条の２）
（名称の使用制限）
税理士及び税理士法人は，税理士に関する法令若しくは本会若しくは税理士会の
会則に定めるもの又は他の法律の規定により認められたもののほか，その組織す
る団体に税理士会又は日本税理士会連合会その他類似の名称を用いてはならない。
（第62条）
（税理士業務を行うための事務所）
税理士及び税理士法人は，法第40条第１項に規定する事務所を設けるに当たっては，

税理士業務を継続的に執行するために，当該事務所の所在地，外部に対する表示，設備の状況等を適切なものとしなければならない。（第62条の2）
（税理士の研修）
税理士は，その資質の向上を図るため，本会及び所属する税理士会が行う研修を受けなければならない。
2 税理士は，公職に就き業務を停止した場合その他の事由に該当するときは，所属する税理士会に対し，前項の研修の受講について，免除を申請することができる。（第65条）
（研修事業）
本会及び税理士会は，税理士の業務の改善進歩及びその資質の向上を図るため，必要な研修に関する施策を行う。
2 税理士会は，前項の規定により研修を実施したときは，遅滞なくその要領及び結果を本会に報告しなければならない。（第65条の2）

出所：日本税理士会連合会会則。

3）税理士会の綱紀規則

　東京税理士会の綱紀規則[17]の職業倫理に関する規定は，**図表6-4**のとおりである。

図表6-4　東京税理士会の綱紀規則の職業倫理に関する規定

（会則等の遵守）
第2条　会員は，税理士に関する法令，日本税理士会連合会（以下「連合会」という。）の会則並びに本会の会則，規則及び細則（以下「会則等」という。）を誠実に守らなければならない。
（使命及び職責の遂行）
第3条　会員は，税理士法（以下「法」という。）第1条に規定する税理士の使命の重要性を認識し，その職責を遂行するため，高潔な人格の陶冶と円満な常識の涵養に努め，税理士の業務に関連する法令と実務に精通しなければならない。
（品位保持）
第4条　会員は，その使命に鑑み各自その品位を保持するとともに，常に税理士の社会的信用の向上に努めなければならない。
（脱税相談等の禁止）
第11条　会員は，不正に国税若しくは地方税の賦課若しくは徴収を免れ，又は不正に還付を受けることにつき，指示をし，相談に応じ，その他これらに類似する行為をしてはならない。
（信用失墜行為の禁止）
第12条　会員は，税理士の信用又は品位を害するような行為をしてはならない。

17　東京税理士会の綱紀規則については，田中（2017，144以下）を参照した。

（秘密を守る義務）
第13条　税理士会員は，正当な理由がなくて，税理士業務に関して知り得た秘密を他に漏らし，又は盗用してはならない。
（研修の受講義務）
第15条　税理士会員は，その資質の向上を図るため，本会及び連合会等が行う研修を受けなければならない。２　会員（税理士法人の社員及び所属税理士である税理士会員を除く。）は，その事務所において執務又は勤務する税理士会員が前項に規定する研修を受講することに理解を示し，協力をしなければならない。
（名義貸しの禁止）
第23条　会員は，いかなる場合においても，何人にも税理士又は税理士法人としての自己の名義を利用させ，又は利用するおそれのあるような便宜を与えてはならない。

出所：田中（2017, 144-150）。

　これまで見てきたような「税理士法」－「会則」－「日本税理士会連合会の倫理規定および税理士会の紀律規則」からなる税理士の職業倫理の構造体系について，小関（1996, 112）は，税理士法といった公的規制と会則，紀律規則等からなる自主規制による職業倫理が明確に峻別されておらず，論理構成上に問題が存在することを指摘している[18]。

4 会計プロフェッションの法的責任

　本節では，会計プロフェッションの法的責任について，公認会計士と税理士に分けて，それぞれ民事責任，刑事責任及び行政責任の観点から検討する。なお，会計プロフェッションの法的責任は，第11章及び第12章において，関係するテーマに関して詳しく述べられているため，ここでは概説に留めているところがある。

---

[18]　その理由として次のように述べられている。すなわち，「法規制による職業倫理は，あくまで税理士の職業倫理の最低水準を規定するにとどまるものであるに対して，後者の『自主規制による職業倫理』は，税理士（または税理士会）の自主性の確立を社会に対して自ら表明したものであり，本来，前者に比べてより厳格な内容をともなった職業倫理を含むべきものといえる。」（小関 1996, 112）。

（1） 公認会計士の責任

1） 民事責任

公認会計士は，職業的義務に違反したことを原因として，被監査会社や企業外部の利害関係者に対して損害を与えた場合には，これらの者に対してその損害を賠償する責任を負担する。

図表6-5　公認会計士の民事責任

被監査会社に対する責任	企業外部の利害関係者に対する責任
債務不履行による（民法第415条）。 不法行為による（民法第709条）。	不法行為による（民法第709条）。 金融商品取引法および会社法は，監査人の故意・過失により損害が発生したこと等についての挙証責任を監査人に負わし，利害関係者の救済を図っている（金融商品取引法第21条，会社法第429条）。

出所：筆者作成。

2） 刑事責任

公認会計士が法律に違反した場合に，司法機関によって社会的な制裁が加えられる。金融商品取引法，会社法及び公認会計士法に規定がある。

図表6-6　公認会計士の刑事責任

金融商品取引法 （第197条，第198条）	有価証券届出書等について虚偽記載のある書類を提出した者に対して10年以下の懲役又は1,000万円以下の罰金が科される。
会社法 （第967条）	会計監査人の職務に関して不正の請託を受け，賄賂を収受した場合は5年以下の懲役又は500万円以下の罰金が科される。
公認会計士法 （第52条）	守秘義務に反して秘密を漏らした時は2年以下の懲役又は100万円以下の罰金とされる。

出所：筆者作成。

3） 行政責任

公認会計士又は監査法人が法律に違反した場合に，行政機関によって社会的な制裁が加えられる。懲戒処分は，公認会計士法，金融商品取引法及び会

社法による規定による。公認会計士法による懲戒処分は，課徴金制度とあわせて行われる場合がある。

図表6-7　公認会計士法による行政責任

公認会計士に対する行政処分（公認会計士法第29条，第30条）	
・故意による虚偽証明を行った場合	2年以内の業務の停止又は登録の抹消
・相当の注意を怠ったことによる虚偽証明を行った場合	戒告又は2年以内の業務の停止
監査法人に対する行政処分（公認会計士法第34条の21）	
・社員が故意又は相当の注意を怠ったことによる虚偽証明の場合 ・監査法人が公認会計士法又は同法に基づく命令に違反し，又は運営が著しく不当と認められるとき及び業務改善指示に従わない場合	戒告，業務改善命令，2年以内の業務停止命令，解散命令，2年以内の役員等解任命令
課徴金制度（公認会計士法第31条の2，第34条の21の2）	
・公認会計士又は監査法人が故意による虚偽証明を行った場合	監査報酬額の1.5倍の課徴金を国庫に納付することを命じられる。
・公認会計士又は監査法人が相当の注意を怠ったことによる虚偽証明の場合	監査報酬額の1倍の課徴金を国庫に納付することを命じられる。

出所：筆者作成。

　また，金融商品取引法による行政処分は，**図表6-8**のとおりである。

図表6-8　金融商品取引法と会社法による行政処分

金融商品取引法 （第193条の2第7項）	公認会計士又は監査法人が故意又は過失により虚偽証明を行った場合，監督官庁は1年以内の期間を定めて当該期間内に提出される開示書類で当該公認会計士又は監査法人の監査証明に係るものの全部又は一部を受理しない旨の決定をすることができる。

出所：筆者作成。

4）日本公認会計士協会の自主規制機関としての懲戒処分

　日本公認会計士協会は，会員の紀律を保つため，自主規制機関として懲戒することができる。

図表6-9　日本公認会計士協会による懲戒処分

日本公認会計士協会会則（第67条）	
（懲戒の理由） 会員が法令により処分を受けたとき，公認会計士の信用を傷つける行為をしたとき，不当な監査証明を行ったとき，日本公認会計士協会の指示に従わないとき，継続的専門教育の義務不履行のとき，会費未納者等	（懲戒の方法） 戒告，会員権停止，除名，退会勧告，行政処分請求

出所：筆者作成。

（2）税理士の責任

1）民事責任

　税理士と委嘱者との法律関係は，税理士法第2条において，「他人の求めに応じ」とあるように民法上の委任（民第643条）関係であると解される（田中 2017, 91）。税理士は，税務の専門家に期待される注意義務を負っており，関連法令及び実務に通じていることが求められるため，この注意義務を怠った場合には，債務不履行又は不法行為に基づいて損害賠償を求められる場合がある。

2）刑事責任

　刑事責任として，税理士法上は，罰則として3年以下の懲役等が定められている（税第58〜65条）。なお，税理士の刑事責任は第14章でより詳しく説明されている。

3）行政責任

　税理士法は，税理士に対する懲戒処分は，戒告，2年以内の業務の停止，

税理士業務の禁止，の3種とすると定めている（税第44条）。なお，税理士の懲戒処分は第14章でより詳しく説明されている。

Assignment

- ・会計プロフェッションの公的規制と自主規制について，それぞれの必要性と長所・短所を考えてみよう。
- ・公認会計士が重要な虚偽表示を看過して企業外部の利害関係者に対して損害を与えた場合の責任について，どのような法的配慮がなされているか，理由とともに考えてみよう。
- ・公的規制と自主規制との関係を，公認会計士と税理士について考えてみよう。

参考になる書籍

秋月信二・岡嶋慶・亀岡恵理子・小宮山賢・鳥羽至英・内藤文雄・永見尊・福川裕徳（2021）『監査の質に対する規制 監査プロフェッション vs 行政機関』国元書房。

植草益編著（1997）『社会的規制の経済学』NTT出版。

田中恒夫（2017）『会計職業倫理（第2版）：会計士（監査人）の倫理 税理士の倫理』創成社。

山浦久司（2008）『会計監査論（第5版）』中央経済社。

参考文献

秋月信二・岡嶋慶・亀岡恵理子・小宮山賢・鳥羽至英・内藤文雄・永見尊・福川裕徳（2021）『監査の質に対する規制 監査プロフェッション vs 行政機関』国元書房。

植草益（1997）「社会的規制研究の必要性」植草益編著『社会的規制の経済学』NTT出版，序章所収，1-20。

植草益（2000）『公的規制の経済学』NTT出版。

小俣光文（2023）「解題 わが国会計プロフェッションの自主規制のゆくえ」『現代監査』第33号，57-63。

蟹江章・井上善弘・栗濱竜一郎編著（2022）『スタンダードテキスト監査論（第6版）』中央経済社。

小暮和敏（2023）「あらためて自主規制の意義と在り方を考える：公認会計士の立場から」『現代監査』第33号，64-73。

小関勇（1996）「税理士の職業倫理の構造」『商学集志』（日本大学商学研究会）第66巻第1号，107-113。

櫻井久勝（2021）「公認会計士監査の自主規制と公的規制」『青山アカウンティング・レビュー』（青山学院大学大学院会計プロフェッション研究学会），第10号，7-10。

田中恒夫（2017）『会計職業倫理（第2版）：会計士（監査人）の倫理 税理士の倫理』創成社。

スティーブン・デラポータス著，スティーン・トムセン著，マーティン・コンヨン著，浦崎直浩・菅原智監訳（2016）『会計職業倫理の基礎知識：公認会計士・税理士・経理財務担当者・FPの思考法』中央経済社。

鳥羽至英・川北博（2001）『公認会計士の外見的独立性の測定：その理論的枠組みと実証研究』白桃書房。

日本税理士会連合会編（2019）『新税理士法（五訂版）』税務経理協会。

日本税理士会連合会編，坂田純一著（2015）『新版 実践税理士法』中央経済社。

羽藤秀雄（2009）『新版 公認会計士法：日本の公認会計士監査制度』同文舘出版。

樋口誠之（2022）「「倫理規則」改正の背景」『企業会計』第74巻第10号，14-21。

福川裕徳（2022）「3つの視点で俯瞰する：会計・監査規制の現状と課題」『企業会計』第74巻第3号，16-21。

福川裕徳（2023）「会計プロフェッションの自主規制と公的機関による外部規制：過剰な規制とその帰結」『現代監査』第33号，87-99。

町田祥弘（2013）「わが国の「監査基準」における「監査の目的」の経緯と準拠性意見の位置づけ」https://www.fsa.go.jp/singi/singi_kigyou/siryou/kansa/20130624/06.pdf（最終閲覧日2023年1月30日）。

山浦久司（2008）『会計監査論（第5版）』中央経済社。

第 7 章

事例から学ぶ倫理（1）海外

▶ **1** アメリカ：エンロン及びワールドコム

（1）事例の概要

1）エンロン

　エンロン社（Enron Corp.）は，1985年に合併により設立されたエネルギー卸売業者であり，規制緩和の流れに乗って事業規模を拡大し，2000年度の年間売上高は約1,110億ドル，2001年の社員数は約21,000名という，全米でも有数の大企業であった。

　2001年春頃からエンロンの会計処理の不透明さを指摘する声が高まり，2001年8月にジェフリー・スキリング最高経営責任者（以下，CEO）が突然辞意を表明。10月16日に発表された第3四半期の決算において多額の損失の存在が明らかにされたのに引き続いて，11月8日には，同社が創設した複数の特定目的事業体（Special Purpose Company: SPE）及びそれらSPEとの間で行われた取引に関する情報を公表し，会計基準に従えば本来連結すべきであった3つのSPEが連結されていなかったことを認め，過去5年間の決算を大幅に減額修正することを発表した。2001年10月，「ウォールストリート・ジャーナル」紙が会計不正疑惑を報じると株価は一気に下落し，そのわずか2か月後の同年12月2日にエンロンは連邦倒産法第11章の適用を申請した。破綻時の負債総額は少なくとも310億ドル，簿外債務を含めると400億ドルを超えていたのではないかといわれている。2002年7月のワールドコム破綻まではアメリカ史上最大の経営破綻であった。

同社による粉飾決算の主な内容は，（1）損失の簿外処理（SPEへの飛ばし）と，（2）長期契約からの収益の契約時一括計上（公正価値会計の濫用）である。また，経営陣によるストック・オプションの行使と売り抜けという不正行為も伴っていた。

　エンロンの破綻のきっかけとなったのは，不正なオフバランス取引である。連結対象とすべき要件を満たす組織をあたかも要件を満たしていないかのように見せかけて設立し，当該組織を相手方として資産売却やヘッジ取引を行い，オフバランス化した。資産の買い取りやヘッジ取引の資金はエンロン株式の形で提供された。また，当該組織に損失を付け替えて簿外債務とすることも積極的に行われた。

　エンロンの取締役会に設置された特別調査委員会が下院エネルギー・商業委員会に提出した報告書（通称「パワーズ・レポート」）によれば，エンロンは，SPEに対して約束手形と交換に同社株式を売却し，この取引を「受取手形」及び「株主持分」の増加として会計処理した。また，非連結とするための十分な外部リスク資本（総資産の3％）を有さない（つまり連結範囲内の）SPEの資産と負債を連結せず，オフバランス化した。別のSPEは，エンロン保有の他社株式の価値をヘッジするためのデリバティブを購入したが，このヘッジ供与のための財務的源泉はエンロンが当該SPEに市場価格よりも低く譲渡した自社株式（又は譲渡する契約）であり，エンロンにとっては自社株の評価益で他社株投資をヘッジしたことになる。さらに，エンロンが買収した会社の株式につき，契約上4年間は売却できないにもかかわらず，その期間中に当該株式の評価益を計上するという手法も用いられた。

　エンロン社の監査人であるアーサー・アンダーセン（Arthur Andersen: AA）監査事務所は，エンロンの1998年度から2000年度までの財務諸表に重要な虚偽の表示があるにもかかわらず，無限定適正意見を付した監査報告書を提出した監査業務に関連して，計4名の監査人がアメリカ証券取引委員会（Securities and Exchange Commission: SEC）による処分を受けている。うち2名はエンロンの監査担当パートナーであり，残る2名は品質管理担当パートナーである。SECは，4名全員に対して，監査基準違反（職業的専門家としての正当な注意及び（又は）職業的懐疑心を行使しなかったこと）を認定し

た。うち3名については，過失による職業的専門家としての不適切な行為によるSEC実務規則違反を認定し，SEC監査業務の停止処分を下した。また，残る1名については，1934年証券取引所法Section 10（b）及びSEC規則10b-5（9）の違反を認定し，SEC監査業務の永久停止処分を下した。また，AA監査事務所は，SECの調査を前に関連文書を破棄した司法妨害の容疑で訴追され，地裁では有罪判決を受けたが，2005年に連邦最高裁において無罪判決が言い渡された。

　なお，AA監査事務所は当時，電気製品大手サンビーム社（Sunbeam Corp.），廃棄物処理大手ウェイスト・マネジメント社（Waste Management Inc.），新興通信会社グローバル・クロッシング社（Global Crossing Ltd.）の会計監査を巡ってSECにより調査されあるいは処分を受けており，これにエンロン事件の発覚や司法妨害容疑での訴追が重なり信用が失墜，顧客離れが進んだ。最終的には，司法妨害に対する地裁での有罪判決により業務停止処分を受ける可能性があることを踏まえ，2022年8月末までに上場企業の監査業務を停止すると発表し，実質的に消滅した。

2）ワールドコム

　ワールドコム社（WorldCom Inc.）は，1983年に設立された電気通信事業者であり，M&Aを繰り返すことにより1990年代に規模を急拡大，個人顧客2千万人，法人顧客数千社，従業員8万人を抱える世界最大の通信会社の1つへと成長した。

　しかし，2002年になって，創業者でCEOであったバーナード・エバース氏に対する巨額の不透明な融資が明るみに出たことで，同社の株価は急落，同氏は同年4月にCEOの辞任に追い込まれた。その後，6月25日にワールドコムは，2001年通期と2002年第1四半期に会計基準に違反して回線使用料（費用）から固定資産へ総額38億5,200万ドルが振替えられていたことが内部調査により判明したと発表し，翌26日にはSECが調査に乗り出した。これにより市場の信頼を喪失し資金繰りに行き詰まった同社は，7月21日に，ニューヨーク連邦倒産裁判所に対して連邦倒産法第11章の適用を申請した。負債総額は410億ドル，資産総額は連結ベースで1,070億ドルにのぼり，2008年に

経営破綻したリーマン・ブラザーズに抜かれるまで，アメリカ史上最大の経営破綻であった。同社はまた，8月8日に，1999年から2002年にかけて約33億ドル分の利益の水増しが発見されたことを公表し，これにより2000年から2002年第1四半期までの財務諸表について総額72億ドルの利益の修正再表示を行う方針であると発表した。

　ワールドコムは，最高財務責任者であるスコット・サリバンの指示により，本来であれば営業費用として計上すべき回線使用料（line cost）を「プリペイド・キャパシティ」という名称で固定資産に計上し，費用を過少計上した。これは，通信会社の収益性を判断する際に用いられるE/R比率（通信会社の収益に占める回線使用料の比率）を低下させることを意図したものとも言われている。このような会計処理は，設備の更新・改良にかかる支出（資本的支出）のみ資産として計上するという会計基準（及びワールドコムの会計方針）に違反するものであった。ワールドコムの法定開示書類によれば，2001年度の財務諸表には回線使用料147.4億ドル，税引前利益23.9億ドルと表示されているが，訂正後の回線使用料は177.9億ドルであり，税引前損失6.6億ドルが計上された。また，2002年度第1四半期については，回線使用料34.8億ドル，税引前利益2.4億ドルと表示されているが，訂正後の回線使用料は42.7億ドルであり，税引前損失5.5億ドルが計上された。

　また，ワールドコムは当時，経営陣が証券市場に対して二桁成長を約束しており，高い収益成長目標の達成圧力が粉飾決算の原因となった。四半期ごとに実績と目標の差が計算され，その差を埋めるために利用できる会計上の「収益機会」が特定され，計上されたのである。疑わしい収益のほとんどは，「全社未配分収益勘定（corporate unallocated revenue accounts）」に計上されていた。この勘定に含まれる疑わしい収益項目は，多くの場合，数百万から数千万ドルの丸められた金額の収益であり，四半期末月にのみ計上された。SECの調査によれば，1999年第1四半期から2002年第1四半期の間に全社未配分収益勘定に不適切に計上された収益が9億5,800万ドル以上確認され，これらの収益がなければ，同社は，1999年初頭から2001年末までの12四半期のうち6四半期において二桁成長を達成することができなかったとされる。

　ワールドコムの監査人であるAA監査事務所に対しては，株主，債権者，

年金基金などが参加した集団代表訴訟が提訴されたが，2005年4月に和解金額6,500万ドルで和解合意に達している。ただし，この和解に際してAAは，「単に訴訟長期化で被るリスクおよびコストを回避するために和解することを選んだのであり，いかなる責任も不正行為も一切否定する」としている。

　また，ワールドコムの監査担当パートナー2名に対しては，同社の2001年度財務諸表監査において専門家として不適切な行為を行ったという理由で2008年4月14日にSECによる行政処分が下された。この処分にあたっては，種々の監査契約リスクを検討しなかったこと，固定資産勘定及び回線使用料勘定の監査でミスがあったこと，非定型的な仕訳をレビューしなかったこと，監査調書の作成が不十分であったことが事実認定され，以下のような一般に認められた監査基準違反が指摘された。

・監査を計画し実施する際に正当な注意を行使しなかったこと。
・監査を通して職業的懐疑心を行使する態度を保持しなかったこと。
・監査意見を裏づける合理的な基礎を提供する十分にして適格な証拠を入手しなかったこと。
・重要な虚偽の表示に関して注意を要するリスクに鑑みて適用する監査手続の範囲を拡張すること，特に重要な監査領域については期末近く又は期末時点に監査手続を適用すること，又はより説得的な証拠を得るように監査手続の種類を修正することを検討しなかったこと。
・誤謬又は不正のいずれに起因するかに関わらず，財務諸表に重要な虚偽の表示がないかどうかについて合理的な保証が得られるように監査を計画及び実施しなかったこと。
・監査は一般に認められた監査基準に準拠して実施され，ワールドコムの財務諸表は一般に認められた会計基準に準拠して表示されているとの誤った表明をした監査報告書を発行したこと。

　両パートナーに対してはそれぞれ3年間又は4年間の会計士としてのSEC監査業務の停止処分が命じられた。ただし，両名は，単にSECとの和解手続に応じただけであり，調査結果に基づく違反事実を肯定することも否定することもしなかった。

（2） 制度への影響

1）SOX法

エンロン及びワールドコムの粉飾決算事件を受けて，2002年7月30日に異例の速さで「2002年公開会社会計改革および投資家保護法」（通称「サーベンス・オクスリー法」又は「SOX法」，以下，SOX法）が成立し，会計・監査・ガバナンスに関する1934年証券取引所法の規定が改正・新設された。同法は，日本を含む世界各国の会計・監査制度やコーポレート・ガバナンス制度などに影響を及ぼしている。SOX法による規制強化のうち，特に監査に関連するものは以下のとおりである。

①監査監督機関の新設

SECが予算権限や基準公表の最終承認権限等を有する準公的機関と位置づけられる公開会社会計監督委員会（Public Company Accounting Oversight Board: PCAOB）の設立。従来はアメリカ公認会計士協会（American Institute of Certified Public Accountants: AICPA）が，監査基準の設定，倫理基準の設定，品質管理及び懲戒処分の権限を有していたが，SOX法により上場企業の監査に関しては，PCAOBが監査基準の設定権限，倫理基準の設定権限，品質管理及び懲戒処分の権限を有することとなった。また，監査事務所が公開会社の監査を行うためにはPCAOBに登録し，検査を受けることが求められた。

②監査人の独立性規制の強化

監査業務と非監査業務の同時提供は古くから問題視されてきたが禁止には至らず，AICPAの自主規制として監査担当パートナーの監査事務所内ローテーション制（7年を限度とする継続監査期間と2年間のインターバル期間）が導入されていた。しかしSOX法は，監査業務と特定の非監査業務の同時提供を禁止し，税務業務を含むそれ以外の非監査業務の提供については，被監査企業の監査委員会の承認を要することとした。また，主任監査担当パートナー及び審査担当パートナーの監査事務所内ローテーションを厳格化した（5

年を限度とする継続監査期間と 5 年間のインターバル期間）。さらに，会計検査院（General Accounting Office）に対して，監査事務所の強制ローテーション制度の導入が及ぼす影響に関する調査研究を行い， 1 年以内に上下両院の委員会に報告することを求めた（2003年11月に導入の必要はない旨の報告書が提出された）。加えて，監査事務所内で監査部門に関与していた者が，事務所を退職してから 1 年以内に被監査会社のCEOや最高財務責任者に就任することが禁止された。

③監査委員会の強化

　監査委員会の編成や権限を強化するために，監査事務所の選任，監査報酬の決定，監査作業の監督について直接の責任と権限を有することや，独立取締役（当該会社又は子会社の関係者ではなく，取締役としての地位に基づいて受け取る報酬以外にコンサルティング料や顧問料などを受け取っていない者）だけで構成されていることなどの要件を満たす監査委員会を置いていない会社は証券取引所に上場することが認められなくなった。また，監査委員会委員のうち少なくとも 1 名は財務の専門家であることが求められた。

④内部統制報告制度の導入

　SOX法の適用を受ける会社の経営者は，財務報告に係る内部統制を整備・運用するとともに，当該内部統制の有効性を評価・報告するために内部統制報告書を作成し，外部監査人による監査を受けて公表することが義務づけられた。

2）証券取引所規制

　ニューヨーク証券取引所とナスダックは，エンロン及びワールドコムに代表される会計不正事件により失墜した証券市場の信頼を回復するために，上場規則を改正し，独立した取締役が取締役会の過半数を占めること，監査委員会は最低 3 名で構成され，全員が独立取締役であること，監査委員会が外部監査人である監査事務所の選解任権と業務監督権を有することなどを要求した。

3) 日本への影響

　2003年6月に改正された公認会計士法により，PCAOBに相当する監査監督機関として公認会計士・監査審査会が創設された。また，監査業務と特定の非監査業務の同時提供の禁止，監査担当パートナーのローテーション制度の見直し，内部統制報告制度の導入など，SOX法による新たな規制の多くが日本にも導入された。

2 世界金融危機とリーマン・ショック

（1）事例の概要

　世界金融危機（Global Financial Crisis）とは，アメリカにおける2007年からの住宅市場の大幅な悪化に始まり，2008年9月にアメリカの大手投資銀行リーマン・ブラザーズ社（Lehman Brothers Holdings Inc.）が負債総額6,000億ドル超の史上最大級の規模で倒産したことを契機として発生した，連鎖的な信用収縮による金融危機（とその後の大幅な景気後退）をいう。

　リーマン・ブラザーズは1850年創立の老舗証券会社であり，当時，全米第4位の証券会社であったが，2008年9月15日に連邦倒産法第11章の適用を申請した。その原因は，保有していた多額のサブプライム・ローンを組み入れた証券化商品が不良債権化したことにある。多くの金融機関との間で買収交渉が行われたがまとまらず，アメリカ政府が公的資金の投入を拒否したことから申請を余儀なくされた。

　リーマン・ブラザーズの倒産手続にあたり，倒産裁判所によって任命された調査官による調査報告書（通称「バルカス・レポート」）が2010年3月に公表され，同社によるレポ取引（レポ105）を用いた特定資産（多くは資産価値が目減りした債券）のオフバランス処理が検討されている。同社はレポ105取引を多用することにより，倒産前の数期にわたる四半期末時点のレバレッジ比率を改善したように見せかけていた。同社の財務諸表注記には，レポ105取引に関して特別な開示は行われていなかった。同社の監査人はアーンスト・アンド・ヤング（Ernst & Young: EY）監査事務所であり，2001年から同社

が倒産を申請するまで，無限定適正意見を表明していた。

　ニューヨーク州司法長官は，リーマン・ブラザーズの倒産に果たした役割を重く見て，2010年12月にEY監査事務所を告訴した。報道によれば，訴状には同事務所が2001年から2008年9月までリーマン・ブラザーズによる「大規模な会計不正」を「促進していた」と記載されている。この訴訟では，同事務所が2001年から2008年にかけてリーマン・ブラザーズから受け取った報酬の返還と投資家への損害賠償を求めた。この訴訟は，2015年4月に，EY監査事務所が監査の失敗を認めることなく1,000万ドルを支払うことにより，和解に至った。

　監督機関であるSECは，レポ105取引の会計処理について調査を行ったものの，2012年に訴訟を起こすことなく調査を打ち切っている。

（2）　制度への影響

1）ドッド・フランク法その他

　アメリカでは，2010年7月に，世界金融危機を教訓として，金融システムにおける説明責任と透明性を向上させることによって金融安定化を促進し，「大きすぎて潰せない」状態を解消し，救済措置を廃止してアメリカの納税者を保護し，不正な金融サービス行為から消費者を保護することなどを目的として，「ウォール街改革，および消費者保護に関する法律」（通称「ドッド・フランク法」）が制定された。

　同法では，包括的な金融規制として，金融機関によるリスクの高い自己勘定取引の禁止（ボルカー・ルール），金融機関の破綻処理制度及び規則の創設，金融システムの安定を監視する金融安定監視評議会（Financial Stability Oversight Council: FSOC）の設置，経営者の報酬が平均的な従業員の報酬の何倍かを示す報酬格差比率（pay ratio）の開示義務化などが規定された。

　また，アメリカの会計基準設定主体である財務会計基準審議会は，2011年4月に，レポ取引に関する会計基準を変更した。

2）欧州法定監査指令及び規則

　欧州に目を向ければ，欧州委員会が2010年10月13日付で監査人の役割に関

するグリーンペーパー「監査に関する政策：金融危機からの教訓」を公表し，広く関係者からの意見募集を行った。これを皮切りとして監査制度改革の議論が進められ，2014年5月に「年次財務諸表及び連結財務諸表の法定監査に関する指令2006/43/ECを改正する，欧州議会及び欧州連合理事会（閣僚理事会）の指令」（以下，2014年指令）及び「社会的影響度の高い事業体の法定監査に対する要求事項に関する，欧州議会及び欧州連合理事会の規則」（以下，2014年規則）が公布された。2014年指令及び2014年規則の主な内容は次のとおりである。

①非監査業務の提供の禁止

　社会的影響度の高い事業体（Public Interest Entity: PIE）の法定監査を実施する監査人若しくは監査事務所又は監査人若しくは監査人が所属するネットワークのメンバーは，被監査会社，その親会社及び被監査会社が支配する欧州域内の企業に対して，特定の非監査業務の提供を禁止された。提供可能な非監査業務については，独立性に対する阻害要因及び適用するセーフガードの適切な評価を行い，監査委員会の承認を得た上で提供することができる。ただし，3期以上連続して非監査業務を提供する場合，当該業務に係る報酬の合計額は，過去の3連続した会計期間における法定監査に対する報酬平均額の70％以下でなければならない。

②監査人の交代制とローテーション制

　PIEの法定監査人また法定監査事務所の監査契約期間は，10年間を超えてはならない。ただしこの期間は，公開入札が行われている場合は20年間，複数の法定監査人又は法定監査事務所による共同監査の場合は24年間に延長される。また，法定監査人，法定監査事務所及び欧州域内のネットワーク事務所は，監査契約期間の終了後，当該PIEの法定監査を4年間は実施できない。

　法定監査に責任を有する監査担当パートナーは，選任されてから7年を超えて当該会社の法定監査に関与してはならず，関与終了後，最低限3年間は当該会社の法定監査に関与してはならない。

③報酬依存度

　直近の連続する3会計期間の各期間において，法定監査人若しくは法定監査事務所又はグループ監査人が被監査会社である特定のPIEから受領する報酬総額が，当該法定監査人若しくは法定監査事務所又はグループ監査人が被監査会社から受領する監査報酬年間総額の15％を超える場合には，当該事実を監査委員会に開示し，独立性に対する阻害要因及び当該リスクを緩和するために適用するセーフガードについて協議を行わなければならない。15％を超える状態が継続する場合，監査委員会は，被監査企業の法定監査人若しくは法定監査事務所又はグループ監査人が，追加の期間の法定監査を実施できるかどうかについて，客観的に判断しなければならない。

④監査報告書

　PIEの監査報告書には，従来の監査報告書の記載内容に加えて，以下を記載しなければならない。

- ・財務諸表の重要な虚偽表示リスクのうち最も重要であると評価したもの（評価した不正による重要な虚偽表示リスクを含む）に関する説明。
- ・当該リスクへの監査人の対応の要約。
- ・適切な場合，当該リスクに関する主要な見解。
- ・財務諸表の関連する開示への明確な参照。
- ・法定監査が不正を発見できると想定されている程度の説明，など。

　このような内容の記載要求は，監査報告書の長文化・透明化と呼ばれる監査報告書改革の動向と軌を一にしている。例えば，証券監督者国際機構は，2009年9月に「監査人のコミュニケーション」を公表し，国際監査基準における監査報告書改革を促した。国際監査・保証基準審議会は2010年から監査報告プロジェクトに着手し，2015年1月に監査報告書改革にかかる一連の国際監査基準を改正又は新設した。

3 欧州：カリリオン及びワイヤーカード

（1） 事例の概要

1）カリリオン

　2017年3月，カリリオン社（Carillion plc）は，2016年12月期の年次報告書（売上高52億1,400万ポンド，当期純利益1億2,900万ポンドを計上した財務諸表及びKPMG監査事務所による監査報告書（無限定適正意見）を添付）を公表した。同社は，同決算期に過去最高額の配当（7,900万ポンド）及び多額の役員報酬を支給している。しかし7月になって，同社は8億4,500万ポンドの工事損失引当金を計上する旨を公表し，大幅な赤字となった。この発表後，ロンドン証券取引所における同社株価は70％超下落し，金融機関は一斉に融資を引き上げた。9月には10億4,500万ポンドの工事損失引当金を計上した中間決算を公表し，12月には政府に対して支援を要請したが叶わず，2018年1月に破産申請し，受理された。同社は，破産申請当時，全世界に従業員約43,000人（イギリス国内約19,000人）を抱えるイギリス第2位の建設会社であった。

　カリリオンの経営が破綻した最も大きな原因は，大幅な赤字受注を行ったことによる。赤字受注をした場合には，会計処理上，損失引当金を計上しなければならないが，同社の引当ては不十分であった。同社は，事業活動の実態とは異なる財務諸表を開示し，配当金を毎年増加させた。また，年金制度への資金拠出のような長期債務は軽視され，取締役会は役員賞与の増額と保護に関心があった。

　下院委員会報告書「カリリオン」によれば，同社は倒産申請当時，以下のような状況にあった。

- ・公表されていた財務状況は良好であったが，破綻時に70億ポンドの負債を抱え，わずか2,900万ポンドの現金しか有していなかった。それにもかかわらず，2016年度に7,900万ポンドの記録的配当金と上級役員に対する多額の業績連動報酬を支払っていた。
- ・2017年3月に公表された2016年度財務諸表は，監査人であるKPMG監査

事務所により，真実かつ公正な外観を示しているとの意見を表明された
が，2017年7月には8億4,500万ポンドの工事損失引当金を計上し，利
益の下方修正を公表した。工事損失引当金は2017年9月に10億4,500万
ポンドにまで増加し，過去7年間の利益を合計した金額に達した。
・破産申請時に約26億ポンドの年金債務を抱えていた。
・30,000社に及ぶ仕入先，下請業者，その他の短期債権者に対して約20億
　ポンドの債務を有しており，支払いが遅いことで有名であった。
・イギリスの公共部門における主要な戦略的供給業者であった。政府全体
　で約450件の建設及びサービス契約を締結しており，道路や病院の建設
　から学校給食や防衛施設の提供に至る様々な事業に携わっていた。
　財務報告評議会（Financial Reporting Council: FRC）が定期的に実施してい
る監査品質検査（Audit Quality Inspection）によれば，2017年2月から2018
年2月までを対象とする検査において，8つの大手監査事務所のうちKPMG
監査事務所の評価は突出して低い。同事務所による監査の全般的な品質及び
過去5年間の品質の低下傾向は容認できないものであり，同事務所の監査チ
ームが経営者に対して問題を提起し異議を唱える範囲や職業的懐疑心を行使
する姿勢，及び事務所全体としての業務執行に一貫性が欠けていることに懸
念を抱いていると，FRCに評されている。
　このような厳しい検査結果やカリリオン事件に対する激しい批判を受けて，
KPMG監査事務所は，2018年11月に，財務諸表監査を引き受けているFTSE
350銘柄発行会社について，コンサルティング等の非監査業務の提供を停止
する方針を発表した。

2）ワイヤーカード

　ワイヤーカード社（Wirecard AG）は，1999年設立，2005年にフランクフ
ルト証券取引所に株式を上場し，合併・買収を通じてモバイル端末によるオ
ンライン決済やカード支払決済サービスを国際的に展開していた会社である。
2018年には，ドイツの優良銘柄で構成される株価指数DAX 30の採用銘柄に
まで上り詰めた。しかし，会計不正が発覚し，2020年に倒産した。
　事の発端は，2019年1月に「フィナンシャル・タイムズ」紙が，ワイヤー

カードの社内プレゼンテーションで「不正が疑われる資金の流れがあったことが示された」と報道したことにある。同年10月に，ワイヤーカードに出資を検討していた機関投資家の要請もあり，同社は2009年から会計監査を担当しているEY監査事務所ではなくKPMG監査事務所に，この不正疑惑について特別調査を依頼した。KPMG監査事務所は2020年4月に，提供された情報が不足しており，十分な調査が実施できなかったとする特別調査結果を公表し，ワイヤーカードは不正を示唆する証拠はなかったと説明した。

　しかし，6月になって事態は急展開を見せる。6月18日に，ワイヤーカードは，会計監査人であるEY監査事務所から19億ユーロの残高が確認できないと通告されたと発表し，翌19日にはCEOのマーカス・ブラウン氏が辞任した（6月23日に収益などを偽って株価を操作した疑いにより逮捕された）。6月21日には，フィリピン中央銀行が2019年にシンガポールからフィリピンの大手2行に移動されたと見られていた19億ユーロの資金が同国の金融システムに入り込んだ事実はないと発表。ワイヤーカードは22日に銀行の信託口座に資金が存在していなかった可能性が高いとし，2019年通期と2020年第1四半期の決算取り下げを発表した。最終的には債務超過が避けられなくなったとして，6月25日に破産手続の開始を申請した。このわずか1週間あまりのうちに，同社の株価は90％近く下落した。

　その後，7月22日には，2015年から売上高などを水増しした虚偽の決算報告をもとに銀行や投資家から32億ユーロを引き出した疑いで，ワイヤーカード旧経営陣3人が逮捕された。

　EY監査事務所による会計監査については，2016年から2018年の3年間にわたって預金残高について銀行側に直接の確認を行わず，資産の受託者やワイヤーカードが提供した書類，画面コピーなどの手続で代替し，十分な確認を怠っていたと報じられている。これにより同事務所は，個人投資家団体から刑事告訴されて検察当局からの捜査を受けるとともに，投資家からも訴訟を提起された。2020年9月には，同事務所トップが粉飾決算を「もっと早く暴けなかったことを後悔している」と記した釈明の書簡を顧客に送ったことが報じられた。

　また，規制当局の監督責任も問われた。2019年に「フィナンシャル・タイ

ムズ」紙が会計不正の疑いを報じた際にドイツ連邦金融監督庁が疑惑を追及せず，ワイヤーカードを擁護して同社株の空売りを禁止したことから，同庁への非難の声が高まり，2021年1月に長官が辞任に追い込まれた。

（2）　制度への影響

1）イギリス

　イギリスでは，カリリオン事件は重く受け止められ，短期間のうちに関係機関から制度改正に関する提言を含む以下のような報告書が矢継ぎ早に公表された。

・下院ビジネス・エネルギー・産業戦略委員会及び労働年金委員会報告書「カリリオン」（2018年5月）
・ビジネス・エネルギー・産業戦略省「FRCに関する独立レビュー」（通称「キングマン・レポート」）（2018年12月：報告，2019年3月：意見募集）
・競争・市場庁「法定監査サービス市場調査」（2018年12月：経過報告，2019年4月：最終報告）
・下院ビジネス・エネルギー・産業戦略委員会報告書「監査の将来」（2019年4月）
・ビジネス・エネルギー・産業戦略省「監査の質および有効性に関する独立レビューに関する報告書」（通称「ブライドン・レビュー」）（2019年12月）

　これらの政府の委託を受けた調査や議会による調査に基づく広範な政策提案の検討を経て，ビジネス・エネルギー・産業戦略省「監査およびコーポレート・ガバナンスの信頼回復」（2021年3月：意見募集，2022年5月：政府回答）には，以下のような改革案が示された。

・FRCを改組して監査・企業報告・ガバナンス機構（Audit, Reporting and Governance Authority：ARGA）の創設と，企業報告の監督，取締役による企業報告や監査関連の職務執行，会計士に対する監督，監査人登録，監査事務所の監督と執行等に関する権限の付与
・管理型分担監査（managed shared audit）を含む，市場開放のための新たな措置の導入
・PIEの定義の拡大

・各会計士協会における監査の資格制度，研修の充実等

・コーポレートガバナンス・コードの改正による取締役会による内部統制報告の義務化

・法定監査以外の業務を含む監査・保証方針（audit and assurance policy）の開示の義務化

このうちのいくつかは，2022年5月10日に行われたイギリス女王スピーチと同時に公表された政府文書に「監査改革法案（Draft Audit Reform Bill）」として盛り込まれた。

また，FRCは，2020年7月6日に，四大監査事務所に対して2024年6月末までに監査業務部門を他部門から分離することを要求するとともに，事業分離のための原則を公表した。これは，監査業務部門の人員を高品質な監査業務に専念させること，監査業務部門と他部門間で利益（資金）を融通させず，他部門からの監査業務部門への影響を排除して監査業務部門のガバナンスを強化することを目的とするものである。

2）ドイツ

ワイヤーカード事件も，ドイツにおける会計・監査制度改革の検討につながった。財務省は2020年10月に，会計監査等の改革に係るアクションプランを公表し，2021年1月に法案を提出した。2021年5月に当該プランを含む金融市場公正性強化法（Finanzmarktintegritäts-stärkungsgesetz）が連邦参議院にて最終可決された（同年7月1日より発効）。主な規制内容は以下のとおりである。

＜監査＞

・監査業務と特定の非監査業務（税務及び評価業務）の同時提供に係る制限の厳格化

・PIE監査のローテーション制について，ローテーション期間を監査事務所は10年，監査担当パートナーは5年に短縮。PIEでない金融機関等についても期間を短縮。

・監査人の民事責任及び刑事責任の厳格化。

・ドイツ連邦金融監督庁に会計監督に関する独自の調査権限を付与。

＜コーポレート・ガバナンス＞
・上場企業の経営者に対して，適切かつ有効な内部統制システム及びリスク
　管理システムの構築に関する注意義務の明記。
・PIEの監査役会に対して，監査委員会の設置を義務化。監査委員会は，内
　部統制システム，リスク管理システム及び内部監査の責任者から直接情報
　を得ることができる。
・PIEに対して，少なくとも会計・監査各1名の財務の専門家を置くことを
　義務化。
・監査役会又は監査委員会による監査品質のモニタリングの義務化。

Assignment

・本章で紹介した各事例について，財務諸表の重要な虚偽の表示の発見という観
　点から，実施された監査の問題点を具体的に洗い出してみよう。事後的に刑事，
　民事又は行政上の責任を問われたものに限らない。
・上で洗い出した問題点（複数の事例に共通するものはまとめて）のそれぞれに
　ついて，当該監査上の問題を防止，改善又は解消するための方策を考えてみよう。
・本章で紹介した各事例について，事後的に刑事，民事又は行政上の責任を問わ
　れてはいないが，職業倫理の観点から問題であると思われる公認会計士の行為
　（不作為を含む）の有無を考えてみよう。
・公認会計士は，その業務を行うにあたって職業倫理上の責任をどこまで負うべ
　きか，あなた自身の考えをまとめてみよう。

参考になる書籍

大島春行・矢島敦視（2002）『アメリカがおかしくなっている：エンロンとワールドコム
　　破綻の衝撃』日本放送出版協会。
アレックス・ギブニー監督（2006）「エンロン：巨大企業はいかにして崩壊したのか？」
　　DVD，マグノリア・ピクチャーズ。
ペネロープ・スフィーリス監督（2003）「歪んだエンロン：虚栄の崩壊」DVD，ナウオ
　　ンメディア。
アンドリュー・ロス・ソーキン著，加賀山卓朗訳（2010）『リーマン・ショック・コンフ
　　ィデンシャル（上）追いつめられた金融エリートたち』早川書房。

アンドリュー・ロス・ソーキン著，加賀山卓朗訳（2010）『リーマン・ショック・コンフィデンシャル（下）倒れゆくウォール街の巨人』早川書房。

チャールズ・ファーガソン（監督）（2010）「インサイド・ジョブ：世界不況の知られざる真実」DVD，ソニー・ピクチャーズエンタテインメント。

ピーター・C・フサロ著，ロス・M・ミラー著，橋本碩也訳（2002）『エンロン崩壊の真実』税務経理協会。

参考文献

亀岡恵理子（2014）「WorldCom粉飾決算における監査の失敗事例分析：監査人の独立性と監査リスク・アプローチの有効性に対する示唆」『産業経営』（早稲田大学），第50号，43-76。

亀岡恵理子（2015）「Enron監査の失敗事例の再検討：「監査判断の独立性」の侵害を示唆する行為を識別する試み」『産業経営』（早稲田大学），第51号，47-73。

千代田邦夫（2013）「アーサー・アンダーセンの崩壊は何を教えているのか？」『早稲田商學』第434号，541-576。

林隆敏（2014）「EUにおける監査規制の動向」『商学論究』第62巻第2号，49-69。

林隆敏（2020）「カリリオン事件とイギリスにおける監査制度改革議論」『同志社商学』第71巻第6号，1349-1375。

Batson, N. (2003) Final Report of Neal Batson, Court-appointed Examiner, United States Bankruptcy Court, Southern District of New York, In re: Chapter 11, ENRON CORP., et al., Debtors, Case No.01-16034 (AJG), Jointly Administered, November 4, 2003.

Beresford, D.R., Katzenbach, N.deB. and Rogers, Jr., C.B. (2003) Report of Investigation by the Special Investigative Committee of the Board of Directors of Worldcom, Inc.

Department for Business, Energy & Industrial Strategy (2022) Restoring trust in audit and corporate governance: Government response to the consultation on strengthening the UK's audit, corporate reporting and corporate governance systems, BEIS.

Business, Energy and Industrial Strategy and Work and Pensions Committees (2018) Carillion, House of Commons.

Powers, Jr., W.C., Troubh, R.S. and Winokur, Jr., H.S. (2002) Report of Investigation by the Special Investigative Committee of the Board of Directors of Enron Corp.

Valukas, A.R. (2010) Report of Anton R. Valukas, Examiner, United States Bankruptcy Court, Southern District of New York, In re Chapter 11, LEHMAN BROTHERS HOLDINGS INC., et al., Debtors., Case No.08-13555 (JMP), Jointly Administered, March 11, 2010.

第 **8** 章

事例から学ぶ倫理（2）国内

1 カネボウ及びライブドア

（1） 事例の概要

1）カネボウ

カネボウ株式会社（以下，カネボウ）は，2005年4月に，1996年3月期から2004年3月期にかけて9期連続で債務超過の状態であり，2000年から2004年までの5期にわたる粉飾総額は約2,150億円に及ぶことを公表した。この発表を受けて同社の株価は連日下落を続け，発覚から2か月後の6月13日にカネボウ株は上場廃止となり，東証上場から56年，前身の東京株式取引所を含めると114年の上場を終えた。同社は最終的に2007年6月30日に解散している。

カネボウが2004年4月に設置した経営浄化調査委員会が公表した調査結果によると，2002年3月期と2003年3月期に100〜300億円の連結最終利益の粉飾が行われた。2000年3月期までさかのぼった後日の調査結果によると，売上の過大計上と経費の過小計上による粉飾が約280億円，経営支援をしていた取引先の毛布メーカー「興洋染織」など不採算関連会社を連結対象から外したことや長期滞留在庫の損失未処理なども含めると，連結最終利益段階での粉飾額は合計で約2,150億円に及んだ。

カネボウによる粉飾決算に用いられた方法は大きく分けて3つである。1つは，売上の過大計上と経費の過小計上による利益操作であり，2000年3月期から2004年3月期にかけて実行された。2つ目は，不採算関係会社15社の意図的な連結範囲からの除外による損失隠しであり，連結会計基準の変更を

翌年に控えた1999年5月には，財政状態を実際よりよく見せる目的で興洋染織などの赤字子会社を連結対象から除外していた。この際，担当公認会計士は連結外しを了承した上，一部の子会社については持株比率を20％未満にする必要があるという専門的な助言もしていたことが明らかとなっている。3つ目は，収益や回収が見込めない棚卸資産や投融資に関する損失の先送りである。毛布の過剰在庫については循環取引により架空利益を計上し，評価損計上の先送りを行っていた。

　カネボウの監査を担当していた公認会計士4名が旧経営陣との共謀容疑で逮捕（うち3名が起訴）され，2006年8月に証券取引法違反（有価証券報告書の虚偽記載）の罪で懲役1年6月，執行猶予3年（求刑懲役1年6月）が確定した。また，4名のうち3名は虚偽証明により公認会計士登録を抹消され，もう1名は業務停止処分を受けた。事件発覚当時の関与社員4名のうち，関与期間が最も長い者の継続監査期間は17年であったが，当該会計士は，一時期を除いて会計士補の時代から一貫してカネボウの監査に関与しており，すべての期間をあわせると約30年間に及ぶ。

　また，当該会計士らが所属していた中央青山監査法人は，金融庁から法定監査業務について2か月間の業務停止命令を受け，その後，あらた監査法人とみすず監査法人とに分裂した。実質的に中央青山監査法人を引き継いだみすず監査法人は，2006年12月に発覚した日興コーディアルグループの会計不正問題の影響もあって顧客離れが進み，2007年7月末をもって解散した。

2）ライブドア

　株式会社ライブドア（以下，ライブドア）は，2004年9月期決算において，約3億円の経常損失が発生していたにもかかわらず，自社株売却益約37億円や買収予定だった2社の預金を売上高に含め，約53億円の売上高を不正計上した。また，関連会社ライブドアマーケティングが出版社の買収を2004年10月に発表した際に，出版社の企業価値を過大に評価して株式交換比率を決めていたにもかかわらず適正に交換比率を算出したとの虚偽情報や水増しした虚偽の業績を公表した。

　ライブドアは，2006年1月に証券取引法違反の容疑で東京地検特捜部の強制

捜査を受け，1月23日には経営陣4名が証券取引法違反（偽計取引，風説の流布）で逮捕された。さらに2月22日には，証券取引法違反（有価証券報告書の虚偽記載）の疑いで先に逮捕された経営陣のうち3名が再逮捕され，新たに1名が逮捕された。3月13日には，証券取引等監視委員会が，2004年9月期の連結決算を粉飾した疑いがあるとして，経営陣5名と法人としてのライブドアを証券取引法違反（有価証券報告書の虚偽記載）容疑で東京地検特捜部に告発した。

　ライブドアが東京地検特捜部の強制捜査を受けたことを契機とする株価の暴落は「ライブドアショック」又は「マネックスショック」と呼ばれる。東京証券取引所に上場している銘柄の90％以上の株価が下落し，日経平均株価は事件発覚から2日で1,000円近く下落した。1月18日には，東京証券取引所で「全銘柄取引停止」措置がとられた。ライブドア及び子会社のライブドアマーケティングの株式は4月14日に上場廃止となった。

　ライブドアは，自社株の株式分割を繰り返して株価を数百円に切り下げ，最低取引単位を1株に設定することにより，株式の流動性を高め，多くの個人投資家を引き寄せることに成功し，グループ全体の時価総額は約1兆円にまで膨らんだ。合併・買収を繰り返すことによって企業規模を拡大してきたライブドアにとって，株価の維持は生命線であり，同社は株価を維持するために粉飾決算を行った。粉飾方法は，設立が容易で連結決算対象外である投資事業組合を利用した利益の付け替えや資金の還流である。ライブドアがライブドアファイナンスを介して投資事業組合名義ですでに買収していたマネーライフ（出版社）を，関連会社であるライブドアマーケティングが株式交換によって買収する形式をとることで，ライブドアがライブドアマーケティング株を取得した。さらに，取得したライブドアマーケティング株の価格をつり上げて多くの売却益を得るために，2004年10月に買収を発表した際，株式交換比率などについて虚偽の内容を公表するとともに，同年11月に公表したライブドアマーケティングの決算短信において，当期純損失であったにもかかわらず，架空売上を計上するなどして前年同期比で増収増益を達成した旨の虚偽の事実を公表した。

　粉飾決算については，ライブドアの2004年9月期の連結決算で約53億4,700万円の利益を過大計上したとされる。約3億1,300万円の経常損失が発

生していたのに，子会社2社に対する架空売上15億8,000万円を計上するとともに，ライブドアが出資する投資事業組合がライブドア株式（自社株）を売却する事で得た収入約37億6,700万円を売上に計上するなどの手口で，約50億3,400万円の経常利益が出たように装った有価証券報告書を提出した。

同社の粉飾決算は，判決において「成長仮装型」と評されたとおり，前年比で見ると経常利益が−120％で赤字転落のところを＋300％の大幅黒字増としており，過去の粉飾事件と比較しても大きな粉飾となる。また一方で，同時期に約1,600億円の資本調達及び代表取締役社長が約145億円の持株売却を行っており，金額が高額でなくとも犯罪性は大きいとされた。また，違法の疑いのある手段で発行した自己株式を使い一般株主から集めた資金が粉飾決算の原資だということも特徴とされている。

ライブドアの監査を担当していた港陽監査法人の代表社員2名は，ライブドアの粉飾決算を知りつつ監査報告書を提出したとして，2006年3月に証券取引等監視委員会から証券取引法違反（有価証券報告書の虚偽記載）の疑いで東京地検特捜部に刑事告発され，在宅起訴された。この2名は，最終的に，懲役1年執行猶予4年の有罪判決が確定した。港陽監査法人は2006年6月に自主解散した。同法人はライブドアの前身となるオン・ザ・エッヂ時代から監査を担当していた。

また，2007年6月には，ライブドアの粉飾決算に関わった公認会計士3名に対し，金融庁が懲戒処分を科した。1名は，2004年9月期にライブドアが自社株の売却益や架空売上を売上高に計上して粉飾を行っていることを知りながら容認し，監査証明に署名したとして登録抹消，他の会計士2名は業務停止処分（6か月及び9か月）とされた。

（2） 制度への影響

1）日本公認会計士協会の対応

日本公認会計士協会（以下，協会）は，2005年9月に会長名で「カネボウの粉飾決算について」を公表した。そこには，当面の対応として，品質管理レビュー制度の充実強化，綱紀事案を処理する綱紀審査会の設置，監査実務の充実を図るための会員の指導監督に努めること，及び監査に関する情報提

供を受けるホットラインの創設が示された。

　その後，2005年10月に，自由民主党の政務調査会，金融調査会企業会計に関する小委員会及び法務部会商法に関する小委員会の合同小委員会から政策提言「わが国の企業統治，会計監査制度等のさらなる強化に向けて」が公表された。同提言には，会計監査人の独立性を強化する方策として，監査人のローテーション・ルールの徹底，監査人から当局に対する通報義務，監査人の選任と，報酬の決定の在り方の見直し，監査法人の交代制の導入などが示され，監査の品質確保と当局における体制整備等については，品質管理基準の早期策定を通じた監査法人のガバナンスの強化と，品質管理レビュー及びモニタリングの強化が示された。

　また，同月には，公認会計士・監査審査会（以下，審査会）から「適正なディスクロージャーと厳正な会計監査の確保に向けた対応について」も公表され，厳正な会計監査の確保等を通じた適正なディスクロージャーの確保に向けて，4大監査法人に対する早急な検査等の措置や公認会計士に係るローテーション・ルールの見直しを推進するという方針が示された。

　これを受けて，協会は会長声明「公認会計士監査の信頼性の回復に向けて」を発出し，自主規制として，4大監査法人について主任会計士（筆頭業務執行社員）の継続監査期間を5年，インターバル期間を5年とすること，インターバル期間における前任の業務執行社員の影響力を排除する対応策を講じること，4大監査法人に対する品質管理レビューの緊急実施と審査会によるモニタリングへの全面的な協力などの施策を打ち出した。

2）品質管理基準

　2005年10月に「監査に関する品質管理基準」（以下，「品質管理基準」）が設定された。監査法人の審査体制や内部管理体制等の監査の品質管理に関連する非違事例が発生したことに対応し，公認会計士による監査の品質の向上を図ることを目的とするものである。当時，国際監査・保証基準審議会において国際品質管理基準1「過去財務情報の監査およびレビュー，その他の保証業務および関連サービス業務を実施する会計事務所の品質管理」（2004年2月承認，2005年9月公表）の設定作業が進められており，こうした国際的な

動向にも対応したものとなっている。

「品質管理基準」は, 公認会計士による監査業務の質を合理的に確保するためのものであり, 企業会計審議会「監査基準」(以下,「監査基準」) とともに一般に公正妥当と認められる監査の基準を構成し,「監査基準」と一体となって適用されるものである。

また, 品質管理には, 監査事務所 (個人事務所及び監査法人) が遵守すべき品質管理と個々の監査業務を実施する監査実施者 (監査実施の責任者及び監査業務に従事する補助者) が遵守すべき品質管理があることから,「品質管理基準」では, 項目ごとに監査事務所に適用される基準と監査実施者に適用される基準に分けて規定が設けられた。

監査事務所は, 監査業務の質を合理的に確保するために, 監査契約の新規の締結及び更新から、監査計画の策定, 監査業務の実施及び監査報告書の発行に至る品質管理のシステムを適切に整備し, 運用しなければならない。「品質管理基準」は, 監査事務所に対して, 少なくとも以下の事項に関する方針・手続からなる品質管理のシステムを設けなければならない。

・品質管理に関する責任
・職業倫理及び独立性
・監査契約の新規の締結及び更新
・監査実施者の採用, 教育・訓練, 評価及び選任
・業務の実施
・品質管理のシステムの監視

また,「品質管理基準」には, 監査事務所間の引継及び共同監査に関する基準も設けられている。

なお, 協会は, 自主規制の取組みの一環として, 監査業務の適切な質的水準の維持・向上を図り, 監査に対する社会的信頼を確保することを目的とした品質管理レビューを1999年度から実施し, 2004年度からは審査会によるモニタリングを受けている。

また, 協会は, 上場会社と監査契約を締結している監査事務所における監査の品質管理体制のさらなる充実強化を図るため, 2007年度に上場会社監査事務所登録制度を導入した。各金融商品取引所の有価証券上場規程等では,

上場会社の会計監査人は，上場会社監査事務所名簿又は準登録事務所名簿に
登録されている監査事務所でなければならないと規定されている。

3）公認会計士法の改正

　カネボウ，日興コーディアルグループと相次いだ会計不正問題を受け，公
認会計士監査に関する規制強化を目的として，前回2004年の改正からわずか
約3年後の2007年6月に公認会計士法が改正された。主な改正内容は**図表8-1**
のとおりである。

図表8-1　公認会計士法改正（2007年6月）の主な内容

> Ⅰ．監査法人の品質管理・ガバナンス・ディスクロージャーの強化
> 　1．業務管理体制の整備
> 　　・監査法人において，業務の執行の適正確保，業務の品質管理の方針の策定
> 　　　及びその実施のための業務管理体制を整備
> 　2．監査法人の社員資格の非公認会計士への拡大
> 　3．監査法人による情報開示の義務づけ
> 　　・業務及び財産の状況に関する説明書類の公衆縦覧
> Ⅱ．監査人の独立性と地位の強化
> 　1．監査人の独立性に関する規定の整備
> 　　・公認会計士や監査法人は「独立した立場において業務を行わなければなら
> 　　　ない」旨を職責規定において明確化
> 　2．就職制限の範囲を被監査会社の親会社や連結子会社等へ拡大
> 　3．いわゆるローテーション・ルールの整備
> 　　・大規模監査法人のローテーション・ルールの特例について，上場会社の監
> 　　　査を担当する主任会計士の継続監査期間は5会計期間，監査禁止期間は5
> 　　　会計期間
> 　4．法令違反等事実発見への対応
> 　　・監査人が財務書類に重要な影響を及ぼす不正・違法行為を発見した場合で
> 　　　あって，監査役等に通知するなど，被監査会社の自主的な是正措置を促す
> 　　　手続を踏んだ上でもなお適切な措置がとられないと認めるときは，監査人
> 　　　は当局へ申出
> Ⅲ．監査法人等に対する監督・責任の在り方の見直し
> 　1．行政処分の多様化（業務管理体制の改善命令等を追加等）
> 　2．課徴金納付命令の創設
> 　3．有限責任組織形態の監査法人制度の創設
> 　4．報告徴収・立入検査の権限の審査会への委任範囲
> 　5．外国監査法人等の届出制度等の整備

出所：筆者作成。

2 オリンパス及び大王製紙

（1）事例の概要

1）オリンパス

　オリンパス株式会社（以下，オリンパス）は，バブル崩壊時に保有していた金融商品に多額の評価損が発生したが，歴代経営陣はそれを知りつつ公表せず，長期にわたる損失隠しを行った。2011年7月，オリンパスが過去の買収・合併において不透明な取引と会計処理を行っていたことがマスコミによって報じられた。社長のマイケル・ウッドフォード氏はこの問題を調査し，一連の不透明で高額な企業買収により会社と株主に損害を与えたとして当時の会長と副社長の引責辞任を促したが，その直後に開かれた取締役会で同社長は解任された。そのためウッドフォード氏は事の経緯を「フィナンシャル・タイムズ」紙に公表するとともに，イギリス重大不正捜査局に刑事捜査するように促した。同氏の解任発表や「フィナンシャル・タイムズ」紙による報道直後からオリンパスの株価は急落した。同社はその後，第三者委員会を設置し，調査委員会報告書の公表を受けて損失計上の先送りを正式に認めた。

　オリンパスは，1985年以降の急激な円高で大幅に営業利益が減少したことを受け，金融資産の積極的な運用に乗り出した。しかし，バブル経済崩壊により運用損失が増大し，ハイリスク・ハイリターンの運用での挽回を試みるも損失が拡大した。1990年代後半には1,000億円をやや下回る含み損を抱えていた。そのような状況で数年後に金融商品の時価評価が導入され，損失の先送りができなくなることが見込まれたため，1999年3月期から，膨らんだ含み損約1,000億円を海外の投資ファンドに移す「飛ばし」が行われた。

　オリンパスによる「飛ばし」の方法は，（1）含み損のある金融商品を簿価で買い受ける受け皿ファンドを設立し，（2）海外の銀行などに担保となる預金や日本国債を預け，（3）当該銀行が受け皿ファンドに金融商品を買い取る資金を融資し，（4）受け皿ファンドが金融商品を買い取るというものである。これによって，損失はオリンパス本体から分離される。設立され

たファンドは約20，分離された含み損は2003年には1,177億円に膨らんだ。

　最終的な含み損の処理ないし解消に利用されたのは2007年以降の企業買収取引である。ファンドが安価に購入したベンチャー企業3社の株式をオリンパスが著しい高値で買い取り，あるいは医療機器メーカーの大型買収案件に絡んでファンドに高額の手数料等を支払うなどの方法で資金をファンドに流し，その資金で損失分離に関与したファンド等の債務を整理した。また，オリンパスも，当初に担保とした預金の払い戻しや出資の償還により資金の環流を受けた。買収にあたってオリンパスが余分に支払った金額はのれんとして資産計上し，時間をかけて費用処理（償却）することが計画されていた。

　オリンパスの監査人は，2009年3月期まであずさ監査法人（当時，以下，あずさ），2010年3月期と2011年3月期は新日本有限責任監査法人（以下，新日本）であった。あずさは，2009年3月期にオリンパスが実施しようとした巨額ののれんの計上を含む決算処理を不適切として修正指導したが，長年にわたる粉飾決算の全容解明はできなかった。オリンパスは，2009年3月期の決算を巡って対立したあずさとの監査契約を同期の監査の終了をもって更新せず，新日本を新たな監査人に選任した。金融庁は，両法人に対し，引継などで監査の実効性を高める取組みが不十分だったとして，懲戒処分（業務改善命令）を行った。一方，協会は，故意に不正を見逃したり重大な過失を犯したりした場合の処分理由にあたらないとして，両法人及び両法人の担当会計士を懲戒処分しなかった。

2）大王製紙

　大王製紙株式会社（以下，大王製紙）の創業家出身である代表取締役会長が，2010年4月から2011年9月にかけて，個人的な賭博に充てることを目的として大王製紙グループの子会社7社から総額106億8,000万円の融資を不正に引き出し，私的流用（横領）を行った。2011年9月にこの私的流用が発覚し，同氏は代表取締役会長を辞任した。

　大王製紙は社内に特別調査委員会を設置し，2011年10月に同委員会から調査報告書が公表された。同報告書は，創業家の指示には絶対的に服従するという企業風土が問題発生の基盤となったことを指摘しており，これを受けて

創業家一族は経営の主要ポストから外れた。子会社からの融資の多くは，各子会社での取締役会の決議や金銭消費貸借契約書の作成がないまま実施されるなど杜撰なものであり（事後的に取締役会議事録と金銭消費貸借契約書を作成），融資された資金のほとんどは海外での賭博に浪費されたことが報道された。最終的に，元会長に対する不正融資の総額は約168億円に達していることが判明し，刑事事件として起訴された金額は約55億円であった。

大王製紙は，2011年11月に，子会社7社から合計85億8,000万円を不正に借り入れたとして元会長を刑事告発し，東京地検特捜部は2012年11月に，2011年7月から9月にかけて取締役会の承認決議がないまま連結子会社4社から計32億円を指定の銀行口座に振り込ませて損害を与えた会社法違反（特別背任）の容疑で，元会長を逮捕した。同年12月，2011年3月から9月にかけて子会社3社に指示し，計23億3,000万円を指定の銀行口座に振り込ませ，損害を与えた特別背任罪の容疑で元会長を再逮捕。同年12月22日に追起訴。2012年10月10日，東京地方裁判所は元会長に対して懲役4年の判決を言い渡した。2013年6月26日，懲役4年の刑が確定した。

大王製紙の会計監査人は有限責任監査法人トーマツであった。同法人は2010年7月に本件貸付の事実を把握し，その使途について経理部に照会したところ経理部も承知していなかったが，担当会計士は大王製紙グループの事業活動資金であろうと推測しただけであった。その後も，連結子会社から四半期ごとにコンピュータ会計処理システムを通じて大王製紙経理部に送られてくる連結パッケージにより，一連の貸付や返済状況等を把握していたが，監査役会では説明しなかった。2011年3月期の有価証券報告書には，「連結財務諸表提出会社の連結子会社と関連当事者との取引」として元会長に対する貸付金23億5,000万円の記載があり，担当会計士は5月に元会長と面接，遅くとも9月末までには返済するとの回答を得たが，その際に資金の使途を深くは追及しなかった。また，大王製紙の債権評価ルールでは，弁済期限を延長した債権を貸倒懸念債権に分類することにしていたが，担当会計士は，当該貸付を貸倒懸念債権に区分せず，貸倒引当金も計上しない会計処理を承認し，2011年3月期の有価証券報告書に対する財務諸表監査及び内部統制監査において無限定適正意見を表明した。大王製紙は，本件発覚後に，内部統

制に重要な欠陥がある旨を記載した内部統制報告書の訂正報告書（2009年3月期から2011年3月期にかけての3期分）を提出している。本件に関して担当会計士及び監査法人に対する処分は行われていない。

（2）　制度への影響

1）不正リスク対応基準の設定

　オリンパス事件が発覚した当時，過去の不適切な会計処理を理由とする有価証券報告書の訂正事例が多く見られ，財務諸表の重要な虚偽の表示をもたらす不正に対して監査が有効に機能していないのではないかという批判を招いていた。そこで，企業会計審議会監査部会において，不正に関する公認会計士監査の実務の状況や監査基準の国際的な改訂の状況等を踏まえ，不正による重要な虚偽表示のリスク（以下，不正リスク）に対応した監査手続等の明確化等に向けた「監査基準」等の見直しの審議が行われ，2013年3月26日に「監査における不正リスク対応基準」（以下，「不正リスク対応基準」）が設定された。

　「不正リスク対応基準」は，わが国の不正事例を参考に，従来のリスク・アプローチの考え方に基づき，不正リスクを適切に評価し，評価した不正リスクに適切な監査手続を実施して監査の有効性を確保しようとするものであり，現行の財務諸表監査の目的に変更はない。

　「不正リスク対応基準」の主な内容は以下のとおりである。

- ・職業的懐疑心の強調：監査人は，不正リスクへの対応として，監査の各局面において懐疑心を保持し発揮することが求められた。
- ・不正リスクに対応した監査の実施：不正リスクの評価にあたって，不正リスク要因の検討や不正リスクを把握するために必要な手続が規定された。また，「不正による重要な虚偽の表示を示唆する状況」や「不正による重要な虚偽の表示の疑義」に該当する場合に，一定の対応が義務づけられた。
- ・不正リスクに対応した監査事務所の品質管理：監査事務所は，不正リスクに留意して品質管理に関する適切な方針・手続を定め，不正リスクに対応する品質管理の責任者を明確にすることが求められた。オリンパス

事件との関係では，引継に関する規定の新設が重要であろう。当時の「品質管理基準」（2005年10月28日公表）にも，監査業務の引継に関する方針・手続を定め，それらが遵守されていることを確かめることを求める規定は置かれていた。また，前任の監査事務所に対しては，財務諸表における重要な虚偽の表示に関わる情報又は状況を把握していた場合には，後任の監査事務所にそれらを伝達することが求められていた。「不正リスク対応基準」では，さらに，引継に関する方針・手続において**図表8-2**の内容を定めることが求められた。

図表8-2　監査業務の引継に関する新たな要求事項

前任	後任の監査事務所に対して，不正リスクへの対応状況を含め，監査上の重要な事項を伝達するとともに，後任の監査事務所から要請のあったそれらに関連する調書の閲覧に応じること。
後任	前任の監査事務所に対して，監査事務所の交代事由及び不正リスクへの対応状況等の監査上の重要な事項について質問すること。
共通	監査チームが実施した引継の状況について監査チーム外の適切な部署又は者に報告すること。

出所：筆者作成。

・監査役等との連携：監査人は，監査の各段階において，不正リスクの内容や程度に応じ，適切に監査役，監査役会，監査等委員会又は監査委員会（以下，監査役等）と協議する等，監査役等との連携を図ることが求められた。また，監査役等との連携は，不正が疑われる場合に限らず重要であることから，「監査基準」においても監査役等との連携が求められることとなった。

3 東芝

（1）事例の概要

株式会社東芝（以下，東芝）における粉飾決算の発覚のきっかけは，2014

年12月頃の東芝社内から証券取引等監視委員会への内部通報であった。証券取引等監視委員会は，2015年2月に通報内容に基づきインフラ関連の会計処理などについて開示検査を行った。これを受けて東芝は社内調査を行い，不適切な疑いのある案件を発見，4月に不適切な会計処理が行われていたことを初めて公表した。5月には決算発表の延期，2015年3月期の業績予想の撤回，第三者委員会の設置や，前期までの決算修正で500億円強の利益の減額が見込まれることが発表された。7月に公表された第三者委員会調査報告書によって一連の利益操作額は1,562億円に上ることが明らかとなり，歴代3社長が当時の役職を辞任した。さらに8月には，2009年3月期から2014年3月期までの決算訂正による利益減額が2,130億円と公表され，前期決算の発表と過年度決算の修正が行われた。9月になってようやく2015年3月期の有価証券報告書を提出した。過年度の利益修正額は2,248億円となった。

　第三者委員会調査報告書によれば，東芝による粉飾決算の主な手口は，（1）工事原価の過少見積りによる売上高の過大計上と工事損失引当金の未計上による売上原価の過少計上，（2）部品加工取引を利用した押込販売による売上原価の過少計上，（3）費用計上の先送りによる費用の過少計上，及び（4）在庫廃棄損の非計上等による売上原価等の過少計上である。東芝は，監査人が気付きにくい方法を用い，監査人からの質問や資料請求に対しては，事実を隠蔽したり事実と異なるストーリーを組み立てた資料を提示して説明したりするなど，外部の証拠により事実を確認することが困難な状況を巧みに利用し，組織的に不正な会計処理を行った。

　金融庁は2015年12月に，東芝の2010年3月期，2012年3月期及び2013年3月期における財務書類の監査において，7名の所属公認会計士が相当の注意を怠り，重大な虚偽のある財務書類を重大な虚偽のないものとして証明したこと，及び法人運営が著しく不当と認められたことを理由として，新日本に対して，（1）契約の新規の締結に関する業務停止3か月及び（2）業務改善命令（業務管理体制の改善）の処分を科すことを公表した。新日本に対しては，後日，約21億円の課徴金納付命令（制度発足以来初の命令）も下されている。また，7名の公認会計士に対しては，財務書類の監査において相当の注意を怠り，重大な虚偽のある財務書類を重大な虚偽のないものとして証明したこ

とを理由として，1か月から6か月の業務停止処分が下されている。

また，協会は，2017年7月に，東芝の粉飾決算について適正な監査を行わなかったとして，新日本に対して2か月間の会員権停止処分を行った。

（2）制度への影響

金融庁は，東芝事件の発生を受けて，2015年9月に，今後の会計監査の在り方について有識者から提言を得ることを目的として，会計監査の在り方に関する懇談会を設置した。同懇談会は2016年3月までに計4回の会合を持ち，2016年3月31日に「—会計監査の信頼性確保のために—「会計監査の在り方に関する懇談会」提言」（以下，「提言」）を公表した。「提言」では，会計監査の信頼性確保に向けて講ずるべき取組みが5つの柱に整理された（**図表8-3**を参照）。

図表8-3　会計監査の信頼性確保に向けて講ずるべき取組み

```
1．監査法人のマネジメントの強化
  （1）監査法人のガバナンス・コード
  （2）大手上場企業等の監査を担える監査法人を増やす環境整備
2．会計監査に関する情報の株主等への提供の充実
  （1）企業による会計監査に関する開示の充実
  （2）会計監査の内容等に関する情報提供の充実
3．企業不正を見抜く力の向上
  （1）会計士個人の力量の向上と組織としての職業的懐疑心の発揮
  （2）不正リスクに着眼した監査の実施
4．「第三者の眼」による会計監査の品質のチェック
  （1）監査法人の独立性の確保
  （2）当局の検査・監督態勢の強化
  （3）日本公認会計士協会の自主規制機能の強化
5．高品質な会計監査を実施するための環境の整備
  （1）企業の会計監査に関するガバナンスの強化
  （2）実効的な内部統制の確保
  （3）監査におけるITの活用
  （4）その他（適切な資質・力量を備えた会計士の育成・確保）
```

出所：筆者作成。

１）監査法人ガバナンス・コードの公表

　「提言」（1．（1）監査法人のガバナンス・コード及び2．（2）会計監査の内容等に関する情報提供の充実）を受けて，2016年7月，金融庁に監査法人のガバナンス・コードに関する有識者検討会が設置され，2017年3月31日に，「監査法人の組織的な運営に関する原則≪監査法人のガバナンス・コード≫」（以下，「コード」）が公表された。2022年12月22日現在，19法人が「コード」を採用している。

　「コード」は，監査法人の組織としての監査品質の確保に向けた5つの原則と，それを適切に履行するための22の指針で構成されている。また，各原則には，理解の助けとなるよう原則の「考え方」が記載されている。

　各原則の趣旨は以下のとおりである。

「・監査法人がその公益的な役割を果たすため，トップがリーダーシップを発揮すること。

　・監査法人が，会計監査に対する社会の期待に応え，実効的な組織運営を行うため，経営陣の役割を明確化すること。

　・監査法人が，監督・評価機能を強化し，そこにおいて外部の第三者の知見を十分に活用すること。

　・監査法人の業務運営において，法人内外との積極的な意見交換や議論を行うとともに，構成員の職業的専門家としての能力が適切に発揮されるような人材育成や人事管理・評価を行うこと。

　・さらに，これらの取組みについて，わかりやすい外部への説明と積極的な意見交換を行うこと。」

　なお，2022年5月に改正された公認会計士法により，上場会社等の財務書類の監査証明業務に係る登録制度において登録した監査人は，「コード」に沿って業務を実施するための体制及び「コード」の適用状況を公表するための体制を整備しなければならない（公第34条の34の2，第34条の34の14，公施第96条，金融庁告示第10号（2023年1月25日））。業務の品質の管理の状況を適切に評価し，その結果を公表する体制，上場会社等の財務書類に係る第2条第1項の業務を公正かつ的確に遂行するに足りる人的体制その他の当該業務を公正かつ的確に遂行するための業務管理体制を整備しなければならない。

２）監査チームメンバーのローテーション制の導入

「提言」（4.（1）監査法人の独立性の確保）を受けて，金融庁による監査法人のローテーション制度に関する調査が実施され，2回に分けて「監査法人のローテーション制度に関する調査報告」が公表された。第一次報告（2017年7月20日公表）では，過去の不正会計事案において，パートナーのローテーションは制度導入時に期待された抑止効果を十分に発揮していなかったことや，企業による自主的な監査法人の交代は進まず，監査契約の固定化が見られることが指摘された。第二次報告（2019年10月25日公表）では，10年以上にわたり監査補助者として従事していた者が引き続き業務執行社員に就任する事例など，相当な長期間にわたり同一企業に関与していた事例があることや，監査市場が寡占状態であり監査法人交代の選択肢が限られていることが指摘された。

これらの報告を受けて，協会は，2020年2月に，会長通牒「『担当者（チームメンバー）の長期的関与とローテーション』に関する取扱い」を発出した。同通牒では，監査人の独立性強化に向けたメッセージとして，業務執行社員だけではなく，監査補助者についても必要に応じてローテーションを行う「チームメンバーのローテーション」を導入すること，社会的影響度が特に高い会社（時価総額が概ね5,000億円以上の上場会社）については，監査補助者が引き続き業務執行社員として関与する場合，監査補助者としての関与期間を考慮して長期間の関与（概ね10年）の判定を行うことが示された。

３）監査報告書の透明化

「提言」（2.（2）会計監査の内容等に関する情報提供の充実）を受けて，いわゆる監査報告書の透明化が図られた。2018年7月に「監査基準」が改訂され，監査報告書の記載区分・記載順序の見直しと記載内容の拡充，及び監査上の主要な検討事項の導入が行われた。

この背景には，監査報告書の有用性を高めることを志向した国際的な議論の流れがある。この議論の端緒は，2006年に開始された国際会計士連盟の国際監査・保証基準審議会とアメリカ公認会計士協会の監査基準審議会による共同プロジェクトに求められる。また，この間に世界金融危機が発生し，公

認会計士による財務諸表監査に対する批判が高まり，証券監督者国際機構，欧州連合，イギリスなどでも監査報告書改革に向けた議論が同時並行的に進められた。

　また，2019年9月に「中間監査基準」及び「四半期レビュー基準」が，2019年12月には「財務報告に係る内部統制の評価及び監査の基準」がそれぞれ改訂され，年次の監査報告書と同様の変更が行われた。

4）会計監査に関する開示内容の充実
①通常とは異なる監査意見等についての説明・情報提供

　「提言」（2．（2）会計監査の内容等に関する情報提供の充実）を受けて，2019年1月に，会計監査についての情報提供の充実に関する懇談会から「会計監査に関する情報提供の充実について―通常とは異なる監査意見等に係る対応を中心として―」が公表された。同報告書では，通常とは異なる監査意見等（限定付適正意見，不適正意見，意見不表明）についての説明・情報提供と監査人の交代に関する説明・情報提供が求められた。そこで，2022年11月に「監査基準」が改正され，監査報告書の意見の根拠の区分に以下を記載しなければならないことが明確化された。

- ・意見の除外により限定付適正意見を表明する場合には，除外した不適切な項及び財務諸表に与えている影響とともに，これらを踏まえて除外事項に関し重要性はあるが広範性はないと判断した理由。
- ・監査範囲の制約により限定付適正意見を表明する場合には，実施できなかった監査手続及び当該事実が影響する事項とともに，これらを踏まえて除外事項に関し重要性はあるが広範性はないと判断した理由。

②守秘義務

　監査に関するより一層の説明・情報提供が求められたことに関連して，守秘義務の在り方があらためて検討された。2019年改訂「監査基準」では，「本来，守秘義務の対象は，企業の秘密に限られるものであるが，我が国においては，一般的に，企業に関する未公表の情報について，あらゆるものが守秘義務の対象になり得ると考えられる傾向がある」ことから，守秘義務の規定

について公認会計士法との整合が図られ，守秘義務は業務上知り得た「事項」
ではなく「秘密」を対象にするものであることが明確化された。

③有価証券報告書における会計監査に関する情報の開示
　「提言」（2．（1）企業による会計監査に関する開示の充実）を受けて，
有価証券報告書における会計監査に関する情報開示の充実も図られた。2018
年6月に公表された「金融審議会ディスクロージャーワーキング・グループ
報告―資本市場における好循環の実現に向けて―」において，提供情報の信
頼性・適時性の確保の一環として会計監査に関する情報開示の充実が提言さ
れ，企業内容等の開示に関する内閣府令の改正（2019年1月31日公布・施行）
により，監査役会等の活動状況，監査法人による継続監査期間，ネットワー
ク・ファームに対する監査報酬等の開示が新たに求められることとなった（第
二号様式（記載上の注意）（56）監査の状況）。

Assignment

- ・本章で紹介した各事例について，財務諸表の重要な虚偽の表示の発見という観
  点から，実施された監査の問題点を具体的に洗い出してみよう。事後的に刑事
  罰や金融庁又は協会による処分の対象となったものに限らない。
- ・上で洗い出した問題点（複数の事例に共通するものはまとめて）のそれぞれに
  ついて，当該監査上の問題を防止，改善又は解消するための方策を考えてみよう。
- ・本章で紹介した各事例について，刑事罰や金融庁又は協会による処分の対象と
  はなっていないが，職業倫理の観点から問題であると思われる公認会計士の行
  為（不作為を含む）の有無を考えてみよう。
- ・公認会計士は，その業務を行うにあたって職業倫理上の責任をどこまで負うべ
  きか，あなた自身の考えをまとめてみよう。

参考になる書籍

小笠原啓（2016）『東芝 粉飾の原点：内部告発が暴いた闇』日本BP社。
嶋田賢三郎（2011）『巨額粉飾』新潮社。
田中慎一（2006）『ライブドア監査人の告白：私はなぜ粉飾を止められなかったのか』ダ

　　イヤモンド社。
　浜田康（2016）『粉飾決算：問われる監査と内部統制』日本経済新聞出版。
　山口義正（2012）『サムライと愚か者　暗闘オリンパス事件』講談社。

参考文献

伊藤眞（2014）「ライブドア事件と会計倫理」『三田商学研究』（慶應義塾大学），第57巻第3号，29-54。
岡本智英子・畑山正克・川沼信夫（2018）「＜判例研究＞粉飾決算と取締役の責任：オリンパス事件（東京地判平成29年4月27日）」『ビジネス＆アカウンティングレビュー』（関西学院大学），第22巻，53-69。
オリンパス株式会社第三者委員会（2011）「調査報告書」オリンパス株式会社。
株式会社東芝第三者委員会（2015）「調査報告書」株式会社東芝。
亀岡恵理子（2011）「カネボウ粉飾決算の構図と連結会計基準の変更」『産業経営』（早稲田大学），第48号，43-60。
大王製紙株式会社元会長への貸付金問題に関する特別調査委員会（2011）「調査報告書」大王製紙株式会社。
日本経済新聞社編（2004）『経営不在：カネボウの迷走と解体』日本経済新聞出版。
吉見宏（2018）『会計不正事例と監査』（日本監査研究学会リサーチシリーズXVI），同文舘出版。

公認会計士の職業倫理（１）

第９章〜第11章は，公認会計士の職業倫理を取り上げる。第９章は総論，第10章は主として独立性に係る職業倫理，第11章は守秘義務，違法行為への対応，責任と処分について記述している。

1 職業倫理の規範体系

わが国においては，公認会計士が負う倫理的義務のうち，重要と思われる事項は法によって厳格な遵守が求められ，それ以外の事項は，日本公認会計士協会が自主的な会則及び規則等の形で定めている（**図表9-1**参照）。

図表9-1 職業倫理の規範体系

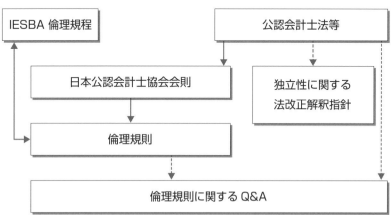

出所：「倫理規則に関する手引」の付録。

（1） 公認会計士法

　公認会計士の職業倫理は，その使命と職責を果たすために必須のものである。公認会計士の使命と職責は，それぞれ公認会計士法で，以下のように述べられている。

　すなわち，「公認会計士は，監査及び会計の専門家として，独立した立場において，財務書類その他の財務に関する情報の信頼性を確保することにより，会社等の公正な事業活動，投資者及び債権者の保護等を図り，もつて国民経済の健全な発展に寄与することを使命とする。」（公第１条（公認会計士の使命））とし，「公認会計士は，常に品位を保持し，その知識及び技能の修得に努め，独立した立場において公正かつ誠実にその業務を行わなければならない。」（公第１条の２（公認会計士の職責））としている。

　公認会計士法は，日本公認会計士協会の設立及び目的等についても規定している（公第43条第１～２項）。すなわち，日本公認会計士協会は，公認会計士法に基づき設立された特別な法人であり，その目的は公認会計士の品位を保持し，監査証明業務の改善進歩を図るため，会員の指導，連絡及び監督に関する事務を行い，並びに公認会計士及び特定社員の登録に関する事務を行うことを目的とするものである。

　また，日本公認会計士協会は，会員が遵守すべき会則を定める義務があり，その中に，会員の品位保持に関する規定や研修に関する規定を置かなければならない（公第44条及び第46条の３）。

（2） 日本公認会計士協会会則

　第１項で述べた公認会計士法の規定を受けて，日本公認会計士協会は，会則を定めている。会則のうち，「職業規範の遵守」（会則 第２編 公認会計士に係る諸制度 第２章 品位保持 第１節）の中で，以下のように規定している。

　公認会計士は，「監査及び会計の専門家として，独立した立場において，財務書類その他の財務に関する情報の信頼性を確保することにより，会社等の公正な事業活動，投資者及び債権者の保護等を図り，もって国民経済の健全な発展に寄与するものであることを自覚し，その使命の達成に努めなけれ

ばならない。」(会則第47条(使命の自覚))とし,また,職責についても,「公認会計士業務の改善進歩と監査業務の正常な発展を図り,常に関係法令及び職業的専門家としての基準等を遵守し,かつ,職業倫理の昂揚に努めるとともに,独立した立場において公正かつ誠実に職責を果たさなければならない。」(会則第48条(職責の基準))としている。

さらに,常に品位を保持し,その知識及び技能の修得に努め,いやしくも公認会計士若しくは会計士補の信用を傷つけ,又は公認会計士及び会計士補全体の不名誉となるような行為をしてはならない(会則第49条(品位の保持))とし,倫理に関する事項は規則で定めるとしている(会則第50条(会員及び準会員の遵守すべき倫理))。公認会計士[1]は,本会の会則及び規則を守らなければならない[2]。

以上に見るように,日本公認会計士協会が自主規制として定めている倫理規則に違反することは,同協会の会則違反となり,ひいては,会則について定めている公認会計士法違反となる。

(3) IESBA倫理規程

国際会計士倫理基準審議会(International Ethics Standards Board for Accountants: IESBA)は,国際会計士連盟の中の常設委員会であり,倫理規程の設定主体である。加盟団体は,IESBAの倫理規程より緩やかな基準を採用あるいは実施してはならない[3]。

IESBAは,2018年4月に「職業会計士のための国際倫理規程(国際独立性基準を含む。)」を公表し,要求事項の遵守を徹底するために,要求事項と適用指針の区別を含む全面的な体系及び構成を見直し,個別規定の内容の改訂を行っている。わが国の倫理規則もIESBAの倫理規程を参考として,2022

---

1 倫理規則では,会員及び準会員を「会員」と称し,会員を対象とした規定を置いている(会員及び準会員の定義は会則第5条に規定されている)。第9～11章では,「会員」の代わりに「公認会計士」としている。

2 会則第52条(会則等の遵守)。さらに会則第53条(使用人等の監督)は,公認会計士に対し,使用人等が法令,会則及び倫理規則を遵守することについて監督責任を定めている。

3 IFAC憲章第2.3.b.項に従い,IFAC加盟団体は,加盟団体が遵守すべき義務に関するステートメント(Statements of Membership Obligations: SMOs)に準拠しなければならないとされている。このうち倫理規程に関するSMO4の序文(Preface)17にこの旨が明記されている。

年に見直しが行われた。

　なお，わが国の倫理規則は，IESBAの倫理規程の規定に加えて，共同業務（倫R120.18JP），品質の保持（倫R120.19JP），名義貸しの禁止（倫R120.20JP），将来事象への意見（倫R120.21JP）などの追加の定めを置いている。

（4）　倫理規則

　倫理規則の構成は**図表9-2**のように，パート１〜３及び独立性に関する規則（パート4A及び4B）から構成されている[4]。

　倫理規則の冒頭では，「会計専門職の特徴の一つは，公共の利益のために行動するという責任を引き受けることにある」（倫理規則（以下，倫）100.1）としている。「公共の利益」とは，私利私欲を追求するための補佐的・擁護的な業務ではなく，公益的な使命と職責を負っていることをいう。

図表9-2　倫理規則の構成

パート1 倫理規則，基本原則及び概念的枠組みの遵守 （すべての会員 － セクション100〜199）	
パート2 組織所属の会員 （セクション200〜299） （パート2は，会計事務所等所属の会員が会計事務所等との関係性に基づき専門業務を実施する際にも適用される。）	パート3 会計事務所等所属の会員 （セクション300〜399） 独立性に関する規則 （パート4A及び4B） パート4A－監査及びレビュー業務における独立性 （セクション400〜899） パート4B－監査及びレビュー業務以外の保証業務における独立性 （セクション900〜999）
用語集	

出所：「倫理規則に関する手引」の付録。

4　独立性の規則については，第10章で説明する。

2 倫理規則の基本原則

　倫理規則では，基本原則として，以下の5つを定めている（倫セクション 110（倫110.1A1〜115.2A1））。会員は，各基本原則を遵守しなければならない。

（1）誠実性―全ての職業的専門家としての関係及びビジネス上の関係において率直かつ正直であること。

（2）客観性―次のいずれにも影響されることなく，職業的専門家としての判断又は業務上の判断を行使すること。

　①バイアス

　②利益相反

　③個人，組織，テクノロジー若しくはその他の要因からの過度の影響又はこれらへの過度の依存

（3）職業的専門家としての能力及び正当な注意

　①現在の技術的及び職業的専門家としての基準並びに関連する法令等に基づき，依頼人又は所属する組織が適切な専門業務を確実に受けられるようにするために職業的専門家として必要な水準の知識及び技能を獲得し，維持すること。

　②適用される技術的及び職業的専門家としての基準に従って，勤勉に行動すること。

（4）守秘義務―職業的専門家としての関係及びビジネス上の関係の結果として取得した情報の秘密性を尊重すること。

（5）職業的専門家としての行動

　①関連する法令等を遵守すること。

　②全ての専門業務及びビジネス上の関係において，公共の利益のために行動するという職業的専門家の責任に矛盾しないよう行動すること。

　③会員が認識している，又は当然に認識しているべき，職業的専門家の社会的信頼を損なう可能性がある行為を起こさないようにすること。

---

3 概念的枠組み

（1） 総論

　概念的枠組みとは，公認会計士が第2節で述べた基本原則を遵守する上で適用するアプローチをいい，**図表9-3**のように，基本原則の遵守に対する阻害要因の識別，識別した阻害要因の評価及び対処（除去又は許容可能な水準にまで軽減）からなる（倫120.2）。

図表9-3　概念的枠組み（イメージ）

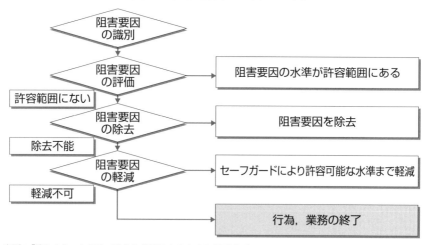

出所：「倫セクション120　概念的枠組み」をもとに筆者作成。

　なお，概念的枠組みを適用する際，以下が必要となる（倫R120.5）。
- ・探求心を持つこと
- ・職業的専門家としての判断の行使
- ・第三者テストの利用

　1つ目の探求心とは，概念的枠組みを適切に適用するために必要な既知の

事実及び状況を理解する上での必須条件である。探求心を持つこととは次のことを意味する（倫120.5 A1）。

　　・実施する専門業務の性質，範囲及び結果を考慮し，入手した情報の情報源，関連性及び十分性を検討すること

　　・さらなる調査又はその他の行動の必要性に目を向け，注意すること

　なお，「探求心」は，監査等の保証業務を実施する場合に求められる「職業的懐疑心」とは別の概念とされている（倫120.5 A3）。

　2つ目の職業的専門家としての判断の行使とは，特定の専門業務の内容及び範囲並びに関連する利害及び関係を考慮し，適切な訓練，専門知識，技能及び経験を適用することをいう（倫120.5 A4）。

　3つ目の第三者テストの利用の「第三者」とは，事情に精通し，合理的な判断を行うことができる者をいう。必ずしも公認会計士である必要はないが，当事者である公認会計士の出した結論の適切性を理解及び評価するための知識及び経験を有している者を指す。第三者テストは，他の当事者が同一の結論に到達する可能性が高いかどうかを検討することである（倫120.5.A6）。

（2）　基本原則に対する阻害要因

1）阻害要因の識別

　概念的枠組みでは，まず基本原則の遵守に対する阻害要因を識別しなければならない（倫R120.6）。阻害要因には，次のようなものがある（倫120.6 A3）。

　　・自己利益—金銭的その他の利害を有していることにより，会員の判断又は行動に不当な影響を与える可能性があること。

　　・自己レビュー—会員が現在実施している活動の一環として判断を行うに当たって，当該会員自身又は当該会員が所属する会計事務所等若しくは所属する組織の他の者が過去に行った判断又は実施した活動の結果に依拠し，それらを適切に評価しない可能性が生じること

　　・擁護—会員が，その客観性が損なわれるほど，依頼人又は所属する組織の立

場を支持する姿勢を示すこと
・馴れ合い—会員が，依頼人又は所属する組織と長期又は密接な関係を持ち，会員がそれらの者の利害に過度に捉われること，若しくはそれらの者の作業を安易に受け入れること
・不当なプレッシャー—現実に生じているプレッシャー又は予見されるプレッシャーにより，会員が不当な影響を受け，客観的に行動できなくなること

２）阻害要因の評価

公認会計士は，基本原則の遵守に対する阻害要因を識別した場合，そのような阻害要因が許容可能な水準にあるかどうかを評価しなければならない（倫R120.7）。許容可能な水準とは，事情に精通し，合理的な判断を行うことができる第三者テストを利用する会員が，自らが基本原則を遵守していると結論づける可能性が高いと考えられる水準である（倫120.7 A1）。

阻害要因の評価は，質的要因及び量的要因をあわせて検討する必要があり，また，複数の阻害要因の複合的な影響も考慮しなければならない（倫120.8 A1）。以下のような条件，方針及び手続も基本原則の遵守に対する阻害要因の水準の評価に影響することがある（倫120.6 A1，120.8 A2）。
・企業統治に関する要求事項
・専門職に要求される教育，訓練及び経験
・公認会計士及び一般の人々が非倫理的な行動を通報できる効果的なシステム
・倫理違反についての報告義務の明確な規定
・日本公認会計士協会又は規制当局による監視及び懲戒制度

（３） 阻害要因への対処

公認会計士は，識別された基本原則の遵守に対する阻害要因が許容可能な水準にないと判断する場合，それらを除去するか，又は許容可能な水準にまで軽減しなければならない。対処は，阻害要因を生じさせている状況の除去，阻害要因を許容可能な水準にまで軽減するセーフガードの適用，特定の専門

業務の辞退又は終了のいずれかをとることである（倫R120.10）。

　ここで注意しなければならないのは，阻害要因の除去とセーフガードの適用とは区別されていることである。セーフガードとは，会員が基本原則の遵守に対する阻害要因を許容可能な水準にまで効果的に軽減するために講じる，個別の又は複合的な対応策とされている（倫120.10 A2）。

　公認会計士は，阻害要因への対応策が，当該阻害要因を除去するか，又は許容可能な水準にまで軽減するかどうかについて，総合的結論を形成しなければならない（倫R120.11）。この際，以下の2つを行わなければならない。
　・重要な判断又は結論に関するレビュー
　・事情に精通し，合理的な判断を行うことができる第三者テストの利用

　セーフガードは，事実及び状況によって異なるが，監査及びレビュー業務における自己利益，自己レビュー，擁護あるいは馴れ合いという阻害要因に対するセーフガードの例として，以下が挙げられている（倫300.8.A2）。
　・必要とされる業務に追加的な時間及び有能な人員を割り当てる
　・チームの構成員ではなかった適切なレビューアーに，実施した作業をレビューさせる，あるいは必要に応じて助言を提供させる
　・保証業務の依頼人に対する非保証業務の提供を，指揮命令系統の異なる別の社員等や業務チームに行わせる
　・他の会計事務所等に業務の一部を実施又は再実施してもらう
　・サービス又は製品の紹介に関して受領する紹介手数料又は仲介料の取決めを依頼人に開示する
　・機密性を有する事項を扱う場合，チームを分割する

（4）　概念的枠組みを適用する際のその他の検討事項

　基本原則の遵守に対する阻害要因の識別，評価及び対処の際における職業的専門家としての判断の行使に影響を及ぼす要因として，バイアスと組織文化の2つが挙げられている。

1）バイアス

一般に，バイアスとは，先入観や偏見を指す。バイアスの例には次のようなものがある（倫120.12 A2）。

①アンカリングバイアス─最初に得た情報をアンカー（錨）として使用することで，その後の情報の評価が歪められる傾向

②オートメーションバイアス─自動システムからアウトプットされたものの信頼性や目的適合性に対して矛盾に気付くなど疑問を感じた場合でも，人間の論理的思考より自動システムのアウトプットを選好する傾向

③利用可能性バイアス─最初に思い浮かぶ，又は想起しやすい事象又は経験をその他の事象又は経験よりも重視する傾向

④確証バイアス─既存の考えを証明する情報を，その考えに反する情報又はその考えに疑問を呈する情報よりも重視する傾向

⑤集団思考─複数の個人で構成される集団が個人の創造性と責任を抑制し，その結果として論理的思考又は代替案の検討がなされることなく決定が下される傾向

⑥自信過剰バイアス─正確なリスク評価又はその他の判断や決定を行う自らの能力を過大評価する傾向

⑦代表性バイアス─代表的と見なされる経験，事象又は考え方のパターンに基づき物事を理解する傾向

⑧選択的知覚─その人の期待が特定の事柄又は人に対する見方に影響する傾向

職業的専門家としての判断を行使する際には，バイアスの影響を認識する必要があり，必要な場合にはその影響を軽減するための措置をとる必要がある。例えば，次の対応が挙げられる（倫120.12 A3）。

・追加的な情報を得るために，専門家に助言を求める

・評価プロセスの一環として適切に異議が唱えられるようにするため，他者に相談する

・職業的専門家としての能力開発の一環として，バイアスの識別に関する研修を受ける

2）組織文化

　概念的枠組みの効果的な適用は，所属する組織内の組織文化を通して倫理的価値観の重要性が共有されることで促進される（倫120.13 A1）。

　例えば，次の状況が望ましい（倫120.13 A2）。

・リーダー層が組織の倫理的価値観の重要性を促進し，その価値観を実践する責任を自身及び他者に課している
・倫理文化を促進するための適切な教育と研修プログラム，管理プロセス及びパフォーマンス評価と報酬規準が整備されている
・疑わしい場合を含め違法又は非倫理的な行動を報告することを推奨し，内部告発者を含む報告者を守るための効果的な方針が整備されている
・第三者とやり取りする際に組織が倫理的価値観を守っている

（5）　監査,レビュー,その他の保証業務及び関連業務に関する検討

　ここでは，財務諸表の監査及びレビュー業務又はその他の保証業務若しくは関連業務（以下，監査業務等）を実施する場合の考慮事項を挙げている。

1）組織文化

　「監査に関する品質管理基準」に対応する日本公認会計士協会策定の実務指針は，財務諸表の監査業務等の品質管理システムを設計，導入及び運用するための会計事務所等の責任という観点から組織文化に関する要求事項及び適用指針を定めている（倫120.14 A1）[5]。

2）独立性

　監査業務等を実施する場合は，独立性に関する規則によって独立性の保持が求められる。

　独立性には，以下の2つがある（倫120.15 A1）。

・精神的独立性：職業的専門家としての判断を危うくする影響を受けることなく，結論を表明できる精神状態を保ち，誠実に行動し，客観性と職

5　品質管理基準委員会報告書第1号「監査事務所における品質管理」。

業的懐疑心を堅持できること
- 外観的独立性：事情に精通し，合理的な判断を行うことができる第三者が，会計事務所等又は監査業務チームや保証業務チームの構成員の精神的独立性が堅持されていないと判断する状況にはないこと

　独立性の保持について，基本原則と同様の概念的枠組みを適用する（第10章参照）。なお，独立性に関する規則については，第10章で詳述する。

３）職業的懐疑心

　職業的懐疑心は，基本原則ではないが，会計事務所等所属の会員に対し，監査業務等を実施する場合，必要となる。職業的懐疑心と基本原則は，相互に関連した概念である（倫120.16 A1）。すなわち，財務諸表監査においては，個別又は全体としての基本原則の遵守が，職業的懐疑心の行使を支えるものとなる（倫120.16 A2）。

　まず，誠実性は，率直かつ正直であることを求める。誠実性を遵守することは，以下につながる。

- 依頼人の見解について懸念が生じた際に率直かつ正直である
- ある状況における適切な一連の対応策について，事情に精通した上で判断を下すため，重要な虚偽である，又は誤解を生じさせる可能性のある陳述についての懸念への対処を目的として，矛盾した情報について質問するとともに，さらなる監査証拠を求める
- 適切な行動に反する行為を迫るプレッシャーに直面した場合，又は適切な行動をとることが個人若しくは組織にとって不利な結果をもたらす可能性がある場合においても，適切に行動する強い意志を持つ，言い換えれば，ジレンマや困難な状況に直面した際にも自らの立場を貫く，正当な理由がある場合には，適切に他者に異議を唱える

　これにより，監査証拠の批判的評価を通じて，職業的懐疑心の行使が可能となる。

　次に，客観性は，会員に対し，バイアス，利益相反，個人・組織・テクノロジー等からの過度の影響や依存に影響されることなく職業的専門家としての判断又は業務上の判断を行うことを求める。

具体的には，以下により，職業的懐疑心の行使が可能となる。

・依頼人との馴れ合い等，職業的専門家としての判断又は業務上の判断を
　阻害する可能性のある状況又は関係を認識する

・依頼人の財務諸表にとって重要な事項に関連する監査証拠の十分性及び
　適切性を評価する際に，上記の状況及び関係が，自身の判断に与える影
　響を検討する

最後に，職業的専門家としての能力及び正当な注意は，公認会計士として
適切な専門業務を提供できるよう，専門知識及び技能を必要とされる水準に
保持するとともに，適用される基準及び法令等を遵守し，職業的専門家とし
ての正当な注意を払うことを求めている。具体的には，

・重要な虚偽表示リスクを適切に識別するために，特定の依頼人の業界及
　び事業活動に関連する知識を適用する

・適切な監査手続を立案し，実施する

・監査証拠がその状況において十分かつ適切であるかどうかに関して批判
　的に評価する際に，関連する知識を適用する

これにより，職業的懐疑心の行使につながる。

4　利益相反

公認会計士法には，公認会計士等の内部者間の法律関係を定めたものの1
つとして，利益相反取引に関する規定がある。これは，会社法第356条第1
項の定める取締役の競業及び利益相反取引の制限と同様の趣旨であり，自己
の利益を優先させて監査法人に損害を与えることを制限するものである。

一方，倫理規則は，パート2（組織所属の会員）及びパート3（会計事務所
所属の会員）ともに，概論に続く各論の冒頭において，利益相反に係る規定
を置いている。これは，利益相反が，職業的専門家としての判断又は業務上
の判断を危うくする可能性があることから回避を要請するものである。

（1） 公認会計士法

　公認会計士法には，監査法人の社員の競業禁止規定がある。すなわち，監査法人の社員は，他の監査法人の社員になること及び自己又は第三者のためにその監査法人の業務の範囲に属する業務を行うことが禁止されている[6]。

　社員がこれに反した場合，当該業務によって当該社員又は第三者が得た利益の額は，監査法人に生じた損害の額と推定され（公第34条の14第3項），さらに，当該社員の除名事由にもなる（公第34条の22第1項，会第859条第2号）。

　また，監査法人に所属する社員が，自己又は第三者のために監査法人と取引をしようとするとき，監査法人が社員の債務を保証すること等，監査法人と当該社員との利益が相反する取引をしようとする場合には，当該社員は，当該取引について自己以外の過半数の社員の承認を得なければならないとする利益相反取引規定の適用がある[7]。

（2） 倫理規則

　利益相反は，客観性の原則をはじめとする基本原則の遵守に対する阻害要因となる。公認会計士は，職業的専門家としての判断又は業務上の判断を危うくするような利益相反を回避しなければならない（倫R210.5，倫R310.4）。

　会計事務所等所属の公認会計士において，利益相反が生じ得る状況としては，監査業務の過程で買収取引に関連する可能性のある機密情報を得ている状況下で，監査業務の依頼人を買収しようとしている依頼人に対して，当該取引に係る助言業務を提供したり，同時期に同一企業の買収を競っている二者の依頼人に助言業務を提供するような状況が考えられる。これらのケースは，公認会計士が同一の事項に関連する専門業務を利益が相反する複数の依頼人に提供する場合（1）と，公認会計士の利害と当該公認会計士が専門業務を提供する依頼人の利益が相反する場合（2）に分けられる（**図表9-4**参照）。

6　公第34条の14第1～2項。ただし，公第2条第2項業務については，当該範囲に属する業務を行うことにつき，当該社員以外の社員の全員の承認を受けたときはこの限りでない（第2項但し書）。

7　なお，定款に別段の定めがある場合には，この限りではない（公第34条の22第1項，会第595条第1項）。

図表9-4　利益相反のイメージ

⑴特定の事項をめぐる複数の依頼人の利益が相反して
いる中で，公認会計士が当該特定の事項に関連した
専門業務をそれら複数の依頼人に提供する場合

⑵特定の事項をめぐる公認会計士の利益と，当該特定
の事項に関連した専門業務をその公認会計士により
提供される依頼人の利益が相反する場合

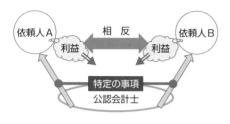
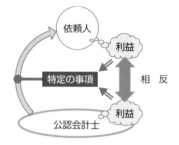

出所：日本公認会計士協会（2022）「倫理規則に関するQ&A（実務ガイダンス）」Q310-1-1＜図示＞を
もとに筆者作成。

　公認会計士は，利益相反によって生じる阻害要因に対処する際，利益相反
の内容及び重要性を考慮し，対処方法を検討しなければならない。その際の
方策として考えられるのが，利益相反が生じている状況についての具体的な
開示や依頼人からの明示的な同意の入手である（倫R310.9）。

　公認会計士が明示的な同意が必要であると判断した場合で，依頼人から同
意を得られなかった場合は，次のいずれかを行わなければならない。

　①依頼人との利益相反の状況となり得る専門業務の提供を終了又は辞退す
　　ること。

　②関連する利害を解消するか，又は関係を終了することにより，阻害要因
　　を除去するか，又は許容可能な水準にまで軽減すること。

Assignment

・公認会計士法をはじめとする国内法と倫理規則との関係はどのようになってい
　るか，説明してみよう。

・概念的枠組みはなぜ必要なのか考えてみよう。

・利益相反とは何か。公認会計士法の規定と倫理規則の利益相反に関する規定の
　目的の相違を考えてみよう。

参考になる書籍

日本公認会計士協会（2016）「公認会計士等の法的責任について」『法規委員会研究報告』第1号。

日本公認会計士協会（2022）「倫理規則の改正概要」。

参考文献

日本公認会計士協会「会則」（最終改正2023年1月31日）。

日本公認会計士協会「倫理規則」（最終改正2022年7月25日）。

日本公認会計士協会（2016）「公認会計士等の法的責任について」『法規委員会研究報告』第1号。

日本公認会計士協会（2022）「倫理規則に関するQ&A（実務ガイダンス）」。

日本公認会計士協会（2022）「倫理規則の改正概要」。

日本公認会計士協会（2023）「監査事務所における品質管理」『品質管理基準委員会報告書』第1号。

山田雅弘（2022）「倫理規則改正の検討状況について」『日本公認会計士協会春季全国研修会資料』。

International Federation of Accountants（2012）Statements of Membership Obligations（SMOs）1-7（Revised）.

第10章

公認会計士の職業倫理（2）

▶1 監査及びレビュー業務における独立性

　公認会計士は，監査又はレビュー業務を実施する際に独立性を保持しなければならない。独立性に関する要求は，公認会計士法等の法規制に加えて，自主規制としての倫理規則の独立性に係る規則（パートA及びパートB）がより包括的な規定を置いている。本節は，（1）業務制限，（2）監査業務と非監査業務の同時提供の制限，（3）ローテーションの順に，公認会計士法の規定と倫理規則の規定の関係を記述している。

（1）業務制限

1）公認会計士法

　公認会計士は，以下の会社等の財務書類に対して監査証明業務を行ってはならない（公第24条，公令第7条第1項）。

①公認会計士又はその配偶者が，役員，これに準ずるもの若しくは財務に関する事務の責任ある担当者であり，又は過去1年以内にこれらの者であった会社等（関係会社等の役員であった場合も含む）

②公認会計士及びその配偶者がその使用人であり，又は過去1年以内に使用人であった会社等（親会社等及び子会社等の使用人であった場合も含む）

③国家公務員若しくは地方公務員又はこれらの職にあった者は，その在職中又は退職後2年間は，その在職し，又は退職前2年間に在職していた職と職務上密接な関係にある営利企業

④公認会計士及びその配偶者が，株主，出資者，債権者，債務者である会

181

社等

⑤公認会計士又はその配偶者が，被監査会社等から特別の経済上の利益の供与を受けている場合

⑥公認会計士又はその配偶者が，被監査会社等から税理士業務等により継続的な報酬を受けている場合

　監査法人についても，同様の業務制限がある（公第34条の11）。すなわち，監査法人が株式を所有し，又は出資している会社等，及び監査法人の社員のうちに会社等との間に役員等の関係を有する者がある場合は，当該会社等に監査業務を行ってはならない[1]。監査法人自体が被監査会社の債権者又は債務者である場合，被監査会社及びその役員等から特別の経済上の利益供与を受けている場合，監査法人の社員のうちに被監査会社の使用人である者がある場合は，同様に監査は禁じられる（公令第15条第1～4号）。

　そのほか，会社等の財務書類の監査について監査法人の社員として関与した者が，当該財務書類に係る会計期間又はその翌会計期間（以下，関与社員会計期間）内に当該会社その他の者又はその連結会社等の役員又はこれに準ずる者となった場合，当該監査法人は，関与社員会計期間に係る当該会社その他の者又はその連結会社等の財務書類に対する監査は禁じられる（公第34条の11第1項第3号）。

　また，監査法人の社員のうちに被監査会社等から税理士業務により継続的な報酬を受けている者がある場合も監査が禁じられる（公令第15条第5号）。

　金融商品取引法は，監査補助者が被監査会社と上記の公認会計士と同様の関係を有する場合も監査を禁じている（金商第193条の2第4項，財務諸表等の監査証明に関する内閣府令第2条第2項第4号）。

2）倫理規則

　倫理規則では，会計事務所等とネットワーク・ファームを区別し，ネットワーク・ファームに関しても要求事項を規定している（**図表10-1**参照）。

　会計事務所等とは，公認会計士が開業する事務所（公認会計士法以外の法

1　社員の配偶者のみが役員等の関係を有する場合にあっては，その社員が当該会社等の第2条第1項の業務に関与する者である場合のみが禁じられる（公第34条の11第1項第2号）。

図表10-1　会計事務所等とネットワーク・ファームの例

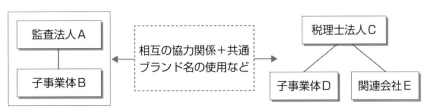

※Ａ及びＢは同一の「会計事務所等」，Ａ〜Ｅは同一の「ネットワーク」，Ｃは会計事務所等に該当しな
　いネットワークの関係にある国内の税理士法人。
出所：日本公認会計士協会（2022）「倫理規則に関するQ&A（実務ガイダンス）」QG-1-2。

律に基づく事務所を除く。）及び監査法人[2]をいう。

　ネットワークとは，会計事務所等よりも大きな組織体であって，次の（1）
及び（2）の条件の両方を備えた組織体をいう。

（1）当該組織体が，所属する事業体の相互の協力を目的としていること

（2）次のいずれかを備えていること

　・利益の分配又は費用の分担を目的にしていること

　・共通の組織により，所有，支配及び経営されていること

　・品質管理の方針及び手続を共有していること

　・事業戦略を共有していること

　・ブランド名を共有していること

　・業務運営に関する資源の重要な部分を共有していること

ネットワークに所属する会計事務所等又は事業体をネットワーク・ファー
ムという。

　会計事務所等又はネットワーク・ファームの社員等又は従業者は，会計事
務所等の監査業務の依頼人の役員等として従事してはならない（倫R523.3）。
このような場合，自己レビュー及び自己利益という阻害要因が生じる恐れが
ある。

　また，監査業務チームの構成員が，役員等又は従業員として最近まで監査

2　出資，経営等を通じてこれらを支配する，あるいはこれらが支配する事業体を含む（倫理規則用語
　集（以下，用語集）参照）。

業務の依頼人に従事していた場合も，自己レビュー，自己利益及び馴れ合い
の阻害要因が生じる可能性がある（倫522.2）。

監査業務チームは，監査報告書の報告対象期間において次のいずれかに該
当する個人を，監査業務チームに含めてはならない（倫R522.3）。

（1）監査業務の依頼人の役員等であった者

（2）依頼人の会計記録又は会計事務所等が意見を表明する財務諸表の作
　　成に重要な影響を及ぼす職位の従業員であった者

監査報告書の報告対象期間よりも前に，監査業務チームの構成員がこれら
に従事していた場合については，概念的枠組みを適用する（倫522.4 A1〜
A3）。

（2） 監査業務と非監査業務の同時提供の制限

1）公認会計士法

公認会計士及び監査法人は，公認会計士法上の大会社等から第2条第2項
業務（いわゆる財務に関するアドバイザリー業務）により継続的な報酬を受け
ている場合には，当該大会社等に対する監査証明業務が禁じられる場合があ
る。

公認会計士法上の大会社等（公第24条の2）とは，会計監査人設置会社，
金融商品取引法監査適用会社，銀行，保険会社等である[3]。

同時提供が禁じられる第2条第2項業務は以下のとおりである（公施第6
条）。

・会計帳簿の記帳の代行その他の財務書類の調製に関する業務

・財務又は会計に係る情報システムの整備又は管理に関する業務

・現物出資財産その他これに準ずる財産の証明又は鑑定評価に関する業務

・保険数理に関する業務

・内部監査の外部委託に関する業務

これ以外にも，実質的に，監査対象となる財務書類を自らが作成している

---

[3] そのほか，信用金庫連合会，労働金庫連合会，信用協同組合連合会，農林中央金庫，独立行政法人，
大学協同利用機関法人，地方独立行政法人法による監査適用法人（公令第10条）。ただし，小規模の
会社等は公認会計士法施行令第8条及び第9条で除外される。

と認められる業務又は被監査会社等の経営判断に関与すると認められる業務を監査の依頼人に提供することは禁じられている。監査法人に関しても同様の禁止規定がある（公第34条の11の2）。

　監査法人は，当該監査法人又は当該監査法人が実質的に支配している法人等が，大会社等から同様の業務により継続的な報酬を受けている場合にも，当該大会社等の財務書類について，監査証明業務を行ってはならない。また，監査法人の社員が，大会社等から同様の業務により継続的な報酬を受けている場合も同じである。

2）倫理規則

　倫理規則では，社会的影響度の高い事業体とそれ以外を区別して規定している。

　社会的影響度の高い事業体[4]とは，以下に該当する事業体すべてを含む。

- ・上場事業体
- ・法令等により，監査を実施するにあたり，上場事業体と同じ独立性に関する要求事項が求められる事業体
- ・会計事務所等で事業内容，規模，従業員数等を勘案し，追加的に社会的影響度の高い事業体と同様に扱うこととした事業体

　わが国においては，公認会計士法上の大会社等がこれに該当するが，大会社等以外も含まれることに注意が必要である。

　監査業務の依頼人が社会的影響度の高い事業体である場合，会計事務所等又はネットワーク・ファームは，自己レビューという阻害要因が生じる可能性のある非保証業務を提供してはならないとされている（倫R600.16）。この場合，会計事務所等が意見を表明する財務諸表に対する非保証業務の結果又は成果の重要性に関わらず，業務の提供は認められない（倫600.10 A2）。

　上記の例外として，次のいずれも満たす場合に限り，社会的影響度の高い事業体である監査業務の依頼人に対し，監査の過程で生じる情報又は事項に関連する助言及び提言を提供できる[5]。

4　用語集，倫400.8参照。Public Interest Entity（PIE）という。

5　倫R600.17，監査の過程で生じる情報又は事項に関連して提供される可能性のある助言及び提言の

・会計事務所等が，経営者の責任を担わない
・自己レビュー以外の独立性に対する阻害要因に対処するため，概念的枠組みを適用する

　以下，主な非保証業務別に提供の可否を記述する。

①会計帳簿の記帳代行及び財務諸表の作成業務

　会計記録又は財務諸表の作成，給与計算業務の提供が含まれる。当該業務の結果が，会計記録又は会計事務所等が意見を表明する財務諸表に影響を与える場合，自己レビューという阻害要因を生じる。

　会計事務所等又はネットワーク・ファームは，社会的影響度の高い事業体である監査業務の依頼人に対して，会計帳簿の記帳代行及び財務諸表の作成業務を提供してはならない（倫R601.6，**図表10-2**参照）。

図表10-2　監査業務の依頼人に対する記帳代行業務等

社会的影響度の高い事業体	社会的影響度の高い事業体以外
提供不可	以下のいずれも満たす場合のみ可能（概念的枠組みの適用） ・定型的または機械的な内容の業務であること ・会計事務所等が許容可能な水準にない阻害要因に対処できていること

出所：倫サブセクション601をもとに筆者作成。

②評価業務

　評価業務は，企業価値の算定をはじめとして，一定の仮定を設定して資産，負債又は事業体等の価値を算定する業務をいう。

　監査業務の依頼人に対する評価業務の提供は，当該業務の結果が，会計記録又は会計事務所等が意見を表明する財務諸表に影響を与える場合，自己レ

　例としては，会計及び財務報告の基準又は方針並びに財務諸表の開示に関する要求事項についての助言等が挙げられている（倫600.17 A1）。

図表10-3　監査業務の依頼人に対する評価業務

社会的影響度の高い事業体	社会的影響度の高い事業体以外
自己レビューが生じる場合：提供不可 それ以外の場合：概念的枠組みの適用	概念的枠組みの適用 以下のいずれも満たす場合は不可 ・評価に相当程度の主観性が含まれること ・会計事務所等が意見を表明する財務諸表に当該評価が重要な影響を与えること

出所：倫サブセクション603をもとに筆者作成。

ビュー，さらに擁護という阻害要因も生じる可能性がある（倫603.3 A1）。

　評価業務により自己レビューという阻害要因が生じる可能性がある場合，社会的影響度の高い事業体である監査業務の依頼人に対して，当該業務を提供してはならない（倫R603.5）。それ以外の場合は，概念的枠組みを適用する（**図表10-3**参照）。

③税務業務

　わが国において，税務業務を行う可能性のある事業体は以下の３つである。

・税理士事務所等（会計事務所等の定義に含まれる税理士法人や税理士事務所）

・税務事務所等（会計事務所等に該当しないネットワーク・ファームの関係にある国内の税理士事務所等）

・海外のネットワーク・ファーム

　１つ目の税理士事務所等は，税務業務そのものを提供することは可能であるが，会計事務所等の監査業務の依頼人に対する税務業務の提供は，国内法令等による制限がある。したがって，ここでは，後２者が当該会計事務所等の監査業務の依頼人に対して税務業務を提供する場合における独立性との関係を説明する（倫604.1 JP）。

　税務業務は，（ⅰ）～（ⅴ）の５つの場合に分けられる（**図表10-4**参照）。

（ⅰ）税務申告書の作成

　税務申告書の作成業務の提供は，過去の情報に基づいて行われるものであること，及び税務当局によるレビューを受けることから，通常阻害要因を生じさせない（倫604.6 A1）。

図表10-4　監査業務の依頼人に対する税務業務

		社会的影響度の高い事業体	社会的影響度の高い事業体以外
税務申告書の作成		提供可能	
会計処理目的の税額計算		提供不可	概念的枠組みの適用
税務に関する助言及びタックス・プランニング業務	助言の有効性が特定の会計処理または表示に依存する場合	提供不可	
	それ以外	自己レビューが生じる場合：不可	概念的枠組みの適用
		それ以外：概念的枠組みの適用	
税務上の評価業務		自己レビューが生じる場合：不可	概念的枠組みの適用
		それ以外：概念的枠組みの適用	
税務訴訟等の支援業務	税務訴訟等の支援業務	自己レビューが生じる場合：不可	概念的枠組みの適用
		それ以外：概念的枠組みの適用	
	裁判所等において依頼人を擁護	提供不可	以下をいずれも満たす場合は提供不可： ・税務訴訟等において，裁判所等で監査業務の依頼人を擁護する立場の者として関与する業務 ・問題となる金額が，会計事務所等が意見を表明する財務諸表にとって重要であること

出所：倫サブセクション604をもとに筆者作成。

（ⅱ）会計処理目的の税額計算

　税額計算業務には，監査業務の依頼人の財務諸表の税金資産又は税金負債等に関する会計処理を目的とした，未払法人税等，繰延税金資産及び繰延税金負債等の金額の計算が含まれ，自己レビューという阻害要因を生じさせる（倫604.8 A1）。

　社会的影響度の高い事業体である監査業務の依頼人に対して，これらの業務を行ってはならない（倫R604.10）。それ以外の事業体である監査業務の依頼人に対しては，概念的枠組みを適用する。

（ⅲ）税務に関する助言及びタックス・プランニング業務

　税務に関する助言及びタックス・プランニング業務には，監査業務の依頼人に対する適切な税務対策の策定や税務関連の法令等の適用に関する助言等，多岐にわたる業務が含まれる。このような場合，自己レビューや擁護という阻害要因が生じる可能性がある。

　社会的影響度の高い事業体である監査業務の依頼人に対して，自己レビュ

ーという阻害要因が生じる可能性がある場合は，これらの業務を行ってはならない（倫R604.15）。それ以外の場合は，概念的枠組みを適用する。

（iv）税務上の評価業務

　税務上の評価業務は，合併及び買収取引，グループ再編及び企業再編，移転価格調査，株式に基づく報酬の取決め等の場合に行われる。

　当該業務の結果が，会計記録又は会計事務所等が意見を表明する財務諸表に影響を与えることになるリスクがある場合，自己レビュー，さらに，擁護という阻害要因も生じる可能性がある。

　社会的影響度の高い事業体である監査業務の依頼人に対して，自己レビューという阻害要因が生じる可能性がある場合はこれらの業務を行ってはならない（倫604.19）。それ以外の場合は，概念的枠組みを適用する。

（v）税務訴訟等の支援業務

　公認会計士は，税務当局から依頼人に対し，特定の事項に関する主張が否認されたことが通知され，税務当局又は依頼人が当該事項に関する判断を裁判所等での正式な訴訟手続に委ねる場合に支援を依頼されることがある。

　監査業務の依頼人に対する税務訴訟等の支援業務の提供は，当該業務の結果が，会計記録又は会計事務所等が意見を表明する財務諸表に影響を与える場合，自己レビューという阻害要因を生じさせる可能性がある。さらに，擁護という阻害要因も生じる可能性がある。

　社会的影響度の高い事業体に対しては，自己レビューが生じる可能性がある場合は，これらの業務は提供できない（倫R604.24）。また，裁判所等において依頼人を擁護する立場で会計事務所等が行う可能性のある業務は，提供してはならない[6]。

④内部監査

　内部監査活動の範囲及び目的は多種多様であり，また，事業体の規模や組織構造，監査役等や経営者のニーズによっても変化する。したがって，必ずしも財務諸表の監査に関連した事項に関係するとは限らない。

6　倫R604.26。ただし，個別の情報提供依頼への対応や会計事務所等が実施した作業についての事実の陳述や証言を行う等の助言業務は，禁止されるものではない（倫604.27 A1）。

会計事務所等又はネットワーク・ファームは，社会的影響度の高い事業体である監査業務の依頼人に対して，自己レビューという阻害要因が生じる可能性がある場合，当該業務を提供してはならない（倫R605.6）。例えば，財務報告に係る内部統制，依頼人の会計記録又は会計事務所等が意見を表明する財務諸表に関する情報を生成する財務報告システム，会計事務所等が意見を表明する財務諸表に関連する金額又は開示に関連するものは禁じられる。それ以外の場合は，概念的枠組みを適用する。

⑤情報システム

　情報システムに関する業務には，ハードウェアやソフトウェアのシステムの設計又は導入が含まれる。情報システムは，次のいずれかを行うことが考えられる（倫606.2 A1）。

・原始データの統合
・財務報告に係る内部統制の一部の形成
・関連する開示を含む，会計帳簿や財務諸表に反映する情報の生成

　当該業務の結果が，会計事務所等が意見を表明する財務諸表の監査に影響を与える場合，自己レビューという阻害要因を生じさせる可能性がある。

　ただし，会計事務所等又はネットワーク・ファームに所属する個人が経営者の責任を担わない限り，財務報告に係る内部統制と関連せず，かつ会計記録又は財務諸表の一部を形成する情報を生成しない情報システムの設計又は導入等は，通常，阻害要因を生じさせない（倫606.4 A2）。

　自己レビューという阻害要因が生じる可能性がある場合，社会的影響度の高い事業体である監査業務の依頼人に対して，当該業務を提供してはならない（倫R606.6）。それ以外の場合は，概念的枠組みを適用する。

⑥コーポレート・ファイナンス

　コーポレート・ファイナンスに関する業務の例には，次のものが含まれる（倫610.2 A1）。

・監査業務の依頼人の企業戦略の策定に関する支援
・監査業務の依頼人の買収先候補の特定に関する助言

・購入又は売却する可能性のある資産の価格に関する助言

・資金調達取引に関する支援

・取引の仕組みの構築に関する助言の提供

・コーポレート・ファイナンスの取引の仕組みの構築又は資金調達取引に関する助言の提供

　当該業務の結果が，会計記録又は会計事務所等が意見を表明する財務諸表に影響を与える場合，自己レビュー，さらに，擁護という阻害要因も生じさせる可能性がある。

　自己レビューという阻害要因を生じさせる可能性がある場合，社会的影響度の高い事業体に対して当該業務を提供してはならない（倫R610.8）。それ以外の場合は，概念的枠組みを適用する。

（3）ローテーション

1）公認会計士法

　第2項「同時提供」の規制対象となる大会社等については，監査従事継続期間に関しても制限が設けられている。

　すなわち，大会社等の財務書類について監査業務を行う場合において，公認会計士及び監査法人の社員が7会計期間連続して監査を行った場合には，連続会計期間の翌会計期間以後2会計期間は当該大会社等の財務書類について当該社員は監査関連業務を行ってはならない（公第24条の3，第34条の11の3）。対象は，監査証明を行う社員のほか，補助者であっても監査法人の社員と同程度以上に実質的な関与をしている者及び委託審査を行う者である（公第24条の3第3項，公施第9条第3項）。

　さらに大規模監査法人[7]では，監査証明業務を執行する社員のうちその事務を統括する者として監査報告書の筆頭に署名する社員1名とその審査責任者1名が，5会計期間連続して監査関連業務を行った場合には，5年間当該会社等の監査業務に従事してはならないとされている（公第34条の11の4，公施第23条）。

---

[7]　直近の会計年度において監査業務を行った上場有価証券発行者等の総数が百以上である監査法人（公施第24条）。

2）倫理規則

　担当者が，長期間にわたって監査業務に関与する場合，馴れ合い及び自己利益という阻害要因が生じる可能性がある。自己利益という阻害要因は，長期にわたって関与を続けてきた依頼人を失うことに対する担当者の懸念や依頼人の上級管理職や監査役等との親密な個人的関係を維持することで得られる利益を勘案した場合に生じる可能性があり，担当者の判断に不当な影響を与える可能性がある（倫540.3 A2）。

　1）で記述した公認会計士法の現行規定では，監査業務の主要な担当社員等が連続する16年間のうち14年間関与する等の懸念があることから，倫理規則では，さらにローテーションの規制を強化し，長期的関与による独立性への阻害要因に対応している。

　要約すれば，公認会計士法の規定と比較した場合，以下の点で強化されている。

・公認会計士法上の大会社等よりも広い範囲，すなわち社会的影響度の高い事業体及びそれと同様の取扱いが要請される一定規模以上の事業体を対象としていること
・大規模監査法人以外も筆頭業務執行責任者（5会計期間），審査担当者（3会計期間）のクーリングオフ期間（関与を外れる期間）が必要となること
・クーリングオフ期間の禁止業務を拡大していること

　監査業務の主要な担当社員等とは，監査業務の重要な事項について重要な決定や判断を行う者と定義され，以下の者を含む。

・筆頭業務執行責任者
・審査担当者
・その他の監査業務の主要な担当社員等

　社会的影響度の高い事業体の場合，これらの者は，原則として，累積して7会計期間を超えて上記のいずれかの役割（複数の役割で関与する場合を含む）で関与してはならない。7会計期間関与した後は，**図表10-5**で示されたクーリングオフ期間を設けなければならない。7会計期間関与した後は，**図表10-5**で示されたクーリングオフ期間を設けなければならない[8]。

8　倫R540.11〜R540.13。網掛の部分は，公認会計士法の規定と同様の年数となっている項目。

図表10-5　倫理規則に基づくローテーション

業務関与先の種別			監査事務所規模	ローテーションの対象者		関与期間(注5)	クーリングオフ期間(注5)
PIE	公認会計士法上の大会社等	上場会社	大規模監査法人	筆頭業務執行責任者		5年	5年
				審査担当者		5年	5年
				その他業務執行責任者		7年	2年
				その他，監査業務の重要な事項について重要な決定や判断を行う者(注3)	実質的な関与が認められる補助者	7年	2年
					重要な子会社や部門に責任を負う監査業務執行責任者等	7年	2年
			その他の監査事務所	筆頭業務執行責任者(注4)		7年	5年
				審査担当者(注4)		7年	3年
				その他業務執行責任者		7年	2年
				その他，監査業務の重要な事項について重要な決定や判断を行う者	実質的な関与が認められる補助者	7年	2年
					重要な子会社や部門に責任を負う監査業務執行責任者等	7年	2年
		その他（例）銀行，資本金100億円以上の会社法大会社	全ての監査事務所	筆頭業務執行責任者(注4)		7年	5年
				審査担当者(注4)		7年	3年
				その他業務執行責任者		7年	2年
				その他，監査業務の重要な事項について重要な決定や判断を行う者	実質的な関与が認められる補助者	7年	2年
					重要な子会社や部門に責任を負う監査業務執行責任者等	7年	2年
	追加的な倫理規則の大会社(注1)・一定規模以上の信用金庫・会社法大会社		全ての監査事務所	筆頭業務執行責任者		7年	5年
				審査担当者		7年	3年
				その他業務執行責任者		7年	2年
				その他，監査業務の重要な事項について重要な決定や判断を行う者	実質的な関与が認められる補助者	7年	2年
					重要な子会社や部門に責任を負う監査業務執行責任者等	7年	2年
その他	PIEと同様の取扱いが要請される一定規模以上の事業体(注2)・一定規模以上の信用金庫・会社法大会社		全ての監査事務所	筆頭業務執行責任者		監査事務所が設定した年数	
				審査担当者			
				その他業務執行責任者			
				その他，監査業務の重要な事項について重要な決定や判断を行う者	実質的な関与が認められる補助者		
					重要な子会社や部門に責任を負う監査業務執行責任者等		

（注1）公認会計士法の大会社等以外に，利害関係者が多数かつ多岐に及ぶことから，会計事務所等が社会的影響度の高い事業体（図表10-5ではPIEと記載）として扱うと決定した事業体（倫400.8）

（注2）PIEではないが，一定規模以上（資本金，負債額，売上高等）であることから，会計事務所等がPIEと同様の取扱いを求める事業体（倫R540.5JP）

（注3）このうち「実質的な関与が認められる補助者」は，公認会計士法の規定による。「倫理規則に関するQ&A」QG-3-1によれば，「重要な子会社や部門に責任を負う監査業務執行責任者等」も連結グループ及び監査チームの実態により，「監査業務の主要な担当社員等」に含まれると判断される場合がある。

（注4）公認会計士法では，大会社等についてクーリングオフ期間が2年となっているが，倫理規則でそれより長い年数が決められている。

（注5）表中で示されている年数は，会計期間のこと。いずれの場合も最短でも2年間のクーリングオフ期間が必要とされている（会計期間が1年未満の場合に適用される）。

出所：倫セクション540及び関連する公認会計士法の規定をもとに筆者作成。

クーリングオフ期間において，当該者は，次のいずれも行ってはならない（倫R540.20）。

- ・監査業務チームの構成員になること，又は監査業務の審査を行うこと
- ・監査業務に影響を及ぼす専門的な，又は業界固有の問題，取引又は事象に関して，監査業務チーム又は依頼人と協議を行うこと
- ・専門業務の指揮・調整や監査業務の依頼人との関係の監督の責任を負うこと
- ・上級管理職又は監査役等との重要又は頻繁な交流や監査業務の結果に直接的な影響を及ぼす結果となり得る役割を担う等すること

（4） その他

第4項では，第1項〜第3項以外の独立性に係る規制を記述している。ここでの規制は，明示がない限り倫理規則に基づくものである。

1） 報酬
①報酬の水準

公認会計士の専門業務に対する報酬は，通常，監査業務の依頼人と当該公認会計士の間で交渉され，監査業務の依頼人から公認会計士に対して直接支払われる。このような慣行から，報酬によって独立性に対する阻害要因が生じる可能性がある（倫410.3 A1）。例えば，正当な根拠に基づかない低廉報酬の見積りを呈示すること[9]は，自己利益という阻害要因を生じさせる[10]。また，監査報酬を削減する目的で依頼人からの不当なプレッシャーを受けることもあり得る（倫410.5 A2(2)）。これらの阻害要因は，職業的専門家としての能力及び正当な注意の原則の遵守を困難にする。したがって，会員は，専門業務の内容又は価値に基づいた報酬見積額を提示しなければならない。

---

9 例外として，監査報酬を決定する際，監査以外の業務の提供によって得た経験の結果として達成される費用の削減効果を考慮に入れることが認められる（倫R410.7）。

10 倫330.3 A2，逆のケース（正当な根拠に基づかない高額過ぎる報酬の見積りを呈示すること）も自己利益という阻害要因を生じさせると考えられる。

②成功報酬

　成功報酬とは，取引の結果又は実施した業務の結果に応じて，事前の取決めに基づき計算された報酬のことをいう（倫410.8 A1）。成功報酬は，客観性の原則の遵守に対する自己利益という阻害要因を生じさせる可能性がある（倫330.4 A1）。したがって，会計事務所等は，監査業務に関連して成功報酬を請求してはならない（倫R410.9）。

　また，監査業務の依頼人に対して非保証業務を提供する場合，会計事務所等又はネットワーク・ファームは，次のいずれかに該当する場合，成功報酬を請求してはならない（倫R410.10）。

- ・財務諸表に対して意見を表明する会計事務所等が請求する非保証業務の報酬であり，その報酬が当該会計事務所等にとって重要である場合
- ・財務諸表の監査の重要な部分を実施したネットワーク・ファームが請求する報酬であり，その報酬が，当該ネットワーク・ファームにとって重要である場合
- ・非保証業務の結果やその報酬額が，財務諸表における重要な金額の監査に関連する将来又は現在の判断に依存する場合

③監査報酬に対する監査以外の業務の報酬

　監査業務の依頼人に対する監査以外の業務の提供による報酬が高い割合を占める場合，監査業務又は監査以外の業務のいずれかを失うことへの懸念により，自己利益及び不当なプレッシャーという阻害要因が生じる可能性がある。また，監査業務以外の関係を重視しているという外観により，独立性に対する阻害要因も生じる可能性がある（倫410.11 A1）。この場合，概念的枠組みを適用しなければならない。

④報酬依存度

　特定の監査業務の依頼人に対する報酬依存度が高い割合を占める場合，依頼人からの報酬を失うこと等への懸念は，自己利益，あるいは不当なプレッシャーという阻害要因を生じさせる（倫410.14 A1）。

　社会的影響度の高い事業体である監査業務の依頼人に対する報酬依存度が

２年連続15％を超える場合（超える可能性が高い場合を含む），会計事務所等の構成員ではない会員による監査業務に係る審査と同様のレビュー（監査意見表明前のレビュー）が，阻害要因を許容可能な水準にまで軽減するためのセーフガードとなり得るかどうかを判断し，セーフガードとなり得ると判断した場合は，それを適用しなければならない（倫R410.18）。また，５年連続15％を超える状況が継続する場合，５年目の監査意見の表明後に監査人を辞任しなければならない（倫R410.20）[11]。

　なお，社会的影響度の高い事業体の場合，監査報酬，非監査報酬及び報酬依存度は，監査役等とのコミュニケーション項目となる（倫410.22 A1〜R410.28）。また法令等により報酬関連情報は，開示の対象となることが多い。法令等で求められていない場合，会計事務所等は，社会的影響度の高い事業体である監査業務の依頼人の監査役等と，報酬関連情報の開示について協議しなければならない（倫R410.30）。その結果，監査業務の依頼人が関連する開示を行わない場合であっても，会計事務所等は，会計事務所等及びネットワーク・ファームが依頼人（依頼人が支配する事業体を含む）に請求する監査報酬及び非監査業務に係る報酬を開示する（倫R410.31）。

　一方，監査業務の依頼人が社会的影響度の高い事業体以外である場合，報酬依存度が５年連続30％を超えるか，超える可能性が高い場合は，セーフガードとして，監査意見表明前のレビュー又は監査意見表明後のレビューが必要である（倫R410.15）。

２）贈答及び接待を含む勧誘

　会計事務所等，ネットワーク・ファーム又は監査業務チームの構成員は，その金額等が社会通念上許容される範囲である場合を除き，監査業務の依頼人から贈答及び接待を受け，又は監査業務の依頼人に対してこれを行ってはならない（倫R420.3）。

　勧誘とは，他の個人の行動に影響を与える手段として利用される金品等で，

11　ただし，依頼人の事業の内容及び所在地に鑑み，現実的に代替できる会計事務所等が存在しない場合等，一定の条件を満たす場合，例外が認められている（倫R410.21, 410.21 A1）。なお，２年連続して15％を超える場合は，その事実及び最初に生じた年を開示する（倫R410.31）。

贈答，接待，政治的又は慈善的な寄附，親密性や忠誠心の要求，雇用又はその他の競争上の機会，優先的な取扱い，権利又は特権の申出又は受入れ等，様々な形態をとる。これによって，基本原則，特に誠実性の原則，客観性の原則及び職業的専門家としての行動の原則の遵守に対する自己利益，馴れ合い又は不当なプレッシャーという阻害要因が生じる可能性がある（倫340.11 A3）。

「社会通念上許容される範囲」の解釈については，贈答及び接待の内容，金額，時期，回数及び方法等を総合的に勘案し，事情に精通し，合理的な判断を行うことができる第三者が，独立性は損なわれていないと結論づける可能性が高いかどうかを勘案して判断する。

社会通念上許容される範囲を超える場合，阻害要因の水準に与える影響は余りに大きく，いかなるセーフガードを適用しても，阻害要因を許容可能な水準にまで軽減することはできない。また，社会通念上許容される範囲であっても，独立性が損なわれているとの疑いを持たれることのないように留意する（倫420.3 A3 JP）。

3）金銭的利害関係

本節第1項「業務制限」で記述したように，公認会計士法は，被監査会社の債権者あるいは債務者である者が監査業務を行ってはならないとしている。

倫理規則では，さらに，次のいずれの者も，監査業務の依頼人に対して直接的な金銭的利害又は間接的であるが重要な金銭的利害を有してはならないとしている（倫R510.4）。

・会計事務所等又はネットワーク・ファーム
・監査業務チームの構成員又はその家族[12]
・業務執行責任者が監査業務を実施しているオフィスの他の社員等又はその家族

12　家族（Immediate family）とは，配偶者若しくはそれに準ずる者又はこれら以外の被扶養者。なお，「配偶者に準ずる者」とは，法律上の婚姻関係になくとも，事実上の配偶者と見なされる者で，具体的には，判例上「内縁」関係にあるとされる者など，法律又はこれと同視すべき判例上の取扱いにおいて内縁又は配偶者として取り扱われる者をいう。また，「被扶養者」とは，税法上，本人の扶養親族として取り扱われる者をいう（用語集参照）。

・関与がごく僅かな者を除き，監査業務の依頼人に非監査業務を提供する社員等，管理職的立場にある従業者又はそれらの家族

　例外的に容認されるのは，以下の2つを同時に満たした場合のみである（倫R510.5）。

・雇用関係上の権利（例えば，持株会制度，年金制度又はストック・オプション制度）を通じて受領した金銭的利害であって，必要に応じて会計事務所等が当該金銭的利害から生じる阻害要因に対処していること
・当該家族が，金銭的利害を処分若しくは放棄する権利を得た場合又はストック・オプションを行使する権利を得た場合は，できる限り早い時期に，当該金銭的利害を処分するか，又は放棄すること

　監査業務の依頼人に支配力を有する事業体で，依頼人が当該事業体にとって重要である場合も，当該事業体に対して同様の金銭的利害を有してはならない（倫R510.6）。

4）ローン及びローンの保証

　監査業務の依頼人との間のローン又はローンの保証は，独立性に対する自己利益という阻害要因を生じさせる可能性がある（倫511.2）。

①依頼人に対するローン及びローンの保証の提供

　会計事務所等，ネットワーク・ファーム又は監査業務チームの構成員若しくはその家族は，次のいずれにとっても重要でない場合を除き，監査業務の依頼人にローン又はローンの保証を提供してはならない（倫R511.4）。

・ローン又はローンの保証を提供する会計事務所等，ネットワーク・ファーム又は監査業務チームの構成員及びその家族
・依頼人

②依頼人の行うローン及びローンの保証

　依頼人が銀行その他の金融機関であるかどうかによって**図表10-6**のように分かれる。

図表10-6　監査業務の依頼人によるローン及びローンの保証

依頼人	依頼人の提供する取引の内容	可　　否
金融機関	通常の手続及び条件による貸出	概念的枠組みの適用
	通常の取引条件による預金・証券口座の保有	
	それ以外	不可
金融機関以外	ローン及びローンの保証	本文4)①で記述した者のいずれにとっても重要でない場合を除き不可

出所：倫R511.5～R511.7をもとに筆者作成。

5）ビジネス上の関係

　取引関係又は共通の金銭的利害から生じる密接なビジネス上の関係には，次のようなものがある（倫520.3 A2）。

①合弁事業

　監査業務の依頼人，その支配的株主，役員若しくはこれに準ずる者又は当該依頼人で主要な管理者の立場にある者との合弁事業に対して金銭的利害を有している場合

②共同事業

　会計事務所等又はネットワーク・ファームの１つ又は複数のサービスや製品を，監査業務の依頼人の１つ又は複数のサービスや製品と組み合わせてパッケージを作り，そのパッケージに両当事者の名称を冠して販売する契約又はそのような行為

③共同マーケティング

　会計事務所等又はネットワーク・ファームが，監査業務の依頼人の製品やサービスの販売代理店又はマーケティング業者として機能する契約又はそのような行為（その逆の場合を含む）

　これらの関係は，独立性に対する自己利益又は不当なプレッシャーという阻害要因を生じさせる可能性がある（倫520.4 A1）。

　会計事務所等，ネットワーク・ファーム又は監査業務チームの構成員は，

金銭的利害が重要でなく，かつビジネス上の関係が依頼人又はその経営者及び会計事務所等，ネットワーク・ファーム又は監査業務チームの構成員にとってささいなものである場合を除き，監査業務の依頼人又はその経営者と密接なビジネス上の関係を有してはならない（倫R520.4）。

2 監査及びレビュー業務以外の保証業務における独立性

監査及びレビュー業務以外の保証業務には，次のようなものがある（倫900.1）[13]。

- ・主要な業績指標に関する保証
- ・法令等の遵守に関する保証
- ・パフォーマンス指標，例えば，公的セクターによる金額に見合った価値（バリュー・フォー・マネー）の達成に関する保証
- ・内部統制システムの有効性に関する保証
- ・温室効果ガス報告に関する保証
- ・財務諸表の構成要素，勘定又はその他の項目に関する監査

監査及びレビュー業務以外の保証業務を実施する場合において，会計事務所等は基本原則の遵守及び独立性の保持を遵守しなければならない（倫900.5）。

独立性は，保証業務の依頼人からの独立性を指す（倫R900.11）。保証業務の依頼人とは，主題に責任を負う者[14]である（倫900.11 A1）。また，独立性が求められる期間は，業務期間，主題情報の対象期間のいずれも含む（倫R900.30）。

倫理規則は，監査及びレビュー業務以外の保証業務についても，第1節と同様に，報酬，贈答及び接待，金銭的利害等の項目ごとに概念的枠組みの適用を求めている（倫900.5）。

---

13 なお，これらの場合においても，会計事務所等は，提供する保証業務の主題（主題情報の提示を受ける保証業務の場合には，主題及び主題情報）に関して，経営者の責任を担ってはならない（倫R900.13）。

14 主題情報の提示を受ける保証業務の場合には，主題に責任を負う者及び主題情報に責任を負う者（これは主題に責任を負う者と同一である場合がある）。

Assignment

- ・業務制限（被監査会社の役員，株主等である場合は監査業務に従事できないとする規定）はなぜ必要なのか考えてみよう。
- ・公認会計士法上，同時提供が禁止される第2条第2項業務にはどのようなものがあるか，またその理由は何か，考えてみよう。
- ・ローテーションについて，倫理規則が公認会計士法よりも厳しい要求を規定している意義を考えてみよう。

参考になる書籍

日本公認会計士協会（2022）「倫理規則の改正概要」。

参考文献

日本公認会計士協会「会則」（最終改正2023年1月31日）。
日本公認会計士協会「倫理規則」（最終改正2022年7月25日）。
日本公認会計士協会（2016）「公認会計士等の法的責任について」『法規委員会研究報告』第1号。
日本公認会計士協会（2022）「倫理規則に関するQ&A（実務ガイダンス）」。
日本公認会計士協会（2022）「倫理規則の改正概要」。
山田雅弘（2022）「倫理規則改正の検討状況について」『日本公認会計士協会春季全国研修会資料』。

第11章

公認会計士の職業倫理（3）

1 守秘義務

（1） 公認会計士法

公認会計士法は，「正当な理由がなく，その業務上取り扱ったことについて知り得た秘密を他に漏らし，又は盗用してはならない。公認会計士でなくなった後であっても，同様とする。」（公第27条）として，公認会計士の守秘義務を定めるとともに，公認会計士等の従業者等についても守秘義務を定めている（公第49条の2）。公認会計士又は従業者等がこの守秘義務に違反した場合，民法上，債務不履行に基づく損害賠償責任，不法行為に基づく損害賠償責任，使用者責任を問われる（本章第3節第1項参照）。

また，公認会計士又は従業者等がこの守秘義務に違反した場合，2年以下の懲役又は100万円以下の罰金に処せられる[1]。加えて，本章第3節第2項で記載するように，公認会計士法違反として行政上の懲戒処分が行われることがある。

守秘義務の解除が法令等によって要求される場合については本節第3項で述べる。

（2） 倫理規則

第9章第2節「倫理規則の基本原則」で記載したように，基本原則の1つ

---

1 公第52条第1項。ただし，この公認会計士法上の守秘義務違反の罪については，親告罪とされ，告訴がなければ公訴を提起することができない（公第52条第2項）。

として守秘義務が定められており，公認会計士は業務上知り得た秘密を守らなければならない。守秘義務の原則は，業務上知り得た秘密が第三者に開示されないとの認識の下，依頼人又は所属する組織から公認会計士に対する情報提供を促進するものである。したがって，この原則が遵守されない場合は，公認会計士に対して必要な情報提供が行われず，業務が適切に遂行されない恐れが生じる。この秘密は，依頼人から知り得たものだけではなく，潜在的な依頼人や所属する組織から得られたものも含む。

守秘義務は，業務上知り得た秘密を自己又は第三者の利益のために利用すること，所属する組織の外部に開示することだけでなく，所属する組織の内部においても遵守しなければならない。また，自らだけでなく，監督下にある職員等や公認会計士の求めに応じて助言・支援を行う者に対しても遵守させるために必要な措置を講じることが求められる。さらに，業務上の関係が終了した後も，当該秘密を利用し又は開示してはならない（倫R114.1）。

（3） 守秘義務の解除

本節第2項の規定にかかわらず，公認会計士の守秘義務が解除される正当な理由があると判断される場合がある。それは，（1）法令等によって要求されている場合，（2）法令等によって許容されている場合で，依頼人又は所属する組織から了解が得られている場合，（3）法令等によって禁止されておらず，かつ職業上の義務又は権利がある場合の3つである（倫114.1A1）。

（1）の法令等によって要求されている場合とは，①訴訟手続の過程で文書を作成し，又は証拠を提出するとき，②法令等に基づく，質問，調査又は検査に応じるとき[2]，③法令等に基づき，法令違反等事実の申出を行うときである[3]。

2　例として，公第49条の3第2項に基づく監査事務所に対する金融庁検査が挙げられる。

3　金商第193条の3（法令違反等事実発見への対応）は，公認会計士又は監査法人が，監査の過程で特定発行者における法令違反等事実を発見したときは，適切な措置がとられない等の一定の条件が満たされた場合，内閣総理大臣への通知義務を規定している。会社法（会第397条）でも，会計監査人は，その職務を行うに際して取締役の職務の執行に関し不正の行為又は法令若しくは定款に違反する重大な事実があることを発見したときは，遅滞なくこれを監査役等に報告することが求めら

（3）の開示が法令等によって禁止されておらず，かつ，職業上の義務又は権利がある場合とは，①日本公認会計士協会の品質管理レビューに応じるとき，②会則等の規定により日本公認会計士協会からの質問又は調査に応じるとき，③訴訟手続において公認会計士の職業上の利益を擁護するとき，④倫理規則を含む，技術的及び職業的専門家としての基準に基づくとき，とされている。④には，不正な財務報告を是正するために，公認会計士がとり得る最も適切な対応策として，適切な規制当局へ報告する場合が含まれる。

また，監査人予定者の依頼に基づき，違法行為又はその疑いに関するすべての関連する事実及びその他の情報を監査人予定者に提供しなければならないとされている（倫R360.22）が，これも④に含まれる[4]。

なお，監査人予定者が，不正な財務報告に関する法令違反等事実を認識した場合，適切な規制当局への報告がその状況においてとり得る適切な対応であると判断する場合も同様である（倫360.26 A1 JP）。

（4）インサイダー取引規制との関係

1）インサイダー取引規制

金融商品取引法では，会社関係者であって，上場会社等に係る業務等に関する<u>重要事実</u>をその職務等に関して知ったものは，当該業務等に関する重要事実の<u>公表</u>がされた後でなければ，当該上場会社等の特定有価証券等に係る売買等をしてはならない[5]とされ，会社関係者から当該会社関係者が知った重要事実の伝達を受けた者等も同様の取引を行うことが規制されている（金商第166条第3項）。

また，公開買付者等関係者についても，公表前に取引を行うことは規制されている（金商第167条）。これらがいわゆる「インサイダー取引規制」といわれるものである。

ている（倫360.6 A2 JP）。

4　依頼人が，前任監査人と監査人予定者との依頼人に関する事項の協議に同意しない状況であっても，法令によって禁止されていない限り，前任監査人は監査人予定者にすべての関連する事実及びその他の情報を提供しなければならない。

5　金商第166条第1項，下線は筆者が付した。

2）インサイダー取引の要件

　インサイダー取引規制における「重要事実」とは，会社の株価に重大な影響を与えると想定される会社情報（子会社を含む）を指し，決定事実（株式の募集，自己株式の取得，株式分割等），発生事実（業務遂行の過程で生じた損害等），決算情報（業績予想の大幅な修正等）に加え，その他としてバスケット条項[6]が規定されている[7]。

　「公表」とは，

- ・重要事実を2つ以上の報道機関（いわゆる一般紙や日本放送協会など，法令に定められているもの）に公開してから12時間経過すること
- ・重要事実が，上場している金融商品取引所のホームページに掲載されること
- ・重要事実が記載された有価証券報告書等が公衆縦覧に供されること

のいずれかがなされた場合をいい，会社のホームページでの情報公開では，重要事実の公表に該当しない。

3）公認会計士とインサイダー取引規制

　公認会計士は，職務上，他の者に比べ業務提供先の未公開の情報に接する機会が多い。公認会計士がインサイダー取引に関与すると，当人が責任を問われるのは勿論のこと，勤務先の会計事務所や公認会計士全体の信頼性にも大きな影響を与えることになる。したがって，公認会計士のインサイダー取引への関与は一切あってはならず，従業者を含めて防止に取り組む必要がある。

①独立性との関係

　インサイダー取引規制と独立性の要請は，法令等の上では，別々に規定されており，異なる性質を有している。

　第1に，独立性の規制は株式等の保有規制であるのに対して，インサイダー取引規制は特定有価証券等の取引規制である点である。

6　上場会社の運営，業務又は財産に関する重要な事実であって投資者の投資判断に著しい影響を及ぼすものとされている。

7　子会社に係るこれらの重要事実も含まれる。

　次に，独立性の規制は，監査等の保証業務提供先に対して規制がかけられるのに対して，インサイダー取引規制は上場会社等の未公表の重要事実の入手に基づいた規制であるため，監査等の保証業務提供先のみならず，非保証業務の提供先についても規制がかけられる点で異なる。

　第３に，独立性の規制は一定の役割を果たしている者を規制の対象とするものであるが，インサイダー取引規制は業務の役割に関わらず，上場会社等の未公表の重要事実を入手した従業者を規制の対象とするものである。

②罰則等

　一般的にインサイダー取引規制に違反した場合には，刑事罰の対象となる。具体的には５年以下の懲役，500万円以下の罰金，又はその併科となる（金商第197条の２）。また，インサイダー取引で得た財産はすべて没収・追徴される（金商第198条の２第１項）。

　さらに刑事罰の対象とならない場合でも，行政上の措置として，課徴金納付命令が出される可能性もある。

　公認会計士がインサイダー取引に関与し，信用失墜行為の禁止（公第26条）や，守秘義務（公第27条）に違反していると判断された場合には，公認会計士法上の懲戒処分を受ける可能性もある。さらに禁錮以上の刑に処せられた場合には公認会計士法上の欠格条項に該当することになる（公第４条）。上記の罰則等に加え日本公認会計士協会の懲戒処分の対象となる。

▶2　違法行為への対応

　公認会計士は，依頼人に対して専門業務を提供する過程で，違法行為又はその疑いに遭遇する，又は気付くことがある。

　違法行為には，依頼人の財務諸表の重要な金額及び開示の決定に直接影響を及ぼすもののほか，依頼人の財務諸表の金額及び開示の決定に直接影響を及ぼさないが，事業運営若しくは事業継続のために，又は重大な罰則を科されないために遵守することが必要なその他の法令違反がある（倫360.3）。

　後者の例としては，不正，汚職及び贈収賄，マネー・ローンダリング，テロ

リストへの資金供与及び犯罪収益，証券市場及び証券取引，銀行業務並びに
その他の金融商品及びサービス，情報保護，税金及び年金に係る債務及び支払，
環境保護，公衆衛生及び安全を取り扱う法令が挙げられる（倫360.5 A2）。

　会計専門職の特徴の1つは，公共の利益のために行動するという責任を引
き受けることにあるため，違法行為又はその疑いに対処する場合，次の点に
留意して行動する責任を有する（倫360.4）。

- ・誠実性の原則及び職業的専門家としての行動の原則を遵守すること
- ・依頼人の経営者又は適切な場合には監査役等に報告し，経営者又は監査
　役等が，違法行為又はその疑いを阻止若しくは是正し，又はそれらの影
　響を軽減できるようにするか，違法行為を未然に防ぐこと
- ・公共の利益のために追加的な対応を行うこと

　違法行為への対応に係る規定は，社会的影響度の高い事業体であるかどう
かを含め，依頼人の属性に関わりなく適用される（倫360.7 A1）。

　会計事務所等所属の公認会計士の従事する専門業務のうち，財務諸表監査
業務と非監査業務とでは，その業務の性質及び契約内容により情報収集等の
権限と責任が異なることから，それぞれに応じた対応が必要となる。例えば，
財務諸表監査業務を行う公認会計士は，違法行為又はその疑いに関する情報
に気付いた場合，当該事項を理解しなければならないが，非監査業務を行う
公認会計士に対する規定は，当該事項を理解することに努めるとの努力義務
となっている。具体的には以下のとおりである[8]。

（1）財務諸表監査

　財務諸表監査業務に従事する公認会計士のとるべき対応は**図表11-1**のよう
になる。

　違法行為又はその疑いに関する情報に気付いた場合，必要に応じて，適切な

8　このほか，倫理規則パート2セクション260では，組織所属の公認会計士の違法行為への対応が規
　定されている。それによれば，上級の職（取締役，監査役等）にある者は，当該事項を理解しなけ
　ればならず，組織の対応の適切性の評価結果次第では，追加的対応が求められる。一方，上級の職
　以外の者には，当該事項を理解することに努め，所属する組織の方針及び手続に従って対処又は上
　司に報告することが求められる。

者に助言を求めるなどして（倫360.10.A3），当該事項を理解しなければならない。

　その上で，適切な階層の経営者及び適切な場合には監査役等と当該事項について協議しなければならない。経営者が違法行為又はその疑いに関与していると考える場合は，監査役等と協議しなければならない。

　経営者又は監査役等が対応策を講じていない場合には，適切かつ適時に，対応策が講じられるように，経営者又は監査役等に要請しなければならない。また，経営者及び監査役等が違法行為又はその疑いに関連する法令上の責任を理解しているかどうかを検討しなければならない。

　次に，公認会計士は，経営者及び監査役等の対応の適切性を評価しなければならない。そして経営者及び監査役等の対応を踏まえ，公共の利益のために追加的な対応を行うことが必要かどうかを判断しなければならない。追加的な対応としては，法令で要求されていない場合であっても，適切な規制当局に当該事項を報告すること，法令で許容されている場合，業務を辞退又は契約を解除することが考えられる（倫360.21 A1）[9]。業務の辞退又は契約の解除を行った場合，当該公認会計士に代わって監査人となることを指定された監査人予定者による依頼に基づき，違法行為又はその疑いに関するすべての関連する事実及びその他の情報を監査人予定者に提供しなければならない（本章第1節第3項参照）。

　例外的な状況ではあるが，投資家，債権者，従業員又は社会一般に対して重大な損害をもたらす急迫な法令違反に気付いた場合は，是正を促すための経営者又は監査役等との協議といったステップを踏むかどうか職業的専門家としての判断を行使し，場合によっては当該事項を直ちに適切な規制当局に報告することも選択肢として認めている[10]。

　公認会計士は，違法行為又はその疑いに関して，次の事項を文書化しなければならない。

（1）経営者及び監査役等が，問題となる事項にどのように対応したか

（2）事情に精通し，合理的な判断を行うことができる第三者テストを踏

9　規制当局への報告は，守秘義務が解除される正当な理由に該当することを確認する必要がある。規制当局に報告することが法令違反となる場合は報告を行うことはできない（倫360.25 A1）。

10　倫R360.27，この場合，守秘義務解除の正当な理由と認められる。

まえた上で，公認会計士が検討した対応，行使した判断及び下した決定
（3）公認会計士が，公共の利益のために必要かつ適切な追加措置を講じ
たか

図表11-1　違法行為への対応（財務諸表監査業務に従事する場合）

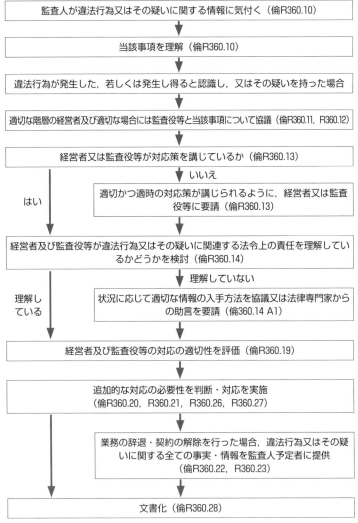

監査人が違法行為又はその疑いに関する情報に気付く（倫R360.10）

当該事項を理解（倫R360.10）

違法行為が発生した，若しくは発生し得ると認識し，又はその疑いを持った場合

適切な階層の経営者及び適切な場合には監査役等と当該事項について協議（倫R360.11，R360.12）

経営者又は監査役等が対応策を講じているか（倫R360.13）

いいえ

適切かつ適時の対応策が講じられるように，経営者又は監査役等に要請（倫R360.13）

はい

経営者及び監査役等が違法行為又はその疑いに関連する法令上の責任を理解しているかどうかを検討（倫R360.14）

理解していない

状況に応じて適切な情報の入手方法を協議又は法律専門家からの助言を要請（倫360.14 A1）

理解している

経営者及び監査役等の対応の適切性を評価（倫R360.19）

追加的な対応の必要性を判断・対応を実施
（倫R360.20，R360.21，R360.26，R360.27）

業務の辞退・契約の解除を行った場合，違法行為又はその疑いに関する全ての事実・情報を監査人予定者に提供
（倫R360.22，R360.23）

文書化（倫R360.28）

出所：「倫理規則に関するQ&A」Q360-1-1（一部省略）。

（２）　財務諸表監査以外の専門業務

　非監査業務に従事する会計事務所等所属の公認会計士のとるべき対応は**図表11-2**のようになる。違法行為又はその疑いに関する情報に気付いた場合，当該事項を理解することに努めなければならない。

　その上で，適切な階層の経営者と当該事項について協議しなければならない。また，適切な場合，監査役等と当該事項について協議しなければならない。

　この場合，公認会計士は，同じ監査事務所の監査業務の依頼人あるいはその構成単位に対して非監査業務を提供している場合，法令によって禁止されていない限り，監査事務所内で，違法行為又はその疑いについてコミュニケーションを行わなければならない。

　公認会計士の所属する事業体（監査事務所を支配，あるいは監査事務所が支

図表11-2　違法行為への対応（非監査業務に従事する場合）

```
┌─────────────────────────────────────┐
│        非監査業務に従事する公認会計士が          │
│  違法行為又はその疑いに関する情報に気付く（倫R360.29）  │
└─────────────────────────────────────┘
                    ↓
┌─────────────────────────────────────┐
│   当該事項を理解することに努める（倫R360.29）      │
└─────────────────────────────────────┘
                    ↓
┌─────────────────────────────────────┐
│   違法行為が発生した，若しくは発生しうると認識し，    │
│          又はその疑いを持った場合            │
└─────────────────────────────────────┘
                    ↓
┌──────────────┬──────────────────────┐
│ 適切な階層の経営者・ │ 監査業務の依頼人又はその構成単位に非監査業 │
│ 監査役等と当該事項  │ 務を提供する場合，提供元が，        │
│ について協議     │ 1　同じ監査事務所：コミュニケーションを行 │
│ （倫R360.30）   │ 　　う                  │
│           │ 2　監査事務所を（が）支配している事業体・ │
│           │ 　　ネットワークファーム：コミュニケーショ │
│           │ 　　ンすべきかどうか検討          │
│           │ 　　（上記以外の場合は法令で要求されている │
│           │ 　　場合を除き通常コミュニケーションはでき │
│           │ 　　ない）                 │
└──────────────┴──────────────────────┘
                    ↓
┌─────────────────────────────────────┐
│ 追加的な対応の必要性を検討・対応を実施（倫R360.36）   │
└─────────────────────────────────────┘
                    ↓
┌─────────────────────────────────────┐
│        文書化（推奨）（倫360.40 A1）         │
└─────────────────────────────────────┘
```

出所：「倫理規則に関するQ&A」Q360-1-1（一部省略）。

配している事業体又は監査事務所のネットワーク・ファーム）が，当該監査事務所の監査業務の依頼人あるいはその構成単位に対して非監査業務を提供している場合，当該監査事務所と違法行為又はその疑いについてコミュニケーションを行うべきかどうかを検討しなければならない。

ただし，上記2つ以外の場合は，法令で要求されている場合を除き，通常コミュニケーションを行うことはできない。

以上の結果，公認会計士は，公共の利益のために追加的な対応を行うことが必要かどうかを検討しなければならない。追加的な対応としては，法令で許容されている場合に業務を辞退又は契約を解除することが挙げられる。

その上で，違法行為又はその疑いに関して，問題となる事項の内容，経営者等との協議の結果，公認会計士が検討した対応等を文書化することが推奨される。

（3） 犯罪収益移転防止法と倫理規則との関係

近年，国際的なマネー・ローンダリング及びテロ資金対策（以下，マネー・ローンダリング等）の必要性が一層高まっている。

犯罪による収益の移転防止に関する法律（以下，犯収法）では，特定事業者として公認会計士又は監査法人に対し，特定取引等を行う際の取引時確認等が義務づけられている。

対象となる取引等は，公認会計士又は監査法人が行う公認会計士法第2条第2項業務のうち，以下の行為の代理又は代行（特定受任行為の代理等）に係るものである。

・宅地又は建物の売買に関する行為又は手続
・会社等の設立又は合併等に関する行為又は手続
・現金，預金，有価証券その他の財産の管理・処分

これらの取引等を行う場合，取引時確認等（犯収法第4条第1項，本人特定事項（名称，本店等の所在地）等の確認），確認記録の作成・保存（犯収法第6条，7年間），取引記録等の作成・保存（犯収法第7条，7年間）が義務づけられている。

倫理規則では，会計事務所等所属の公認会計士は，原則として，依頼人の

金銭その他の資産を保管してはならないとされており，保管することが法令等によって許容される場合であっても，保管が行われる条件に従う必要があるとされている（倫R350.3）。また，資産の出所を確認するために質問し，本人特定事項の確認等，法令等に基づく義務の検討を行わなければならない（倫R350.4）。それによって，当該資産がマネー・ローンダリング等の違法行為に関係する疑いを持った場合，本節第1～2項で述べた違法行為への対応に係る規定を適用しなければならない。

3 責任と処分

（1） 法的責任と罰則

公認会計士の法的責任には，民事上の責任と刑事上の責任がある。

まず，民事上の責任とは，債務不履行責任や不法行為責任に基づき損害賠償という形で責任を負うものである。

一般法としての民法による責任としては，債務不履行責任（民第412条，第415条，第416条），不法行為責任（民第709条，第710条），使用者責任（民第715条）がある。

会社法では，民法の規定に対する特則として，会計監査人の地位に基づき，被監査会社に対する任務懈怠責任と第三者に対する虚偽記載等の責任の定めがある。また，金融商品取引法では，不法行為責任の特則として，虚偽証明等に関する責任が定められており，発行開示書類等の類型により公認会計士等の責任が規定されている[11]。

公認会計士法では，監査法人は，監査法人を代表する社員その他の代表者がその職務を行うについて第三者に加えた損害を賠償する責任が規定されている（公第34条の22第1項，会第600条）。

次に，刑事上の責任を負うとは，刑罰を科されるということである。刑罰とは，犯罪に対する法律上の効果として行為者に科される法益の剥奪（制裁）

---

11 虚偽記載に係る法的責任は，第6章参照。

を内容とした処分をいう。刑罰としては，科料・罰金・禁錮・懲役などがある。

　公認会計士の業務に関連して刑事上の責任を問われる違法行為を規定する関係法令には，会社法の規定による贈収賄罪，金融商品取引法の規定による虚偽記載のある有価証券届出書等の提出罪の共犯としての責任，公認会計士法の規定による責任がある。

　会社法では，贈収賄罪を規定しており，会計監査人又は一時会計監査人の職務を行うべき者が，その職務に関し，不正の請託を受けて，財産上の利益を収受し，又はその要求若しくは約束をしたときは，5年以下の懲役又は500万円以下の罰金に処せられるとしている（会第967条第1項第3号）。また，財産上の利益を供与し，又はその申込み若しくは約束をした者は，3年以下の懲役又は300万円以下の罰金に処せられるとしている（会第967条第2項）。

　公認会計士法上の守秘義務違反については，本章第1節第1項で記述したとおりである。

（2）行政上の責任と懲戒処分

　公認会計士法上，公認会計士及び特定社員の行政上の責任に係る定めがあり，これに違反した者は，内閣総理大臣（金融庁長官）による行政上の処分を受ける。

　懲戒処分の主な内容は以下のとおりである。

①戒告（公第29条，第34条の10の17第1項，第34条の21第2項，第34条の29第2項）

②2年以内の業務の停止（監査法人の場合，業務の全部又は一部の停止）（公第29条，第34条の21第2項，第34条の29第2項）

③登録の抹消（公第29条，第34条の10の17第1項，第34条の29第2項）

④監査法人の解散命令（公第34条の21第2項）

⑤監査法人に対する業務改善命令（公第34条の21第2項，第34条の29第2項）

⑥課徴金（公第31条の2，第34条の21の2）

⑦監査法人の社員に対する業務又は意思決定への全部又は一部の関与禁止（公第34条の21第3項）

⑧特定社員に対する業務従事停止（公第34条の10の17第1項）

　課徴金納付命令とその他の主な行政処分は重複して行われる場合があり，これらの関係は**図表11-3**のとおりである。

図表11-3　課徴金納付命令とその他の主な行政処分との関係

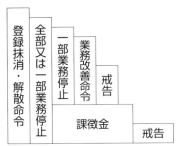

出所：池田唯一・三井秀範監修，大来志郎・野崎彰・町田行人著（2009）『新しい公認会計士・監査法人監査制度：公正な金融・資本市場の確保に向けて』第一法規。

　「公認会計士・監査法人に対する懲戒処分等の考え方（処分基準）について」は，以下のような具体的な基本となる処分の量定を定めている。

　虚偽証明・不当証明に対する懲戒処分等は，故意や相当の注意を怠ったことによる虚偽証明を懲戒事由とするものであり，公認会計士等に対しその懲戒事由に応じて登録抹消，業務停止等の処分が行われる[12]。

　それ以外の公認会計士法違反等を懲戒事由とするものには，以下のものがある。

　公認会計士の信用失墜行為違反及び運営が著しく不当な場合は，業務停止処分がなされる[13]。それ以外の場合，業務停止処分違反については登録抹消，業務改善指示違反については業務停止（２年），利害関係規定違反及び守秘義務については業務停止（１か月），使用人監督義務違反，社員競業禁止規定違反等については戒告等，内容に応じて懲戒処分が規定されている。

　監査法人の場合も，信用失墜行為違反，運営が著しく不当な場合，利害関係規定違反（いずれの場合も業務改善命令），社員のローテーション違反（業

12　虚偽証明・不当証明に対する懲戒処分は，第６章参照。

13　それぞれ業務停止（１か月〜１年），業務停止（１か月〜２年）。

務改善命令）等の懲戒処分の規定がある。公認会計士等と同じく，業務停止処分違反については解散命令，業務改善命令違反及び業務改善指示違反等については業務停止2年が定められている[14]。

（3） 日本公認会計士協会の懲戒処分

日本公認会計士協会による公認会計士の懲戒については，日本公認会計士協会の会則で以下のように規定されている（会則第67条第1項）。

会長は，公認会計士の綱紀を保持粛正するため，以下の場合に公認会計士に対し，懲戒処分をすることができる。

・公認会計士が法令によって処分を受けたとき。

・公認会計士が監査業務その他の業務につき公認会計士の信用を傷つけるような行為をしたとき。

・公認会計士が財務書類の監査業務を行うに際して，故意・過失による虚偽，錯誤又は脱漏のある財務書類を虚偽，錯誤及び脱漏のないものとして意見等を表明，あるいは合理的な基礎を得ていないにもかかわらず意見等の表明を行ったとき。

・公認会計士が本会の勧告・指示に基づき報告をしないとき，質問に回答しないとき，又は勧告若しくは指示に従わないとき。

・公認会計士が会費の納付に係る指示に従わず，なお滞納している会費（地域会会費を含む）を納付しないとき。

・公認会計士が継続的専門研修の義務不履行に関し指示を受け，翌事業年度の研修についても同項に規定する義務不履行者となったとき。

・公認会計士が継続的専門研修に関する不適切な履修申告を行い，不正な履修申告と認定されたとき。

・公認会計士が登録変更に係る指示を受けて当該指示に従わず，なお当該申請をしないとき。

・公認会計士が公認会計士登録名簿の記載事項の変更届出又は監査法人の

14　なお，そのほか公認会計士の就職制限や業務執行社員の就職制限違反には過料の規定がある（公第54条，第55条～第55条の4）。過料は法律上の秩序維持や，行政上の義務の履行を強制するなどのために科せられるものであり，刑罰ではない。

定期案変更等に関して届出をせず，かつ，催告を受けて，なおこれらの届出を行わないとき。

・前各号に掲げるもののほか，公認会計士が会則又は規則に違反したとき。

懲戒処分には，以下の5種があり，第1号から第4号までを主たる懲戒処分とし，第5号を付加する懲戒処分としている（会則第67条第2項）。

第1号　戒告

第2号　会則によって公認会計士に与えられた権利の停止

第3号　除名

第4号　本会からの退会の勧告

第5号　金融庁長官の行う登録の抹消又は監査法人に対する解散命令その他の懲戒処分の請求

なお，上記第2号により停止される公認会計士の権利は，

・総会に出席して表決する権利

・役員の選挙権及び被選挙権

・会長に意見具申し，又は建言する権利

・本会の会議に出席する権利

の4つとされている（会則第67条第3項）。

Assignment

・守秘義務が解除される正当な理由として認められる「技術的及び職業的専門家としての基準に基づくとき」とはどのような場合か考えてみよう。

・財務諸表監査に従事している際に違法行為に気付き，経営者や監査役等の対応が十分ではなかった場合に必要となる追加的な対応とは何か，またどのような場合に必要になるのか，考えてみよう。

・犯罪収益移転防止法と違法行為への対応の関係を考えてみよう。

参考になる書籍

日本公認会計士協会（2016）「公認会計士等の法的責任について」『法規委員会研究報告』第1号。

日本公認会計士協会（2022）「倫理規則の改正概要」。

参考文献

金融庁（2008）「公認会計士・監査法人に対する懲戒処分等の考え方（処分基準）について」。

日本公認会計士協会「会則」（最終改正2023年1月31日）。

日本公認会計士協会「倫理規則」（最終改正2022年7月25日）。

日本公認会計士協会（2016）「公認会計士等の法的責任について」『法規委員会研究報告』第1号。

日本公認会計士協会（2008）「インサイダー取引に関するQ&A」。

日本公認会計士協会（2018）「マネー・ロンダリング等対策の取組について」。

日本公認会計士協会（2022）「倫理規則に関するQ&A（実務ガイダンス）」。

日本公認会計士協会（2022）「倫理規則の改正概要」。

第12章

公認会計士の職業倫理（４）品質管理

1 監査の品質管理

　監査の品質管理とは，監査人が自らの組織として，「全ての監査が一般に公正妥当と認められる監査の基準に準拠して適切に実施されるために必要な質の管理」と定義される（監査基準 第二・一般基準６）。監査における品質管理は，公認会計士又は監査法人（以下，監査事務所）及び監査チームレベルにおいて行われるが，日本においては，さらにそうした対応の状況をレビューし，モニタリングする枠組みとして，日本公認会計士協会の品質管理レビューや公認会計士・監査審査会による検査等の品質管理制度が設けられている。近年では，品質管理にあたっての基準が設定され，監査の品質管理は，その基準に基づいて整備・運用されてきている。日本における品質管理の基準の中心にあるは，金融庁企業会計審議会が公表する「監査に関する品質管理基準」（以下，品質管理基準）である。品質管理基準は，監査基準と一体となって，監査基準が適用されるすべての監査において適用される。

　監査の品質管理の国際的な動向として，国際監査・保証基準審議会（International Auditing and Assurance Standards Board: IAASB）は，監査事務所の品質管理の強化等を目的として2020年12月に国際品質マネジメント基準（International Standard on Quality Management: ISQM）１，２及び国際監査基準（International Standard on Auditing）220（Revised）（以下，改訂ISA）を公表した。日本においても，2021年11月品質管理基準が改訂された[1]。これ

1　2023年７月１日以後に開始する事業年度又は会計期間（公認会計士法上の大規模監査法人以外の監査事務所においては，2024年７月１日以後に開始する事業年度又は会計期間）に係る財務諸表の監

に伴い，日本公認会計士協会は，改訂された品質管理基準の実務の指針として，ISQM1及び2並びに改訂ISA220をベースとした改正品質管理基準報告書第1号「監査事務所における品質管理」（以下，品基報第1号），品質管理基準報告書第2号「監査業務に係る審査」（以下，品基報第2号）及び改正監査基準報告書220「監査業務における品質管理」（以下，監基報220）を2022年6月に公表した[2]。

　本章は，国際的動向を踏まえて改訂された品質管理基準及び実務指針を手掛かりとして，日本の監査の品質管理制度の内容を具体的に見ていく。その際に，2つの段階に分けて検討する。第1は，監査事務所内における監査の品質管理である。これは，品質管理のシステムを整備し運用するとともに，遵守の状況を監視する監査事務所における品質管理と，品質管理の方針及び手続を遵守して監査業務を行う監査チームにおける品質管理である。第2は，日本公認会計士協会による品質管理状況のレビューと公認会計士・監査審査会による品質管理レビューのモニタリングである。

2 監査事務所の品質管理

　監査業務の品質を確保することは，監査の全般において留意されるべき事項であり，監査基準は，第二・一般基準6として以下のように規定している。

> 　監査人は，自らの組織として，全ての監査が一般に公正妥当と認められる監査の基準に準拠して適切に実施されるために必要な質の管理（以下「品質管理」という。）の方針と手続を定め，これらに従って監査が実施されていることを確かめなければならない。

　この基準は監査事務所における品質管理を規定している。監査事務所に対し，監査業務の品質を担保するための管理の方針と手続を定め，その実施の確認を求めている。

査からの実施が求められている。

2　品質管理基準の改訂の背景には，国際基準の動向とわが国の監査の非違事例という2つの点が挙げられる。詳細は，町田（2022, 42-43）を参照されたい。

　次に，監査基準は，第二・一般基準7において，監査業務における品質管理を規定している。

> 　監査人は，監査を行うに当たって，品質管理の方針と手続に従い，指揮命令の系統及び職務の分担を明らかにし，また，当該監査に従事する補助者に対しては適切な指示，指導及び監督を行わなければならない。

　ここでは，監査責任者に対し，監査事務所が整備し運用する品質管理の方針と手続に従い，個々の監査業務において適用し，さらに補助者への指示，指導及び監督までを求めている。

　以上のように，監査の品質管理には，監査事務所が遵守すべき品質管理と監査チームが遵守すべき品質管理があり，両者がお互いに作用しあって，監査の品質の確保が期待されるのである。

3　品質管理のシステム

　品質管理基準は，第二「品質管理システムの整備及び運用」の1において監査事務所に品質管理システムを整備，運用することを求めている。この品質管理のシステムとは，以下の①と②について合理的な保証を提供するために監査事務所が整備及び運用するシステムである。

①監査事務所及び専門要員[3]が，職業的専門家としての基準及び適用される法令等に従って自らの責任を果たすとともに，当該基準及び法令等に従って監査業務を実施すること。

②監査事務所又は監査責任者が状況に応じた適切な監査報告書を発行すること（品基報第1号第14項）。

　具体的には，品質管理基準の第三によれば，品質管理のシステムは，次の9つの構成要素から成る。

（1）監査事務所のリスク評価プロセス

3　専門要員は，監査事務所に所属する社員等及び専門職員全体をいう。ここで，専門職員とは，専門業務に従事する社員等以外の者をいい，監査事務所が雇用する専門家（会計又は監査以外の分野において専門知識を有する個人）を含む（品基報第1号第16項(14)，(23)）。

（2）ガバナンス及びリーダーシップ

（3）職業倫理及び独立性

（4）監査契約の新規の締結及び更新

（5）業務の実施

（6）監査事務所の業務運営に関する資源

（7）情報と伝達

（8）品質管理システムのモニタリング及び改善プロセス

（9）監査事務所間の引継

　以下では，これらのシステムの構成要素について概説する。なお，必要に応じて，監査事務所と監査業務とに分けて検討する。

（1）監査事務所のリスク評価プロセス

　品質管理基準は，監査事務所の主体的な品質管理を可能とするため，監査事務所に対し，品質管理システムの項目ごとに，品質目標を設定するよう求めている。その上で，当該品質目標の達成を阻害し得る品質リスクを識別して評価を行い，評価した品質リスクに対処するための方針又は手続を定め，実施する（品質管理基準 第四1，中野他 2021，11）。以上は，①品質目標の設定，②品質目標の達成を阻害し得るリスクの識別と評価及び③品質リスクに対処するための対応のデザインと適用と3つの段階で示すことができる（志村他 2022，10）。そして，①から③を監査事務所のリスク評価プロセスにおけるリスク・アプローチという（品基報第1号第7項，8項）。①に注目してみると，上記の品質管理システムの9つの構成要素のうち「ガバナンス及びリーダーシップ」，「職業倫理及び独立性」，「監査契約の新規の締結及び更新」，「業務の実施」，「監査事務所の業務運営に関する資源」，「情報と伝達」，「監査事務所間の引継」の7つの構成要素について品質目標を設定することになる（志村他 2022，10）。なお，監査事務所は，監査事務所が実施する業務の内容や監査事務所の状況を考慮して，追加の品質目標を設定することができる（品質管理基準 第四2）。

（2）　ガバナンス及びリーダーシップ

品質管理基準 第二2によれば，「監査事務所の最高責任者は，品質管理システムに関する説明責任を含む最終的な責任を負わなければならない」。特に，品質管理システムの基礎となる環境を確立するためには，最高責任者が組織的に監査の質を確保するという意識を持ち，品質管理体制の構築に向けてリーダーシップを発揮することが重要となる（中野他 2021, 13-14）。そのため，監査事務所は，健全な組織風土を醸成し，最高責任者等の品質に関する説明責任を含む責任を明確化し[4]，監査事務所において最高責任者等が果たすべき主導的な役割等に関する品質目標を設定する（品質管理基準 第五）。

（3）　職業倫理及び独立性

〈監査事務所〉

監査事務所は，職業倫理の遵守や独立性の保持を，品質目標として設定する。これは，監査事務所及びその専門要員等，それぞれの者[5]に関して設定する必要がある。特に，独立性の保持に関する品質目標の設定においては，監査事務所及び当該監査事務所が所属するネットワークに属する他の事務所により提供される非監査業務が独立性に与える影響を考慮する必要がある。また，職業倫理に抵触する事項や独立性を侵害する事項を発見して対処するための方針又は手続を定めなければならない（品質管理基準 第六 一，二）。

〈監査業務〉

監査実施の責任者は，職業倫理を遵守し，独立性を保持するとともに，補助者が職業倫理を遵守していることを確かめなければならない。具体的には，監査責任者は，監査業務のすべての局面において，質問等を行うことにより，監査チームのメンバーが監査事務所の定める職業倫理の遵守に関する方針及び手続を遵守していない形跡がないかについて留意する。監査責任者は，監

4　さらに，品質管理基準 第二3によれば，「監査事務所は，品質管理システムに関する最高責任者，品質管理システムの整備及び運用に関する責任者並びにモニタリング及び改善プロセスの運用に関する責任者も明確にしなければならない」。

5　ここには，ネットワーク，ネットワーク・ファーム，ネットワーク若しくはネットワーク・ファームに所属する者，又はサービス・プロバイダー等が含まれる（品基報第1号第29項）。

査チームのメンバーが職業倫理に関する規定を遵守していないことに気付いたときには，適切な者へ専門的な見解の問合せを行うなどの適切な対応をとらなければならない。特に，独立性について，監査責任者は，監査事務所の定める独立性の保持のための方針及び手続を遵守するとともに，監査チームのメンバーがこれを遵守していることを確かめる必要がある。独立性を阻害する要因を識別した場合には，これを許容可能な水準にまで軽減又は除去するための措置を講じなければならない（品質管理基準 第六 一3，二4，監基報220第16〜19項）。

（4） 監査契約の新規の締結及び更新

監査契約の新規の締結及び更新に際しては，監査事務所が監査業務を適切に実施できるかを判断することが重要である。

〈監査事務所〉

監査契約の新規の締結及び更新に際し，監査事務所は，監査業務の内容，経営者の誠実性，監査事務所の能力等を考慮する必要がある。また，監査事務所の財務上及び業務上の優先事項が，契約の新規の締結又は更新についての不適切な判断につながらないことについて品質目標を設定しなければならない。さらに，監査契約の新規の締結及び更新の後に，当該契約の解除につながる可能性のある情報を把握した場合に対処するための方針又は手続を定めておくことが重要である（品質管理基準 第七1，2，品基報第1号第30項）。

〈監査業務〉

監査責任者は，監査契約の新規の締結及び更新が，監査事務所の定める方針及び手続に従って適切に行われていることを確かめ，その結論が適切であることを判断する。監査契約締結後，監査責任者が契約の締結を辞退する原因となるような情報を入手した場合，監査事務所及び監査責任者が必要な対応をとることができるように，その情報を監査事務所に速やかに報告しなければならない（品質管理基準 第七3，監基報220第22項，第24項）。

（5） 業務の実施

監査を取り巻く環境に変化が生じている中で，より質の高い監査の実施を

可能とするため，監査事務所は，①監査業務の実施，②専門的な見解の問合せ，③監査上の判断の相違及び④審査に関して品質目標を設定しなければならない（品質管理基準 第八）。以下では，それぞれについて設定される品質目標を見ていく。

1) 監査業務の実施

〈監査事務所〉

品質管理基準によれば，監査事務所が監査業務の実施において設定すべき品質目標は次のとおりである（品質管理基準 第八 ― 1）。

- ・監査実施の責任者及び監査業務に従事する補助者による責任ある業務遂行
- ・補助者に対する適切な指揮，監督及び監査調書の査閲
- ・職業的専門家としての適切な判断並びに懐疑心の保持及び発揮
- ・監査業務に関する文書の適切な記録及び保存

とりわけ，監査チームの目標設定において，経験の浅いメンバーの行う業務については，より経験のあるメンバーが指揮，監督及び作業の査閲を行うこと，職業的専門家としての適切な判断を行い，懐疑心を発揮すること等の品質目標を設定する必要がある（品基報第 1 号第31項）。

〈監査業務〉

監査責任者は，指揮，監督及び査閲の内容，時期及び範囲について責任を負う。ここで，査閲に注目すると，監査責任者は，監査業務の適切な時点で監査調書を査閲しなければならない。監査調書には，監査の実施中に識別された，専門性が高く，判断に困難が伴う事項を含む重要事項が含まれる場合がある。監査責任者が特に重要な事項に関する監査調書を適時に査閲することによって，監査報告書日までに，重要な事項を納得できるように解決することが可能となる。監査責任者は，監査調書を査閲し，監査チームとの討議を通じて，到達した結論と監査意見を裏づけるのに十分かつ適切な監査証拠が入手されたかを判断しなければならないのである（監基報220第29項，第31項，第32項）。

２）専門的な見解の問合せ

　専門的な見解の問合せとは，監査業務に関して，監査事務所内外の専門的な知識，経験等を有する者から，専門的な事項に係る見解を得ることをいう（品質管理基準 第八二 2 （注））。

〈監査事務所〉

　専門的な見解の問合せを行うことにより，経験や専門知識が活用され，監査業務の品質と職業的専門家としての判断の質の向上が期待される。したがって，監査事務所は，専門的な見解の問合せに関する品質目標を定めなければならない。品質管理基準 第八 二1によれば，そこには「専門性が高く，判断に困難が伴う事項及び見解が定まっていない事項について，監査業務の実施及び監査意見の形成において当該見解を十分に検討することに関する目標」を含めなければならない。

〈監査業務〉

　監査実施の責任者は，「専門的な見解の問合せを行う責任を負い，専門的な見解を得た場合には，その内容を適切に記録し，得られた見解が監査業務の実施及び監査意見の形成において十分かつ適切に検討されているかを確かめなければならない」（品質管理基準 第八 二2）。

３）監査上の判断の相違

　監査事務所には，判断の相違が生じる場合に備えて，方針及び手続の設定，解決並びに監査報告書の発行の対応が必要となる。

〈監査事務所〉

　監査事務所は，監査チーム内又は監査チームと審査担当者等[6]との間の監査上の判断の相違を解決することに関する目標を定めなければならない。その際，監査実施の責任者と監査業務に係る審査の担当者等との間の判断の相違が解決しない限り，監査報告書を発行してはならない（品質管理基準 第八三1，3）。

---

[6] ここには，審査の担当者及び監査チーム外で専門的な見解を含む監査上の判断について見解を提供する者を含む（品質管理基準 第八 三注）。

〈監査業務〉

　監査責任者は，監査チーム内又は監査チームと審査担当者との間で，監査上の判断の相違が生じた場合，品質管理基準 第八 三 2 によれば，「監査事務所の方針及び手続に従って監査上の判断の相違に対処し，これを解決しなければならない」。

４）審査

　審査とは，審査担当者によって監査報告書日以前に実施される，監査チームが行った重要な判断及び到達した結論についての客観的評価をいう。また，審査担当者とは，審査を実施するために監査事務所が選任した社員等，監査事務所内の他の者又は外部の者をいう（品基報第 1 号第13項（ 1 ），（ 2 ））。

　監査事務所は，原則として，すべての監査業務について監査チームが行った監査手続，監査上の重要な判断及び監査意見を客観的に評価するために，審査を行わなければならない[7]。その際，監査事務所は，審査担当者の選任及び適格性を確保するための方針及び手続を定めなければならない（品質管理基準 第八 四 1 ，品基報第 2 号第17，18項）。

　審査の担当者の選任にあたっては，過去に監査実施の責任者として行った重要な判断が審査に影響を与えないよう，監査実施の責任者として関与していた監査業務の審査の担当者に就任する際には適切なインターバルを設けることが必要である。監査責任者は，審査担当者に就任する前に 2 年間のインターバル又は職業倫理に関する規定により要求される場合はそれより長い期間が要求される（品基報第 2 号第19項）。これは，ISQM2の規定を念頭に置いたものである（中野他 2021，13-14）。

（6）　監査事務所の業務運営に関する資源

　監査業務の実施において，ITの活用や監査事務所における業務上の知的

---

[7]　ただし，監査報告の対象となる財務諸表の社会的影響が小さく，かつ，監査報告の利用者が限定されている監査業務については，審査に関する方針又は手続において，意見が適切に形成されていることを確認できる他の方法が定められている場合には，審査を要しないとすることができる（品質管理基準 第八 四 1 ）。

資源の蓄積が必要不可欠となっている。品質管理システムの整備及び運用を可能にするために，次のことが求められている。

〈監査事務所〉

　人的資源，テクノロジー資源，知的資源等の業務運営に関する資源について，監査事務所はその取得又は開発，維持及び配分に関する品質目標を設定しなければならない（品質管理基準 第九 1）。人的資源に関しては，専門要員に対する適切な採用，教育，訓練及び評価に関する品質目標を設定しなければならない。その目的は，職業的専門家としての基準及び適用される法令等に準拠して業務を実施し，監査事務所又は監査責任者が，状況に応じた適切な監査報告書を発行できるようにすることにある（品基報第1号第14項）。また，テクノロジー資源に関する品質目標については，ITの統制を含むITへの対応に関する事項を考慮しなければならない。監査事務所のセキュリティ対策，監査業務のIT化等が含まれる（中野他 2021，14）。

〈監査業務〉

　監査実施の責任者は，監査チームが監査事務所の業務運営に関する十分かつ適切な資源を適時に利用可能かを判断しなければならない。具体的には，監査業務の実施を支援するために監査事務所から，人的資源，テクノロジー資源及び知的資源が割り当てられる。監査チームにとっては，メンバーが人的資源であるが，ここには監査人が利用する外部の専門家が含まれる場合がある。テクノロジー資源については，そのツールの利用により，監査人が効果的かつ効率的に監査を管理し，大量のデータを容易に評価することができるようになる[8]。知的資源には，例えば，監査手法，監査の指針，実施ツール，標準的な監査手続書，調書や報告書様式，チェックリスト等[9]が含まれる。知的資源の利用により，職業的専門家としての基準，法令等及び関連する監査事務所の方針又は手続の一貫した適用と理解が容易になる（監基報220第

---

[8]　ただし，テクノロジー資源の不適切な利用は，監査人が意思決定の目的で利用するテクノロジー・ツールにより作成された情報に過度に依存するリスクを高め，又は守秘義務の原則等の職業倫理に関する規定の遵守に対する阻害要因を生じさせる可能性があることに注意しなければならない（監基報220第A63項）。

[9]　ここには，情報源へのアクセス，例えば，企業に関する詳細な情報を提供するウェブサイトの講読又は業務の実施において一般的に利用されるその他の情報が含まれる（志村他 2022，12）。

A62〜A69項を参照）。監査責任者は，以上の業務運営に関する資源が不十分又は不適切であると判断した場合には，適切な措置を講じなければならない（品質管理基準 第九 2）。

（7） 情報と伝達

　監査事務所の品質管理において，監査事務所の内外から適時に情報を収集し，適時に情報の伝達を行うことが重要である。監査事務所は，品質管理システムの整備及び運用を可能とするため，情報と伝達に関する品質目標を設定しなければならない。まず，監査事務所の内外からの適時の情報収集をし，監査事務所及び監査チームが適時に情報を伝達する際の品質目標を設定することが求められる。また，監査事務所は，品質管理システムについて，監査役等との協議及び監査事務所の外部の者に情報を提供するに際して，内容，時期及び形式を含めた方針又は手続を定める必要がある。監査事務所は，品質管理システムの状況について，監査報告の利用者が適切に評価できるよう，十分な透明性を確保することが求められる（品質管理基準 第十，中野他 2021，14）。

（8） 品質管理システムのモニタリング及び改善プロセス

　品質管理システムの整備及び運用が適切に行われるためには，品質管理システムの状況に関する情報を適時に把握し，適切に対処するモニタリング及び改善プロセスが重要である（中野他 2021，14）。

〈監査事務所〉

　モニタリング及び改善プロセスの整備及び運用は，次のサイクルで行われる（品質管理基準 第十一 1-5，品基報第 1 号第A139項）。

1）モニタリング活動

　モニタリング活動は，監査事務所のプロセスに組み込まれて，状況の変化に対応して即時に実施される日常的モニタリング活動と一定の間隔で実施される定期的なモニタリング活動の組合せにより行われる。

2）発見事項の評価

　監査事務所は，監査事務所自身によるモニタリング，改善活動の実施，監査事務所の外部からの検査及びその他の関連する情報から得られた発見事項の評価を行う。

3）識別した不備の調査

　2）において，不備を識別した場合には，その重大性及び影響を及ぼす範囲を分析する。

4）改善活動の実施

　適切な改善につながるよう，根本原因を調査・分析し，それに対処する改善活動を実施する。

5）品質管理システム責任者への報告

　モニタリング及び改善プロセスの運用に関する責任者は，品質管理システムに関する最高責任者等に対して，実施したモニタリングの内容，品質管理システムの不備とその評価結果及び不備に対処する改善措置について適時に報告する。

〈監査業務〉

　監査実施の責任者は，監査事務所から伝達されたモニタリング及び改善プロセスに関連する情報を理解し，適切な措置を講じなければならない。また，モニタリング及び改善プロセスに関連する可能性のある情報を入手した場合には，監査事務所に伝達する（品質管理基準 第十一 7）。

（9） 監査事務所間の引継

　監査事務所は，監査人の交代が監査業務の質に重大な影響を及ぼさないようにするために，監査事務所間の引継について品質目標を設定しなければならない。監査事務所に関して，後任の監査事務所への引継に関する品質目標には，重要な虚偽の表示に関する情報等の重要事項を後任の監査事務所へ伝達すること，監査調書の閲覧に応じるための方針又は手続を遵守することが

含まれる。また，前任の監査事務所からの引継に関する品質目標には，交代事由等の重要事項に関する問合せのための方針又は手続を遵守することに関する目標を含める（品質管理基準 第十四）。

4 その他の品質管理

　以上述べた品質管理システムの9つの構成要素ではないが，品質管理上重要となるその他の品質管理の取組みとして3つ指摘しておきたい。

　第1に監査事務所が所属するネットワークへの対応である。グローバルな規模で活動するネットワークに所属し，当該ネットワークの要求事項を適用するとともに，業務運営に関する資源を利用した監査を行っている監査事務所は，このような状況を品質管理に反映する必要がある（中野他 2021, 15）。監査事務所は，品質管理システムにおいてネットワークの要求事項を適用し，業務運営に関する資源等を利用する場合には，監査事務所としての責任を理解した上で，適用又は利用しなければならない（品質管理基準 第十二 1，品基報第1号第48項）。

　第2に品質管理システムの評価である。監査事務所の品質管理システムに関する最高責任者は，少なくとも年に一度，基準日を定めて品質管理システムを評価しなければならない（品質管理基準 第十三，品基報第1号第53項）。こうした評価の結論[10]については，監査報告書の利用者が監査事務所の監査品質を適切に評価できるよう，監査事務所によって公表されることが望ましい（中野他 2021, 14，品基報第1号第53項，第55項）。

　第3に共同監査である。共同監査とは，複数の監査法人又は会計事務所が，共同で1つの企業の監査を行うことである。監査事務所は，他の監査事務所の品質管理のシステムがその監査業務の品質を合理的に確保するものであるかどうかを，監査契約の新規の締結及び更新の際，並びに，必要に応じて監査業務の実施の過程において評価し，適切に対応しなければならない（品質管理基準 第十五）。監査業務の責任者は，他の監査事務所と共同して監査業

10　評価の結論に関して3つの表明の仕方がある（品基報第1号第54項）。

務を行う場合には，監査事務所が定める共同監査に関する方針及び手続に準拠しなければならない（監基報220第43JP項）。

5 監査事務所外部の機関による品質管理の措置

（1）　監査事務所外部の監査の品質管理体制

監査事務所外部の機関による監査の品質管理が行われる。**図表12-1**は，日本公認会計士協会と公認会計士・監査審査会による監査事務所外部の品質管理体制を図に示したものである。

図表12-1で示されている関係を順に示すと次のとおりである。

・日本公認会計士協会が監査事務所に対して品質管理レビューを実施する。
・日本公認会計士協会は，実施した品質管理レビューの結果を公認会計士・監査審査会へ報告する。
・日本公認会計士協会から報告を受けた公認会計士・監査審査会は，そのレビューの結果を検討し，日本公認会計士協会の品質管理レビューが適切に行われているか，監査事務所の監査業務が適切に行われているかを審査する（公第49条の3第2項，第46条の12第1項）。

図表12-1　金融庁，公認会計士・監査審査会，監査事務所及び日本公認会計士協会の関係

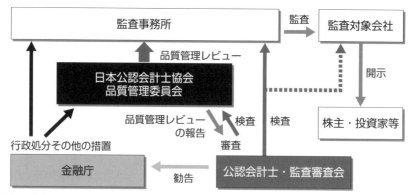

出所：日本公認会計士協会（2022，24）。

　・審査を行った公認会計士・監査審査会は，必要があると認めた場合には，
　　日本公認会計士協会や監査事務所等に対して報告徴収や立入検査を実施
　　する（公第49条の3第1項，第46条の12第1項）。
　・公認会計士・監査審査会は，審査又は検査の結果，必要があると認めた
　　場合，行政処分その他の措置について金融庁長官に勧告する（公第41条
　　の2）。
　以下では，日本公認会計士協会による品質管理レビューと公認会計士・監
査審査会によるモニタリングの内容を見ていく。

（2）日本公認会計士協会による品質管理レビュー

　品質管理レビューは，監査事務所が行う監査の品質管理の状況を日本公認会
計士協会がレビューする制度である。具体的には，日本公認会計士協会に設置
された品質管理委員会により，同協会の会則に基づき，監査事務所の品質管理
システムの整備及び運用の状況を確認するものである。また，必要に応じて改
善を勧告し，適切な措置を決定する。その目的は，公認会計士法第2条第1項
の業務の公共性に鑑み，監査業務の適切な質的水準の維持・向上を図り，監査
に対する社会的信頼性を確保することにある（日本公認会計士協会 2022, 60）。

1）品質管理レビューの実施方法
　品質管理レビューには，監査事務所全体の品質管理のシステムの整備及び
運用の状況を対象として実施する通常レビューと監査事務所の特定の分野又
は特定の監査業務に限定して品質管理のシステムの整備及び運用の状況を適
時に確認するために実施する特別レビューがある。
　通常レビューにおいては，監査事務所全体の品質管理の状況を確認するた
め主として以下の方法によって品質管理レビューが実施される。
　・監査事務所の品質管理のシステムが，適切に整備され，また有効に運用
　　されているかどうかを確認する。
　・監査事務所の品質管理のシステムが，個々の監査業務において適切に運
　　用されているかどうかを確認する。
　特別レビューにおいては，レビュー年次計画の策定において特別レビュー

の対象となる監査事務所を選定するとともに，年度の途中であっても特別レビューを早急に実施する必要があると認められた場合は，対象となる監査事務所を選定し，レビューを実施する（小暮・伏谷 2022, 68-69）。

2）品質管理レビューの実施

監査事務所の品質管理のシステムの整備及び運用の状況に関する品質管理レビューの実施結果を記載した品質管理レビュー報告書を作成し，監査事務所に交付する。小暮・伏谷（2022, 69）によれば，品質管理レビューの実施結果は，「監査事務所の品質管理のシステムの整備及び運用の状況における，職業的専門家としての基準及び適用される法令等に対する極めて重要な準拠違反又は重要な準拠違反の懸念の有無」に応じて3種類に分けられる。

・重要な不備事項が見受けられない場合には，「重要な不備事項のない実施結果」となる。
・重要な準拠違反の懸念があると認められた場合には，「重要な不備事項のある実施結果」となる。
・極めて重要な準拠違反の懸念があると認められた場合には，「極めて重要な不備事項のある実施結果」となる[11]。

また，品質管理レビューの実施結果に関わらず，「職業的専門家としての基準及び適用される法令等に対する準拠違反が発生している懸念があると認められた事項（改善勧告事項）」（小暮・伏谷, 2022, 69）がある場合には，改善勧告事項を記載した改善勧告書を作成し，品質管理レビュー報告書とあわせて監査事務所に交付される。

日本公認会計士協会は，品質管理レビューの結果に基づき，品質管理の質的水準が十分でない監査事務所に対して，自主的な改善を促す。その状況を監督していくことが必要であることから，品質管理レビューの指摘事項及び実施回数に応じて，原則として監査事務所に対して，「注意」，「厳重注意」，「辞退勧告」の措置を決定する。なお，監査事務所が正当な理由なく品質管理レビューを拒否し，又は協力しなかった場合には，品質管理レビューの実

---

[11] 極めて重要な不備事項又は重要な不備事項（以下，重要な不備事項等）のある実施結果の場合には，改善計画書の作成・提出が求められる（小暮・伏谷 2022, 70）。

施回数に関わらず，「辞退勧告」を決定する[12]。

３）品質管理レビューの実施結果

　日本公認会計士協会（2022, 29-32）によれば，2021年度には，通常レビュー対象監査事務所209監査事務所のうち，76監査事務所に対して通常レビューが実施された。品質管理レビュー報告書の実施結果の種類別の内訳は，「重要な不備事項のない実施結果」が69監査事務所及び「重要な不備事項のある実施結果」が５監査事務所であり，「極めて重要な不備事項のある実施結果」となった監査事務所はなかった。

　さらに，日本公認会計士協会（2022, 40-42）によれば，通常レビューの結果生じた改善勧告事項の総数は522件であり，これらの改善勧告事項は，「監査事務所の品質管理のシステム」に関するものと，「監査業務の品質管理」に関するものに分けられる。「監査事務所の品質管理のシステム」に関する改善勧告事項数は69件であり，「監査業務の品質管理」に関する改善勧告事項数は453件であった。改善勧告事項を示したのが，**図表12-2**と**図表12-3**である。

　図表12-2は，2020年度と比較して2021年度は品質管理の全般的体制，監査調書の整理及び管理・保存，品質管理のシステムの監視，審査の発生割合が増加している状況を示している。**図表12-3**からは，2020年度と比較して，

図表12-2　発生割合が高い改善勧告事項（監査事務所の品質管理のシステム）

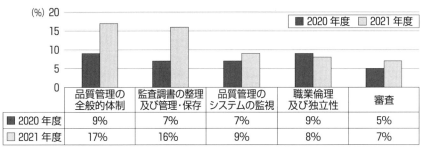

(%)	品質管理の全般的体制	監査調書の整理及び管理・保存	品質管理のシステムの監視	職業倫理及び独立性	審査
■ 2020 年度	9%	7%	7%	9%	5%
□ 2021 年度	17%	16%	9%	8%	7%

（注）「改善勧告事項数の発生割合」＝ 「各項目について改善勧告事項が生じた監査事務所数」／「品質管理レビュー報告書を交付した監査事務所数」

出所：日本公認会計士協会（2022, 41）。

12　詳しくは，日本公認会計士協会（2022, 18-19）を参照されたい。

図表12-3　発生割合が高い改善勧告事項（監査業務の品質管理）

	会計上の見積りの監査	仕訳テスト	実証手続の立案及び実施	監査証拠	不正を含む重要な虚偽表示リスクの識別，評価及び対応（仕訳テストを除く）
■ 2020 年度	25%	12%	9%	25%	10%
□ 2021 年度	37%	19%	16%	16%	14%

(注)「発生割合」＝ $\dfrac{\text{「各項目について改善勧告事項が生じた監査業務数」}}{\text{「選定した監査業務数」}}$

出所：日本公認会計士協会（2022, 44）。

2021年度は会計上の見積りの監査，仕訳テスト，実証手続の立案及び実施，不正を含む重要な虚偽表示リスクの識別，評価及び対応（仕訳テストを除く）の発生割合が増加している状況が明らかになる。

4）上場会社監査事務所登録制度

　上場会社監査事務所登録制度は，日本公認会計士協会の品質管理委員会に上場会社監査事務所部会を設置し，当該部会に上場会社監査事務所名簿，準登録事務所名簿を備え，「上場会社の監査証明業務を行っている監査事務所に対して登録を求め，ホームページ上で登録名簿を公開するものである」（羽藤 2009, 296）。2022年3月31日現在，登録事務所数は142監査事務所である（日本公認会計士協会 2022, 45）。羽藤（2009, 296）によれば，本制度は，「登録名簿において，登録された監査事務所の概要や監査の品質管理システムの概要等を開示することにより，投資者をはじめとする市場関係者等に対して，登録された監査事務所の監査の品質管理の状況を明らかにすることを目的とした制度である」。

　また，本制度は，「品質管理レビューに組み入れる形で導入された」（羽藤

2009，295-296）。すなわち，登録事務所は，定期的に品質管理レビューを受ける。その結果，重要な不備事項等のある実施結果が表明された登録事務所については，資本市場関係者に対する情報提供の一環として，実施結果が表明される原因となった事項の概要が開示される（小暮・伏谷 2022，71-72）。なお，各金融商品取引所の有価証券上場規程等では，上場会社の会計監査人は，上場会社監査事務所名簿又は準登録事務所名簿に登録されている監査事務所でなければならないとされている（東京証券取引所有価証券上場規程第205条第7号の2，第441条の3等）。

5）監査役等とのコミュニケーション

　監査人が，監査に関する事項を理解し，効果的な連携をもたらすような関係を構築する上では，有効な双方向のコミュニケーションが重要となる。そのため，会社法上の会計監査人設置会社の監査等の場合には，監査人は監査事務所の品質管理のシステムの整備及び運用の状況の概要を監査役等に書面又は電磁的記録で伝達しなければならない。ここには品質管理レビューの結果及びその結果に基づく措置等の内容が含まれる（監基報260第16項，A31項，小暮・伏谷 2022，77）。

（3）公認会計士・監査審査会によるモニタリング

　公認会計士・監査審査会は，公認会計士法第35条第1項及び金融庁設置法第6条第2項に基づき，2004年4月に金融庁に設置された合議制の行政機関であり，会長及び9人以内の委員4名により構成される（公認会計士・監査審査会 2021，35）。公認会計士・監査審査会のモニタリングの内容は，次のとおり行われる。すなわち，日本公認会計士協会の品質管理レビューに関する報告を受理し，審査を行い，日本公認会計士協会及び監査事務所等に対する報告徴収及び検査を行う。検査等の結果，必要と認める場合には，金融庁長官に対して行政処分その他の措置を求める勧告を行う。これは，羽藤（2009，296）によれば，「品質管理レビューの公平性・中立性・有効性の一層の向上を図る観点から，日本公認会計士協会から独立した立場にある政府の機関による「モニタリング」の制度」として導入されたものである。

上記のうち審査は，日本公認会計士協会から品質管理レビューの状況報告を受け，品質管理レビューが適切に行われているか，監査事務所の監査業務が適切に行われているかについて行われる。また，報告徴収は，必要があると認めるとき，日本公認会計士協会又は監査事務所に対し実施される。監査事務所に対しては，監査事務所の態様のほか，審査会検査及び品質管理レビューの結果等を勘案して行われる（公認会計士・監査審査会 2021，35）。

　さらに，検査は，審査及び報告徴収の結果，公益又は投資者保護のため必要かつ適当と認めるときは，監査事務所等に対して行われる（公第49条の3第2項）。日本公認会計士協会の適正な運営を確保するため必要があると認めるときは，日本公認会計士協会に対して検査を行う（公第46条の12第1項，公認会計士・監査審査会 2021，35）。監査事務所の検査に関しては，監査事務所の規模により検査の実施頻度は異なる。大手監査法人については，2年に一度検査（通常検査）を実施しており，2016年度からは，通常検査の次事務年度に改善状況の検証を目的とするフォローアップ検査を実施している。準大手監査法人については，原則として3年に一度検査を実施している。中小規模監査事務所については，品質管理レビューでの指摘状況等を踏まえ，必要に応じて検査を実施している。品質管理態勢の検証と個別監査業務の検証を通じて把握した不備の特徴としては，2019年度から2021年度の個別監査業務の検証を通じて把握した不備の内容は，監査事務所の規模に関わらず，会計上の見積りの監査に係る不備が最も多い。次いで，実証手続の不備が多いほか，不正リスクへの対応に係る不備も引き続き見られる（公認会計士・監査審査会 2021，35）。

Assignment

- 監査事務所の最高責任者は，品質管理体制の構築に向けてどのようなリーダーシップを発揮すべきか考えてみよう。
- 監査実施の責任者と監査業務に係る審査の担当者との間の判断の相違が解決しない限り，監査報告書を発行してはならない理由を考えてみよう。
- 日本公認会計士協会の品質管理レビューに関連させて，公認会計士・監査審査会の審査と検査が必要とされる理由を考えてみよう。

参考になる書籍

秋月信二・岡嶋慶・亀岡恵理子・小宮山賢・鳥羽至英・内藤文雄・永見尊・福川裕徳
　（2021）『監査の質に対する規制 監査プロフェッション vs 行政機関』国元書房。
監査の品質に関する研究会（2018）『監査の現場からの声：監査品質を高めるために』同
　文舘出版。
町田祥弘（2018）『監査の品質：日本の現状と新たな規制』中央経済社。
町田祥弘編著（2019）『監査の品質に関する研究』（日本監査研究学会リサーチシリーズ
　XVII）同文舘出版。

参考文献

秋月信二・岡嶋慶・亀岡恵理子・小宮山賢・鳥羽至英・内藤文雄・永見尊・福川裕徳（2021）
　『監査の質に対する規制 監査プロフェッション vs 行政機関』国元書房。
公認会計士・監査審査会（2021）『令和3年版 モニタリングレポート』https://www.fsa.
　go.jp/cpaaob/shinsakensa/kouhyou/20210709/2021_monitoring_report.pdf（最終閲覧日
　2023年1月27日）。
小暮和敏・伏谷充二郎（2022）「日本公認会計士協会における2021年度品質管理レビューの実
　施状況」『月刊監査役』第739号，66-79。
志村さやか・長塚弦・尾﨑隆之・島義浩・福山哲子（2022）「特集 特別座談会 改訂品質管理
　基準を踏まえた品質管理基準委員会報告書の改正等の背景と重要論点について」『会計・監
　査ジャーナル』第34巻第9号，8-16。
中野寛之・加藤淳平・瀬尾優典（2021）「監査に関する品質管理基準の改訂について」『週刊
　経営財務』第3537号，10-17。
日本公認会計士協会（2022）「2021年度品質管理レビューの概要」https://jicpa.or.jp/about/
　activity/self-regulatory/quality/5-30-0-2a-20220624.pdf（最終閲覧日2023年1月27日）。
羽藤秀雄（2009）『新版 公認会計士法：日本の公認会計士監査制度』同文舘出版。
堀江正之（2021）「インタビュー 監査に関する品質管理基準の改訂案について」『週刊経営財務』
　第3522号，12-15。
町田祥弘（2018）『監査の品質：日本の現状と新たな規制』中央経済社。
町田祥弘（2022）「監査に関する品質管理基準の改訂について」『Disclosure & IR』第20号，
　41-53。

第 13 章

PAIBの倫理

1 企業等所属の公認会計士

（1） 公認会計士資格の取得

　公認会計士の資格を取得するためには，公認会計士試験に合格するか，又は試験科目の全部について試験を免除され，３年以上の期間にわたって業務補助等に従事し，かつ，実務補習を修了して内閣総理大臣の確認を受ける必要がある（公第３条）。

　業務補助等の期間は，公認会計士試験の前後を問わず，次の期間を通算した期間である（公第15条第１項，公令第２条）。

・公認会計士法第２条第１項が規定する，いわゆる監査証明業務について公認会計士または監査法人を補助した期間
・国または地方公共団体の機関や上場会社などで会計に関する検査もしくは監査または国税に関する調査もしくは検査の事務を直接担当した期間
・金融機関や保険会社などにおいて貸付けや債務の保証等の事務を直接担当した期間
・国，地方公共団体等において原価計算その他の財務分析に関する事務を直接担当した期間

　実務補習は，公認会計士試験の合格者に対して，公認会計士になるのに必要な技能を修得させるために，公認会計士の組織する団体その他の内閣総理大臣が認定する機関（実務補習団体等）において行われる（公第16条第１項）。実務補習団体等は，実務補習の受講者がすべての課程を終えたときにはその

状況を内閣総理大臣に報告し，これに基づいて内閣総理大臣によって受講者の実務補習修了の確認が行われることになる（公第16条第7項）。

　このように，制度上，必ずしも監査法人に所属しなくても公認会計士の資格を取得することができる。しかし，公認会計士の資格取得を希望しながら国や地方公共団体の機関や上場会社などに就職した場合，自分の都合で業務補助等に相当する業務に就けるわけではない。また，実務補習のスケジュールにあわせて企業等での業務を調整してもらえるとは限らない。

　これに対して，監査法人は，将来，監査証明業務を担える人材として公認会計士試験合格者を採用する。このため，公認会計士の資格を取得できるように，最大限の支援を行うであろう。公認会計士試験合格者の多くが，最短期間で最も確実に公認会計士の資格を取得するために監査法人への就職を目指すのは，1つの合理的な選択であるということができる。

（2）　企業等所属公認会計士の実情

　公認会計士試験合格者の多くが監査法人への就職を選択し，公認会計士の資格取得後も監査法人に所属しているのが実情である。しかし，近年，企業等において公認会計士の資格取得を目指す者や，資格取得後のキャリア形成を企業等において行う者の数が増加傾向を示している。

　日本公認会計士協会は，同協会の会員及び準会員のうち，監査法人，税理士法人及びネットワーク・ファームに該当する法人を除く会社その他の法人又は行政機関に雇用され，又はその業務に従事している者を「組織内会計士」(Professional Accountants in Business: PAIB（ペイブ）) と呼ぶ。そして，PAIBの組織化を目的として，PAIBである会員・準会員を正会員，PAIBに関心のある会員・準会員を賛助会員とする「組織内会計士ネットワーク」を設けている。同ネットワークでは，「組織内会計士協議会」を通じて，PAIBの業務に関する研究調査，資料又は情報の提供等を行うことによりその資質の維持及び向上を図り，また，組織内会計士の組織化を推進することにより，会員及び準会員の活動領域の拡充及び人材の流動化を促進するための施策が行われている[1]。

1　日本公認会計士協会　組織内会計士ウェブサイト (https://paib.jicpa.or.jp/)。

図表13-1　組織内会計士ネットワーク会員数の推移

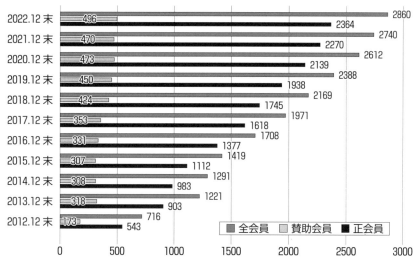

出所：日本公認会計士協会　組織内会計士ウェブサイト「組織内会計士ネットワーク」（https://paib.jicpa.or.jp/network/）掲載データをもとに筆者作成。

　組織内会計士ネットワークの2022年12月末の会員数は2,860人（正会員2,364人，賛助会員496人）で，組織内会計士協議会が設置された2012年末の716人（正会員543人，賛助会員173人）からおよそ4倍に増加している（**図表13-1**）。

　PAIBには，会計・財務に関する高い専門能力に期待が寄せられているが，同時に，会計事務所等所属の公認会計士と同等の職業倫理が求められるという点に留意する必要がある。

2 企業等所属の公認会計士の倫理

（1）基本原則の遵守

　日本公認会計士協会の倫理規則は5つのパートから構成されており，そのうちのパート1では，すべての会員に適用される基本原則及び概念的枠組みについて規定されている。これに続くパート2において，組織所属の会員であるPAIBが専門業務を実施する際に適用される追加的な規則が規定されて

いる。

　パート２の一般規定では，「会員は，（略）基本原則を遵守するとともに，基本原則の遵守に対する阻害要因の識別，評価及び対処のため，（略）概念的枠組みを適用しなければならない」（倫R200.5）と規定して，所属に関わらず基本原則を遵守することを求めている。倫理規則は「会員の組織内での職位が上位であればあるほど，情報を入手する能力並びに方針の策定，意思決定及びそれらの実行に与える影響力は大きく，また，その機会は多い。会員は，その役割や組織内での職位を踏まえながら，可能な範囲で，（略）所属する組織内で倫理的行動を重視する文化を推奨し，促進することが期待される」（倫200.5 A3）として，組織内で上級職に就いている会員が，倫理的行動重視の組織文化や環境を醸成するために，率先して範を垂れることを求めている。

　倫理規則が規定する会員が遵守すべき基本原則は，①誠実性，②客観性，③職業的専門家としての能力及び正当な注意，④守秘義務並びに⑤職業的専門家としての行動の５つである（倫110.1 A1）。これらの基本原則の遵守に対する阻害要因の識別，評価及び対処にあたっては，概念的枠組みアプローチを適用しなければならないとされている（倫R120.3）。概念的枠組みアプローチは，①基本原則の遵守に対する阻害要因の識別，②識別した阻害要因の評価及び③阻害要因を除去又は許容可能な水準にまで軽減することによるそれら阻害要因への対処を目的とするものである（倫120.2）。

　基本原則の遵守のために実施される概念的枠組みアプローチを確認しておこう。

　倫理規則は，基本原則の遵守を阻害する要因は広範囲な事実及び状況によって生じる可能性があるとして，**図表13-2**に示すような阻害要因を例示し，こうした事項を適時・適切に識別することを要請している（倫200.6 A1）。

　阻害要因としては，会計事務所に所属して財務諸表監査業務に従事している公認会計士の場合と同様に，自己利益，自己レビュー，擁護，馴れ合い及び不当なプレッシャーなどがあるが，そうした要因となる具体的な事実や状況については，PAIBに特有なものがあることがわかる。

　PAIBである会員は，阻害要因に適切に対処するために，それが許容可能

図表13-2　阻害要因の例

自己利益	①会員が所属する組織に金銭的利害を有するか，または所属する組織からローンもしくは保証を受けること。 ②会員が所属する組織の利益連動型報酬制度に参加すること。 ③会員が法人資産を個人目的で利用できること。 ④会員が所属する組織の供給業者から贈答または特別待遇を受けること。
自己レビュー	会員が実現可能性を調査し買収を決定した後，企業結合の適切な会計処理を決定すること。
擁護	会員が有利な資金提供を得るために，目論見書における情報を操作する機会を有すること。
馴れ合い	①会員の家族または近親者が，所属する組織の財務報告に影響を与える意思決定をし，会員が財務報告に責任を負うこと。 ②会員が事業上の意思決定に影響力のある個人と長期にわたって関係をもつこと。
不当なプレッシャー	①会員またはその家族もしくは近親者が，次に関する意見の相違を理由に解雇されたり配置転換されたりするおそれがあること。 　ア　会計基準の適用 　イ　財務情報の開示方法 ②ある個人から，契約の締結や会計基準の適用等に関する意思決定プロセスに影響を及ぼそうとするプレッシャーを受けること。

出所：日本公認会計士協会倫理規則200.6 A1をもとに筆者作成。

な水準にあるかどうかを評価しなければならない。その際には，所属する組織の業務環境及び経営環境によって影響を受ける可能性があるので注意する必要がある。所属する組織の倫理観が高く，阻害要因を防止・軽減できる体制が整備されている場合には，阻害要因の存在や顕在化の可能性は低くなり，阻害要因の水準は低いと評価され，逆もまた同様に考えることができる。

　倫理規則では，阻害要因の水準に対する会員の評価に影響を及ぼす組織の業務・経営環境として，**図表13-3**に示すような事項が例示されている（倫200.7 A3）。

図表13-3　阻害要因の水準に対する会員の評価に影響を及ぼす業務・経営環境の例

- ・倫理に沿った行動をとることの重要性を強調する風土を醸成することおよび従業員に対する倫理観のある行為を期待すること
- ・倫理に関する問題が身近で発生した場合に，報復を恐れずに経営の上層部に相談できるよう，従業員を支援し，促す方針および手続を定めていること
- ・従業員の倫理観のある適切な行動を促し，それをモニタリングする方針および手続が整備されていること
- ・組織内の監視システムまたはその他の監視体制および強固な内部統制が整備されていること
- ・有能で高い倫理観をもった人材の雇用を重視すること
- ・方針および手続を全従業員に対して適時に伝達し，その方針および手続についての適切な研修と教育をすること
- ・倫理および行動に関する規範があること

出所：日本公認会計士協会倫理規則200.7 A3をもとに筆者作成。

　阻害要因への対処について，倫理規則は，「会員は，阻害要因を生じさせている状況が除去できず，また，セーフガードが利用可能でない，又は適用しても阻害要因を許容可能な水準にまで軽減することが不可能であるという状況であれば，その所属する組織を辞職することが適切となることもあり得る。」（倫200.8 A2）として，会員に対して，阻害要因への厳格な対処と基本原則の確実な遵守を求めている。

　また，PAIBである会員が阻害要因について監査役等とのコミュニケーションを行う際には，所属する組織のガバナンス構造に応じて，コミュニケーションを行うのに適した一人又は複数の個人を決定しなければならない。そして，監査役等の特定又は一部の者と個別にコミュニケーションを行う場合には，すべての者に適切に情報が伝わるように，すべての者とコミュニケーションを行うことが必要かどうかを判断しなければならない（倫R200.9）。コミュニケーションの相手を誰にすべきかの判断は，阻害要因を生じさせている状況の内容及び重要性や，コミュニケーションの対象とする具体的な事項を考慮して行う必要がある（倫200.9 A1）。

（2）守秘義務

　公認会計士法は，「公認会計士は，正当な理由がなく，その業務上取り扱

つたことについて知り得た秘密を他に漏らし，又は盗用してはならない。公認会計士でなくなつた後であつても，同様とする。」（公第27条）と規定し，現在公認会計士としての業務に従事している者だけでなく，現在は公認会計士ではなくなっているが，過去に公認会計士であった者に対しても，従事した業務によって知り得た秘密を守ることを義務づけている。

　公認会計士法上の秘密を守る義務は，当然のことながらPAIBにも適用される。過去に監査事務所等に所属しそこで監査証明等の業務に従事していれば，それによって知り得た秘密を守る義務がある。PAIBとして企業等に所属することになった場合には，当該企業等で従事した業務によって知り得た秘密も保持義務の対象となる。また，当該企業等を退職した後，あるいは公認会計士でなくなった後においても同様である（倫R114.2参照）。

　守秘義務は5つある基本原則のうちの1つであり，PAIBである会員には**図表13-4**に掲げる7つの義務がある（倫R114.1に一部加筆）。

図表13-4　守秘義務の原則におけるPAIBの義務

・日常の社会生活においても守秘義務を負い，特に職場の同僚等の業務上の関係者または家族もしくは近親者への意図や違反の自覚がないことによる業務上知り得た秘密の開示には十分留意しなければならない。
・所属する組織の内部において守秘義務を遵守しなければならない。
・所属する組織から業務上知り得た秘密についても守秘義務を遵守しなければならない。
・正当な理由なく，所属する組織の外部において業務上知り得た秘密を開示してはならない。
・自己または第三者の利益のために，業務上知り得た秘密を利用してはならない。
・業務上の関係が終了した後においても，業務上知り得た秘密を利用し，または開示してはならない。
・会員の監督下にある職員等および会員の求めに応じて助言・支援を行う者に対しても，守秘義務を遵守させるために必要な措置を講じなければならない。

出所：日本公認会計士協会倫理規則R114.1をもとに筆者作成。

　また，PAIBである会員は，業務上知り得た秘密を正当な理由なく他に漏らしたり自ら利用したりしてはならないだけでなく，業務上知り得た秘密を利用しているのではないかとの疑いを持たれることがないようにしなければれ

ならない（倫R114.1 JP）。

　守秘義務の原則は，会員が職業的専門家としての業務を行う際に，所属する組織から会員に対する必要な情報の提供を促すために，所属組織に関わる秘密が正当な理由なく第三者に開示されないことを担保するものである。しかし，守秘義務にはそれが解除される正当な理由が認められる場合があり（**図表13-5**），これに該当するときには，PAIBが業務上知り得た秘密が開示されることがある（倫114.1 A1）。

図表13-5　守秘義務が解除される正当な理由があると認められる場合

1．業務上知り得た秘密の開示が法令等によって要求されている場合 　①訴訟手続の過程で文書を作成し，または証拠を提出するとき 　②法令等に基づく質問，調査または検査に応じるとき 　③法令等に基づき法令違反等事実の申出を行うとき 2．業務上知り得た秘密の開示が法令等によって許容されており，かつ依頼人または所属する組織から了解が得られている場合 3．業務上知り得た秘密の開示が法令等によって禁止されておらず，かつ，職業上の義務または権利がある場合 　①本会の品質管理レビューに応じるとき 　②会則等の規定により本会からの質問または調査に応じるとき 　③訴訟手続において会員の職業上の利益を擁護するとき 　④本規則を含む技術的及び職業的専門家としての基準に基づくとき

出所：日本公認会計士協会倫理規則114.1 A1をもとに筆者作成。

3 利益相反

　利益相反とは，一般に，当事者の一方の利益が他方の不利益になる状況をいう。倫理規則は，利益相反は客観性の原則の遵守に対する阻害要因を生じさせるとともに，他の基本原則の遵守に対する阻害要因を生じさせる可能性もあるとして（倫210.2），職業的専門家としての判断又は業務上の判断を危うくするような利益相反の回避を求めている（倫R210.4）。

　例えば，利益相反が生じ得る状況として，**図表13-6**や**図表13-7**に示すようなものがある（倫210.4 A1）。

図表13-6　２つの組織の経営に関与する会員の利益相反

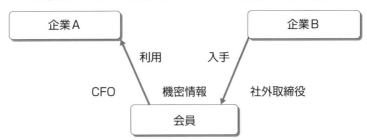

出所：日本公認会計士協会「倫理規則に関するQ&A（実務ガイダンス）」をもとに筆者作成。

図表13-7　所属する組織の経営上の意思決定権を持つ会員の利益相反

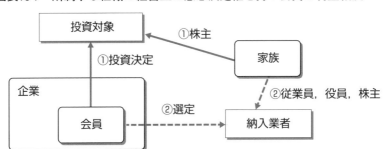

出所：日本公認会計士協会「倫理規則に関するQ&A（実務ガイダンス）」をもとに筆者作成。

　図表13-6は，PAIBである会員が異なる２つの企業において経営業務執行又はガバナンス機能を担っている場合で，一方の企業から入手した機密情報をもう一方の企業にとって有利又は不利となるように利用し得る状況である。このような状況では，「客観性の原則」に加えて「守秘義務の原則」が阻害される恐れがある。

　一方，図表13-7の①は，PAIBである会員が所属する企業において投資意思決定権限を有する職位にある場合に，その投資決定が，会員の家族が保有する株式の価値を高めることになるような状況である。また，②は，会員が所属する企業の納入業者を選定する権限を有する場合に，会員による選定がその家族に対して金銭的利得をもたらす可能性がある状況を示している。このような状況は，いずれも「客観性の原則」とともに「公正性の原則」を阻

害する恐れがある。

　PAIBである会員は，利益相反によって生じる恐れのある基本原則に対する阻害要因を識別するために，必要な措置を講じなければならない。これには，①関連する当事者間の利害及び関係の内容，②提供する業務と当該業務が関連する当事者に与える影響の2つを識別することが含まれる（倫R210.5）。また，専門業務を実施している間，利益相反が生じる可能性のある業務，利害及び関係の内容について，時間の経過による変化に継続して注意を払う必要がある（倫R210.6）。

　利益相反によって生じる阻害要因を除去するためには，会員は，利益相反が生じる事項に関連する意思決定プロセスへの関与をやめることが必要になる場合がある（倫210.7 A2）。

　一方，特定の権限や義務を見直すか又はそれらを分離すること，あるいは適切な監督を利用することが，利益相反によって生じる阻害要因に対するセーフガードとなることがある（倫210.7 A3）。会員は，セーフガードを適用して利益相反による阻害要因を除去又は許容可能な水準まで軽減するように努める必要がある。しかし，セーフガードを適用しても阻害要因を除去・軽減できない場合には，専門業務の提供を終了するなどの措置をとることも検討しなければならない。

　なお，PAIBである会員は，利益相反によって影響を受ける当事者に対して，利益相反の内容及び生じた阻害要因にどのように対処したかについて開示する必要がある。また，セーフガードを適用する場合には，会員が専門業務を実施することについて，関連する当事者から同意を得なければならない（倫210.8 A1）。

 4 違法行為への対応

（1） 違法行為と基本原則

　PAIBである会員が，所属する企業等において専門業務を実施する過程で違法行為又はその疑いに気付いた場合，「誠実性の原則」及び「職業的専門

家としての行動の原則」の遵守に対して，自己利益又は不当なプレッシャーという阻害要因が生じる可能性がある（倫260.2）。

　倫理規則では，①所属する企業等の財務諸表の重要な金額及び開示の決定に直接影響を及ぼすものとして一般的に認識されている法令，②所属する企業等の財務諸表の金額及び開示の決定に直接影響しないが，事業運営若しくは事業継続のために，又は重大な罰則を科されないために遵守することが必要と考えられるその他の法令に対する違法行為又はその疑いに対処する際に，当該事項の影響及び講じ得る対応を評価するための指針が提供されている（倫260.3）。

　PAIBは，所属する企業等における地位や権限が様々である。このため，違法行為又はその疑いに対処する場合には，その地位，職務及び権限等に応じて，①誠実性の原則及び職業的専門家としての行動の原則を遵守すること，②所属する企業等の上司又は経営者，適切な場合には監査役若しくは監査役会，監査等委員会又は監査委員会（監査役等）に報告し，経営者又は監査役等が違法行為又はその疑いを阻止若しくは是正し，又はそれらの影響を軽減できるようにすること，あるいはまだ違法行為が発生していない場合にはこれを未然に防ぐことのいずれかの対応を促すこと，そして③公共の利益に沿って追加的な対応を行うことに留意して行動する責任がある（倫260.4）。

　なお，倫理規則における違法行為とは，故意若しくは過失又は作為若しくは不作為を問わず，会員が所属する企業等，その監査役等，経営者，従業員等又は所属する企業等の指示の下で働く委託先業者等のその他の者によって行われる法令違反となる行為である（倫260.5 A1）。また，関連する法令には，例えば**図表13-8**に示すようなものがある（倫260.5 A2）。

　PAIBである会員は，所属する企業等が違法行為又はその疑いに対処するための方針及び手続を定めている場合，自らの違法行為への対応方法を決定する際に当該方針及び手続を考慮する必要がある（倫R260.9）。

　なお，違法行為への対応方法は，所属する企業等における会員の立場や権限によって異なる部分がある。このため，倫理規則は，PAIBである会員を上級の職にある会員（上級職会員）とそれ以外の職にある会員（上級職以外の会員）とに分け，それぞれがとるべき対応を定めているのである。

図表13-8　PAIBが対応すべき違法行為に関連する法令の例

- ・不正，汚職および贈収賄
- ・マネー・ローンダリング，テロリストへの資金供与および犯罪収益
- ・証券市場および証券取引
- ・銀行業務ならびにその他の金融商品およびサービス
- ・情報保護
- ・税金および年金に係る債務および支払
- ・環境保護
- ・公衆衛生および安全

出所：日本公認会計士協会倫理規則260.5 A2をもとに筆者作成。

（2）　上級職会員の責任

　上級職会員とは，取締役，監査役等並びに人的，財務的，技術的，物的及び無形の経営資源の取得及び配分並びに経営資源に対する支配に関して，重要な影響力を行使し決定できる職位にある者をいう。上級職会員は，所属する企業等のその他の会員と比べて，違法行為又はその疑いに対して公共の利益のために適切な行動をとることをより強く期待される（倫260.11 A1）。

　上級職会員は，専門業務を実施する過程で違法行為又はその疑いに関する情報に気付いた場合，①違法行為又はその疑いの内容及びそれが発生した，又は発生し得る状況，②当該状況に対して適用される法令，③所属する企業等，投資家，債権者，従業員又は社会一般に対する潜在的な影響に対する評価を含め，当該事項を理解しなければならない（倫R260.12）。ただし，ある行為が違法行為となるかどうかは最終的には裁判所によって判断されるのであり，PAIBであるといえども，所属する企業等における役割を果たすために必要な水準以上の法令に関する理解を求められているわけではない（倫260.12 A1）。

　上級職会員は，違法行為が発生したか又は発生し得ると認識した，あるいはその疑いを持った場合には，所属する企業等の方針及び手続に従って問題となる事項に対処するか，又は適切な場合には直属の上司若しくは直属の上司より上の階層の上司と当該事項について協議しなければならない。もし直属の上司が関与している可能性があれば，当該直属の上司より上の階層の上

司と協議する必要がある（倫R260.13）。

　上級職会員には，問題となる事項に関する監査役等とのコミュニケーション，適用される法令の遵守，違法行為の阻止又は影響の軽減，再発リスクの低減，あるいは違法行為の未然防止など，会員が置かれている状況やその地位，職務及び権限等に応じて，適切な措置を講じることが求められている（倫R260.14）。

　なお，所属する企業等に財務諸表監査に従事する外部監査人がいる場合には，外部監査人に対して問題となる事項を報告する必要があるかどうかを判断する（倫R260.15）。また，上級職会員は，上司及び監査役等の対応並びに内部通報制度等を通して伝達された事項に対して所属組織がとった対応の適切性を評価する責任も負っている（倫R260.16）。さらに，これを踏まえて，公共の利益のために追加的な対応を行うことが必要かどうかが判断されなければならない（倫R260.17）。このとき，上級職会員がとり得る追加的な対応としては，もし所属する企業等が企業グループに属していれば，当該事項を親会社の経営者に報告すること，又は所属する企業等を退職することも１つの選択肢となる（倫260.18 A1）。

（3）　上級職以外の会員の責任

　上級職以外の会員は，専門業務を実施する過程で違法行為又はその疑いに関する情報に気付いたときには，当該情報について理解することに努めなければならないが（倫R260.24），上級職会員の場合と同様に，所属する企業等においてPAIBとしての役割を果たすために必要な水準以上の法令に関する理解を有することまでは求められてはいない（倫260.24 A1）。

　上級職以外の会員は，違法行為が発生した，若しくは発生し得ると認識し，又はその疑いを持った場合，所属する企業等の方針及び手続，例えば倫理に関する方針や内部通報制度などに従って当該事項に対処するか，又は適切な場合には直属の上司若しくは直属の上司より上の階層の上司に報告することを求められている。もし直属の上司が関与している可能性があるときは，当該直属の上司より上の階層の上司に報告しなければならない（倫R260.25）。

　上級職以外の会員が企業等で行使できる権限は限られていると考えられる

ことから，上級職会員と比べてその責任の範囲は限定されることになろう。

（4） 違法行為と内部告発

すでに述べたように，上級職会員は，所属企業等の内部通報制度を通して伝達された事項に対する対応の適切性を評価する責任を負っており，これを踏まえて，公共の利益のために追加的な対応を行うことが必要かどうかを判断しなければならない。その際，所属企業等の対応の有効性を引き続き信頼できるかどうかが1つの考慮事項となる（倫260.17 A1）。信頼できないという結論に至れば，上級職会員は，所属する企業等を退職することを含めて，追加的な対応をとらなければならない。

倫理規則は，上級職以外の会員にも，所属企業等の内部通報制度に従って違法行為に対処することを選択肢の1つとして示している。しかし，いずれの会員に対しても，違法行為を発見した場合に，それを所属企業等の外部に報告又は開示する「内部告発」を行うように求めているわけではないという点には注意が必要である。

一般に，ほとんどコストを負担することなくできるのであれば，人には深刻な被害が他人に及ぶことを防ぐ道徳的な責務があると考えられている（ディジョージ 1995）。しかし，企業等に所属する者はその企業等に対する忠誠の義務を負っているため，内部告発という行為は手放しでは肯定されないともいわれている（宮内 2012）。

それでは，どのような場合に内部告発が道徳的に許容され，あるいは義務となるのだろうか。これについては，リチャード・T・ディジョージが提示した許容されるための3条件と，義務となるための2条件がよく知られている（**図表13-9**）。

ディジョージは，これらの条件を示した上で，企業内でより高い地位に就いている者や専門職の者は，下位の従業員に比べて，必要な場合には内部告発をしてでも，企業の政策や製品を変えさせるより重い義務を負っていると思われると指摘している（ディジョージ 1995）。しかし，その一方で，内部告発者という道徳的ヒーローが必要であるということは，企業等に欠陥があるということを示しており，内部告発を必要なものとするような企業構造等

図表13-9　内部告発の条件

①企業が，その製品ないし政策を通じて公衆すなわちその製品のユーザー，罪の
　ない第三者あるいは一般大衆に対して深刻かつ相当な被害を及ぼすこと。
②従業員が製品のユーザーや一般大衆に深刻な被害が及ぶと認めた場合には，直
　属の上司にそのことを報告し，自己の道徳的懸念を伝えるべきである。そうし
　た行動を取らない限り，内部告発の行為ははっきりとは正当化できない。
③直属の上司が，自分の懸念や訴えに対して何ら有効なことを行わなかった場合
　には，従業員は内部的な手続や企業内で可能な手段に手を尽くすべきである。
　これらの手段には，通常，経営の上層部や，必要であり可能な場合には取締役
　会に報告することも含まれる。
④内部告発者は，その人物のその状況に対する認識が正しいものであること，また，
　その企業の製品あるいは業務が一般大衆，またはその製品の使用者に，深刻で
　可能性の高い危険を引き起こすということを，合理的で公平な第三者に確信さ
　せるだけの証拠を持っているか，入手しなければならない。
⑤従業員は，外部に公表することによって必要な変化がもたらされると信じるに
　足るだけの十分な理由を持たなければならない。成功を収める可能性は，個人
　が負うリスクとその人に降りかかる危険に見合うものでなければならない。

出所：ディジョージ（1995）をもとに筆者作成。

を変えていくことが，人々に対して道徳的ヒーローになるように説くことよ
りも重要であるとも述べている。
　ディジョージが挙げている内部告発が許容される３つの条件は，倫理規則
が上級職会員に対して求めていることと合致している。実際に内部告発をす
るかどうかは別にしても，上級職会員は，違法行為に対して内部告発を行う
ことが正当化されるほど十分な対応をすることを求められているのである。

（5）違法行為と司法取引

　企業等においては，違法行為を防止するための体制，また，万一違法行為
が発生した場合に，それを適時・適切に把握し対処するための企業内制度の
整備が進められている。しかし，企業等の上級職会員が問題を発見するため
の備えをしていても，すべての違法行為を適時・適切に発見することは不可
能である。
　このため，違法行為の発生を知る者からの情報提供によって，企業がその
発生を把握するために設けられる仕組みが内部通報制度である。すでに多く

の企業等で内部通報制度が設けられているが，例えば「社内リニエンシー制度」の導入によって，違法行為の適時・適切な把握を可能にする体制の拡充が必要となっている。社内リニエンシー制度とは，違法行為に関与した者が自主的な通報や調査協力などによって問題の早期発見・解決に協力した場合に，懲戒処分等を減免することができる仕組みである（齊藤 2019）。

　企業等において行われる違法行為には，いわゆる「両罰規定」によって，違法行為の実行者とともにその者が所属する企業等にも罰則が科せられるものがある。こうした事例に直面したときに，企業等が受ける罰則を軽減するために活用を検討すべき制度として，いわゆる「司法取引」がある。

　司法取引は，正式には「証拠収集等への協力及び訴追に関する合意制度」といい，特定の財政経済犯罪や薬物銃器犯罪を対象に，検察官と被疑者・被告人（「本人」）が，弁護人の同意のもと，「他人」の刑事事件について真実に基づいた供述をしたり，重要な証拠を提出するなどして捜査に協力する見返りに，検察官が，本人の刑事事件について不起訴にしたりより軽い刑で起訴したり，あるいはより軽い求刑をするなどの有利な取扱いをするというものである（齊藤 2019）。

　司法取引は，検察官が従来の捜査手法では成果を得ることが難しい事案の摘発を目的とするものである。司法取引が成立するためには，検察官が，被疑者・被告人から提供を受ける情報に価値があると判断することが必要である。司法取引においては，企業による情報の早期認識，早期対応着手が何よりも重要である。捜査当局に先んじて調査を行い，全容を把握することができれば，そこから得られる証拠の価値が高くなり捜査当局との交渉の幅も広がって，効果的に司法取引を利用できる可能性が高まるからである。

　一例として，企業の代表取締役が主導して行った不正会計によって，司法取引の適用対象となる犯罪に該当する有価証券報告書虚偽記載罪（金商第197条第1項）が成立すると，両罰規定により企業に対しても罰金刑が科せられることになる（金商第207条第1項）。

　PAIBである上級職会員が不正会計に関する情報を入手した場合には，事実関係を把握・確認する必要がある。その上で，代表取締役の指示に従って不正会計を行った使用人の協力が得られる場合には，不正会計の首謀者であ

る代表取締役を他人とし，両罰規定によって罰則を適用される企業を本人として，司法取引を行うことが可能か，あるいは適切かどうかを検討することが考えられる。

　なお，この上級職会員は，不正会計の事実を把握したにもかかわらずこれを放置すれば，善管注意義務違反を問われる恐れがあることに留意する必要がある。

5　企業等所属の税理士の業務と責任

　PAIBすなわち企業等所属の公認会計士と同様に，企業等に所属して税に関する職業的専門家として企業等の業務に従事する税理士がいる。

　税理士となる資格を有する者が税理士となるには，財務省令で定めるところにより，税理士名簿への氏名，生年月日，事務所の名称及び所在地その他の事項の登録を受けなければならない（税第18条）。企業等に雇用される者であっても，税理士の資格を取得するためには同様に登録を受ける必要がある。

　税理士は，他人の求めに応じ，租税に関し，税務代理，税務書類の作成及び税務相談の事務を行うことを業とする（税第2条第1項）。また，これらの業務のほかに，税理士の名称を用いて，他人の求めに応じ，税理士業務に付随して財務書類の作成，会計帳簿の記帳の代行その他財務に関する事務を業として行うことができる（税第2条第2項）。

　税理士としての登録を受けた上で，企業等においていわゆる「企業内税理士」として勤務する場合には，税理士会に「業務執行に関する誓約書」及び「税理士登録することに関する勤務先からの承諾書」を提出しなければならない（**図表13-10**）。

　「業務執行に関する誓約書」には，企業等に勤務するかたわら税理士登録するが，登録後当該企業等に勤務する間は，当該企業等の業務の一環として税理士業務は一切行わないことを誓約する旨を記載しなければならない。つまり，たとえ税理士登録されていたとしても，所属する企業等で税理士としての業務を行うことはできないという点には注意が必要である。

　また，「業務執行に関する誓約書」には，所属する企業等は，税理士登録

図表13-10　業務執行に関する誓約書

令和　　年　　月　　日

業務執行に関する誓約書

税理士会会長　様

（設置・加入・所属　する予定の）

事 務 所 名 称

事務所所在地

申 請 者 氏 名

　今般，私は，_____に勤務の傍，上記のとおり（開業税理士・社員税理士・所属税理士）として税理士登録申請いたしますが，登録後，同社（事務所を含む。以下同じ）勤務中は，同社の業務の一環として税理士業務は一切行なわないことを誓約いたします。

_____

　今般，申請者_____が税理士登録申請を行なうにあたり，登録後，同人に当社の業務において税理士業務は行なわせないことを誓約いたします。
　ただし，同人が登録した税理士事務所において，同人が税理士業務を行なうことについては承諾いたします。

所 在 地

勤 務 先 名

代表者氏名

出所：日本税理士会連合会（https://www.nichizeiren.or.jp/wp-content/uploads/doc/cpta/system/entry/doc/R3業務執行に関する誓約書.pdf）。

申請者に登録後，企業等の業務において税理士業務を行わせないことを誓約する旨が記載される。すなわち，企業等は，税理士登録している者を雇用したとしても，その者を企業等において税理士業務に従事させることはできないという点にも留意しなければならない。

　企業等は，税理士の資格を持つ者に対して，その専門的な能力や経験を活

かしてコンサルタントとしての役割を期待する場合がある。企業等に従業員として所属していることから，企業等の機密情報を含む経営情報を外部の税理士よりも多く入手することが可能であり，外部の税理士よりも企業等の実情に即した助言ができるという利点がある。

　企業等所属税理士については，財務や税務の専門家としてM&Aや事業再編など活躍のフィールドが広がっており，企業内税理士には，その企業の経営者のパートナー的な存在としての役割が求められているということができる。

Assignment

- PAIBも基本原則を遵守する必要があるが，PAIBと監査事務所に所属して監査証明業務に従事する者とで，阻害要因に違いはあるだろうか。あるとすれば，なぜ違いが生じるのか，ないとすればなぜないのか考えてみよう。
- 所属企業等において上級の職にある公認会計士とそれ以外の職にある公認会計士とでは，要求される職業倫理の水準に違いはあるだろうか。もしあるとすれば具体的にどのような違いがあり，なぜ違うのか，ないとすればなぜないのか考えてみよう。
- 企業等に所属し，コンサルタントとしての役割を期待されている税理士に対しても職業倫理を求める必要があるかどうか考えてみよう。

参考になる書籍

桑本慎一郎（2021）『会計士が転職を考えたら読む本』中央経済社。

参考文献

齊藤雄彦監修，三浦亮太・板崎一雄編著（2019）『ケーススタディ日本版司法取引制度：会社と社員を守る術　平時の備え・有事の対応』ぎょうせい。
田中恒夫（2017）『会計職業倫理（第2版）：会計士（監査人）の倫理 税理士の倫理』創成社。
リチャード・T・ディジョージ著，永安幸正・山田經三監訳，麗澤大学ビジネス・エシックス研究会訳（1995）『ビジネス・エシックス』明石書店（De George, R.T. (1982) *Business Ethics*, Macmillan）。
スティーブン・デラポータス著，スティーン・トムセン著，マーティン・コンヨン著，浦崎

直浩・菅原智監訳（2016）『会計職業倫理の基礎知識：公認会計士・税理士・経理財務担当者・FPの思考法』中央経済社。

藤沼亜起編著（2012）『会計プロフェッションの職業倫理：教育・研修の充実を目指して』同文舘出版。

宮内寿子（2012）「内部告発をめぐって」『筑波学院大学紀要』第7集，189-195。

第14章

税理士の倫理

 1 税理士の資格と登録

（1）税理士試験制度

税理士になるためには，税理士試験に合格して，税理士となる資格を得る必要がある。

税理士試験には，「税法」に属する科目と「会計学」に属する科目がある。税法に属する科目については，所得税法又は法人税法のいずれかを含む任意の3科目に合格する必要がある。会計学に属する科目としては簿記論と財務諸表論の2科目があり，両方に合格する必要がある（税第6条）。

なお，税理士試験では，所定の試験科目のすべてに一度に合格する必要はなく，1科目ごとの合格を積み重ねることで，所定の試験科目のすべてに合格すればよいことになっている。

税理士法は，税理士試験の受験資格について規定しているが（税第5条），会計学に属する科目については特に定めはなく，誰でも受験することができる。

一方，税法に属する科目については，**図表14-1**に示すように，学識，資格，職歴又は認定に分類される要件のいずれかを満たす者が，税理士試験を受験することができる[1]。

受験資格を満たし税理士試験を受験して所定の科目に合格した者，税理士

1　国税庁「受験資格について」（https://www.nta.go.jp/taxes/zeirishi/zeirishishiken/qa/qa03.htm#a-11）。

図表14-1　税理士試験における税法に属する科目の受験資格

受験資格	
学識	大学，短大または高等専門学校を卒業した者で，社会科学に属する科目を1科目以上履修した者 大学3年次以上の学生で社会科学に属する科目を含め62単位以上を取得した者 専修学校の専門課程を修了した者等で，社会科学に属する科目を1科目以上履修した者 司法試験に合格した者 旧司法試験法の規定による司法試験の第2次試験または旧司法試験の第2次試験に合格した者 公認会計士試験短答式試験合格者（2006年度以降の合格者に限る） 公認会計士試験短答式試験全科目免除者
資格	日本商工会議所主催簿記検定試験1級合格者 公益社団法人全国経理教育協会主催簿記能力検定試験上級合格者（1983年度以降の合格者に限る） 会計士補および会計士補となる資格を有する者
職歴	次の事務または業務に通算2年以上従事した者 ・弁理士・司法書士・行政書士・社会保険労務士・不動産鑑定士の業務 ・法人または事業を営む個人の会計に関する事務 ・税理士・弁護士・公認会計士等の業務の補助の事務 ・税務官公署における事務またはその他の官公署における国税もしくは地方税に関する事務 ・行政機関における会計検査等に関する事務 ・銀行等における貸付け等に関する事務
認定	国税審議会より受験資格に関して個別認定を受けた者

出所：国税庁「受験資格について」（https://www.nta.go.jp/taxes/zeirishi/zeirishishiken/qa/qa03.htm#a-11）をもとに筆者作成。

法の規定により試験科目の全部について試験を免除された者，弁護士及び公認会計士は，税理士となる資格を有する。ただし，税理士試験合格者及び試験科目の免除者については，実務経験として，貸借対照表勘定及び損益勘定を設けて経理する事務などに従事した期間が，通算して2年以上あることが必要とされている（税第3条第1項，税令第1条の3）。

　税理士となる資格を有する者が税理士となるためには，日本税理士会連合会に備える税理士名簿への，氏名，生年月日，事務所の名称及び所在地その他の事項の登録を受けなければならない（税第18条）。

（2）　欠格条項と登録拒否事由

　税理士法は，**図表14-2**に示す事項のいずれかに該当する者は税理士となる資格を有しないとして，いわゆる「欠格条項」を定めている（税第4条）。

図表14-2　税理士の欠格条項

- ・未成年者
- ・破産手続開始の決定を受けて復権を得ない者
- ・税法や税理士法違反で禁錮以上の刑に処せられ，刑期または執行猶予期間の終了後5年を経過しない者
- ・税法や税理士法などにより罰金刑に処せられたり通告処分を受けたりした者で，それらの終了後などから3年を経過しない者
- ・税法や税理士法以外の法令の規定により禁錮以上の刑に処せられ，刑期または執行猶予期間の終了後3年を経過しない者
- ・懲戒処分により税理士業務を禁止されてから3年を経過しない者
- ・国家公務員法などにより懲戒免職の処分を受けてから3年を経過しない者
- ・国家公務員法などに違反して退職手当支給制限等の処分などを受けてから3年を経過しない者
- ・弁護士法や公認会計士法などの専門職業を規制する法律に違反したことにより処分を受けてから3年を経過しない者
- ・税理士の登録を拒否された者のうち虚偽の申請書類を提出するなどして税理士の登録を取り消されてから3年を経過しない者

出所：税理士法第4条をもとに筆者作成。

　以上の事項に該当する者はそもそも税理士となる資格がなく，税理士名簿への登録の対象とならない者である。

　一方，税理士法は，**図表14-3**に示す事項のいずれかに該当する者は税理士の登録を受けることができないとして，「登録拒否事由」を定めている（税第24条）。

　これらの登録拒否事由に該当する者は，税理士となるのに必要な税理士名簿への登録を受けることができないため，税理士となることができない。

　税理士法は，欠格条項及び登録拒否事由を規定することによって，税理士による業務の公正性を確保し，また，税理士及びその業務に対する納税者や社会からの信頼の維持・向上を図っているのである。

図表14-3 税理士名簿への登録拒否事由

- 弁護士や公認会計士などの専門職業人で，懲戒処分によって業務を禁止されている者
- 報酬のある公職に就いている者
- 脱税をしたりさせたりした者でその行為があった日から2年を経過しない者
- 不正に国税または地方税の還付を受けるなどし，あるいは受けさせたりなどした者で，その行為があった日から2年を経過しない者
- 税法や会計に関する事務について刑罰法令違反行為をしてから2年を経過しない者
- 心身に故障があることにより，税理士業務を行わせることがその適正を欠くおそれがある者
- 欠格条項における年数要件を満たして登録の申請をしたが，税理士業務を行わせることがその適正を欠くおそれがある者
- 税理士の信用または品位を害するおそれがある者その他税理士の職責に照らし税理士としての適格性を欠く者

出所：税理士法第24条をもとに筆者作成。

2 税理士の使命，義務，責任

（1） 税理士の使命と業務

　税理士は，税務に関する専門家として，独立した公正な立場において，申告納税制度の理念にそって，納税義務者の信頼に応え，租税に関する法令に規定された納税義務の適正な実現を図ることを使命とする（税第1条）。

　この使命を果たすために，税理士は，他人の求めに応じ，税務代理，税務書類の作成及び税務相談といった租税に関する事務を行うことを業とする（税第2条第1項）。また，税理士の名称を用いて，他人の求めに応じ，税理士業務に付随して，財務書類の作成，会計帳簿の記帳の代行その他財務に関する事務を業として行うことができる（税第2条第2項）。

　税理士法は，税理士が行うあるいは行うことのできる業務を規定する一方で，税理士又は税理士法人でない者に対しては，原則として税理士業務を行うことを禁じている（税第52条）。税理士業務については，税理士に業務独占権が与えられているのである。

　また，税理士及び税理士法人の名称については，その使用が制限されている（税第53条）。すなわち，税理士でない者は，税理士，税理士事務所又はこれらに類似する名称を用いてはならず，税理士法人でない者は税理士法人又はこれに類似する名称を用いることを禁じられているのである。

　税理士法の第2条第2項に規定されている税理士業務に付随する業務は，税理士の資格を持たない者でも行うことのできる業務である。しかし，こうした業務を税理士の名称を用いて行うことができるのは，税理士の資格を持つ者だけである。税理士及び税理士法人には，それらの名称の独占的使用権が認められているのである。

（2）　税理士の義務

　税理士法は，税理士が税務代理をする際の義務について，次のように規定している。

第30条（税務代理の権限の明示）

　税務代理をする場合においては，その権限を有することを証する書面（税務代理権限証書）を税務官公署に提出しなければならない。

第31条（特別の委任を要する事項）

　税務代理をする場合において，不服申立ての取下げ，代理人の選任をするときには，特別の委任を受けなければならない。

第32条（税理士証票の提示）

　税務代理をする場合において，税務官公署の職員と面接するときは，税理士証票を提示しなければならない。

第33条（署名の義務）

　税務代理をする場合において，租税に関する申告書等を作成して税務官公署に提出するときは，当該税務代理に係る税理士は，当該申告書等に署名しなければならない。

　また，税理士として負っている義務について次のように定めている。

第38条（守秘義務）

　正当な理由なく税理士業務に関して知り得た秘密を他に漏らし，又は窃用し

てはならない。税理士でなくなった後においても，また同様とする。

第39条（会則遵守義務）

　所属税理士会及び日本税理士会連合会の会則を守らなければならない。

第39条の2（研修受講義務）

　所属税理士会及び日本税理士会連合会が行う研修を受け，その資質の向上を図るように努めなければならない。

　さらに，税理士法には，税理士業務を行う際に果たすべき次のような義務が規定されている。

第40条第1項（事務所設置義務）

　税理士業務を行うための事務所を設けなければならない。

第41条（帳簿作成義務）

　税理士業務に関して帳簿を作成し，委嘱者別に，かつ，一件ごとに，税務代理，税務書類の作成又は税務相談の内容及びその顛末を記載しなければならない。

第41条の2（使用人に対する監督義務）

　税理士業務を行うため使用人その他の従業者を使用するときは，税理士業務の適正な遂行に欠けるところのないよう当該使用人その他の従業者を監督しなければならない。

第41条の3（助言義務）

　税理士業務を行うに当たって，委嘱者が不正に国税若しくは地方税の賦課若しくは徴収を免れている事実，不正に国税若しくは地方税の還付を受けている事実又は国税若しくは地方税の課税標準等の計算の基礎となるべき事実の全部若しくは一部を隠蔽し，若しくは仮装している事実があることを知ったときは，直ちに，その是正をするよう助言しなければならない。

　加えて，税理士法は，税理士又は税理士法人の使用人その他の従業者について，正当な理由なく税理士業務に関して知り得た秘密を，現に使用人であるときはもちろん，税理士又は税理士法人の使用人その他の従業者でなくなった後においても，他に漏らし又は盗用してはならないとして，使用人の守秘義務を定めている（税第54条）。

　税理士及び税理士法人は，これらの義務を誠実に遂行することにより，税理士業務に対する納税者ひいては社会からの信頼を維持し，さらに向上させることができるのである。

（3）　税理士の禁止事項

　税理士に対しては，税理士法により次のような禁止事項が定められている。これらの事項の中には，後ほど見るように，違反した場合に刑事責任を追及され刑事罰を受ける恐れのあるものもある。

第36条（脱税相談等）
　不正に国税若しくは地方税の賦課若しくは徴収を免れ，又は不正に国税若しくは地方税の還付を受けることにつき，指示をし，相談に応じ，その他これらに類似する行為をしてはならない。

第37条（信用失墜行為）
　税理士の信用又は品位を害するような行為をしてはならない。

第37条の2（名板貸し）
　税理士でない者に自己の名義を利用させてはならない。

第40条第3項（複数事務所の設置）
　税理士事務所を2以上設けてはならない。

第40条第4項（社員税理士の事務所設置禁止）
　税理士法人の社員は，税理士業務を行うための事務所を設けてはならない。

第42条（国税職員等の業務制限）
　国税又は地方税に関する行政事務に従事していた公務員で税理士となったものは，離職後1年間は，その離職前1年内に占めていた職の所掌に属すべき事件について税理士業務を行なってはならない。

第43条（他資格等において懲戒処分中等の業務停止）
　懲戒処分により，弁護士，公認会計士，弁理士，司法書士，行政書士若しくは社会保険労務士の業務を停止された場合（不動産鑑定士は鑑定評価等業務の禁止），その処分を受けている間，税理士業務を行なってはならない。税理士が報酬のある公職に就き，その職にある間においても，また同様とする。

税理士にとって脱税を指示したり脱税相談に応じたりすることは，「租税に関する法令に規定された納税義務の適正な実現を図ること」という税理士に与えられた使命に鑑み，決してあってはならないことである。

　また，税理士は，その信頼を失墜させる行為として，自己脱税，自己の申告所得金額等に関わる多額の申告漏れ，税務職員の調査の妨害，税理士業務を停止されている者への名義貸し，委嘱された業務を正当な理由なく怠ること，税理士会の会費滞納その他の反職業倫理的行為を行うことを禁じられている[2]。

　税理士法では，税理士及び税理士法人は，税理士業務を行うための事務所を設けなければならないと規定しているが，同時に税理士事務所を2以上設けることを禁じ，また，税理士法人の社員に対しては個人で税理士業務を行うための事務所を設けることを禁止している。こうした措置がとられているのは，税理士の業務活動の本拠を1か所に限定することが法律関係を明確にする上で便宜であること，また，個人の監督能力を超えて業務範囲を拡大することを事務所の数の面から規制し，これにより税理士以外の者が税理士業務を営むことを防止するためであるとされている[3]。

　日本税理士会連合会及び各税理士会は，その会則において職業倫理に関わる事項について規定しているが，日本公認会計士協会の倫理規則のような，すべての会員を対象とする倫理規則は設定していない。

　こうした中で，税理士の実務に大きな影響力を持つTKC全国会[4]が独自に倫理規定を定め，TKCの会員に提示している[5]。

　TKC全国会は，租税正義の実現を目指し，関与先企業の永続的繁栄に奉仕する職業会計人集団であり，巡回監査と呼ばれる活動を通じて信頼性の高い決算書の作成に努めている。

　巡回監査とは，TKCの会員である税理士が関与先を毎月及び期末決算時

2　国税庁「税理士法違反行為Q&A」問3-5の注。

3　近畿税理士会「Web税理士法　第40条「事務所の設置」」(https://www.kinzei.or.jp/search/regulation/chapter_4_14.html)。

4　TKC全国会については，同会のWebページ (https://www.tkc.jp/tkcnf/) を参照。

5　「TKC会計人の行動基準書（倫理規定）について」(https://www.nakamurakaikei.com/shinjyo.html)。

に巡回して，関与先の会計資料・会計記録の適法性，正確性，適時性などを確保するために，会計事実の真実性，実在性，網羅性を確認し，かつ指導を行うというものである。巡回監査は，毎月行う月次巡回監査と，期末決算時に行う決算巡回監査とに分けられている。中小企業では，通常，企業自らが会計帳簿を作成するが，記帳の信頼性の確保を税理士が支援するサービスとして月次巡回監査が位置づけられている。

　日本の法人税法は，計算に誤りのない会計帳簿に証拠力を認めており，各

図表14-4　TKC全国会の倫理規定

先験性	会員は，TKCの理念である自利利他行を実践することにより，社会と企業の発展に貢献するため，先験的意識の発見と培養に努めなければならない。
廉潔性	会員は，社会と企業からの信頼を維持しかつ増大するために，高い廉潔性を堅持し専門的業務を遂行しなければならない。廉潔性とは，清廉潔白・高潔なことをいう。
独立性	会員は，社会と企業からの信頼と尊敬とを受けるために，関与先から委託された業務を遂行するにあたり，独立性を堅持しなければならない。独立性には，実質的な意味での独立性とこれを補完するものとして外形的条件から見た独立性が必要であると理解する。会員は，真正の事実を確保し，かつ関与先企業等にとって，法の許す範囲で最も有利な結果を得るように，職業専門家として相当の注意をもって業務を遂行しなければならない。
相当の注意	会員は，真正の事実を確保し，かつ関与先企業等にとって，法の許す範囲で最も有利な結果を得るように，職業専門家として相当の注意をもって業務を遂行しなければならない。
機密保持	会員は，関与先企業等との緊密な信頼関係を維持し継続するため，業務上知り得た機密を保持しなければならない。
品位の保持	会員は，TKC会計人の社会的信頼を獲得するため，職業専門家としての教養を深めるとともに，不断に品位の保持に努めなければならない。
専門的能力	会員は，関与先企業等の永続的な発展を願い，業務の完璧な遂行を決意して，生涯を通じて不断に高度な専門的能力の錬磨に努めなければならない。
健康体の維持	会員は，健康体の維持を行動基準実践上の基盤的要件と理解し，常にそのための関心配置に努めるとともに，職員の健康と精神生活の条件整備にも特別の配慮をしなければならない。

出所：「TKC会計人の行動基準書（倫理規定）について」(https://www.nakamurakaikei.com/
　　　shinjyo.html) をもとに筆者作成。

事業年度の所得金額の計算は一般に公正妥当と認められる会計処理の基準，すなわち中小会計要領に従って計算されるものとしている。このため，TKC会計人は，とりわけ月次巡回監査によって，関与先企業が高い証拠力を持つ帳簿を作成できるように，中小会計要領に準拠した会計処理を指導しているのである。

さて，TKC全国会の倫理規定には，**図表14-4**に示すように，先験性，廉潔性，独立性，相当の注意，機密保持，品位の保持，専門的能力及び健康体の維持の8項目が盛り込まれている。

これらの事項は，TKCの会員であるかどうかに関わらず，税理士として業務を実施するに際して常に意識し，その要請を理解し，そして実践すべきものである。

3 税理士の責任

（1） 税理士の懲戒

税理士は，その使命を果たすために，法令によって与えられた権利を行使し，義務を遂行することを求められている。しかし，与えられた権利を適切に行使せず，あるいはまた課せられた義務を誠実に履行しないとき，懲戒処分を受けることがある。

税理士法は，戒告，2年以内の税理士業務の停止及び税理士業務の禁止という3種の懲戒処分を定めている（税第44条）。

税理士が，故意に真正の事実に反して税務代理若しくは税務書類の作成をしたとき，又は脱税相談等の行為をしたときは，財務大臣は2年以内の税理士業務の停止又は税理士業務の禁止の懲戒処分を行うことができるとされている（税第45条第1項）。また，こうした行為を相当な注意を怠ったことによって行った税理士には，戒告又は2年以内の税理士業務の停止の処分が下される可能性がある（税第45条第2項）。

脱税や不正な税の還付に関与することは，税理士にとって最も重い違反行為である。このため，故意にこうした違反行為を行った税理士に対しては最

も重い懲戒処分が行われる。たとえ過失による場合でも，懲戒処分を免れることはできないのである。

　脱税相談以外でも，税務申告書に添付する書面への虚偽記載や，前掲の義務や禁止事項に対する違反，すなわち信用失墜行為，「名板貸し」と呼ばれる税理士ではない者に自分の名義を使わせる行為，守秘義務違反，帳簿作成義務違反，使用人監督責任義務違反，業務制限違反，業務停止処分違反などに対して，前掲の3種の懲戒処分のいずれかが行われる可能性がある（税第46条）。懲戒処分が行われた場合には，官報にその旨が公告されることになっている（税第48条）。

　なお，税理士法は，日本税理士会連合会に対して，税理士が懲戒の手続に付された場合に，その手続が結了するまでは当該税理士の業務廃止による登録の抹消をすることを禁じている（税第47条の2）。懲戒処分の対象である税理士が，登録抹消によって懲戒処分を逃れることを許さないために，税理士の登録抹消が制限されているのである。脱税などの不正に関わった疑いで調査を受けている税理士が，懲戒処分を免れるために自主廃業するケースが多数に上ったことから，2022年の税理士法改正によって，廃業した税理士に対しても現役と同じ処分を適用できるように制度が改正されたのである。

（2）　税理士の刑事責任

　税理士に対しては，税理士法の特定の規定に違反した場合に刑事責任が問われることがある。

　税理士が脱税相談等を行った場合には，税理士法上の刑事罰としては最も重い，3年以下の懲役又は200万円以下の罰金が科されることがある。

　その他，虚偽申告による登録，名義貸し，守秘義務違反，無資格者による税理士業務，業務停止中の業務実施，無資格者による税理士の名称使用などに対して刑事罰が科されることがある。なお，税理士制度を保護するために，無資格者にも刑事罰が科される場合がある（**図表14-5**）。

図表14-5　税理士に対する刑事罰

適用条文	違反条項	罰則
第58条	脱税相談等（第36条）	3年以下の懲役または200万円以下の罰金
第59条	無資格者の虚偽申請による税理士登録 非税理士に対する名板貸し（第37条の2） 守秘義務（第38条＝税理士，税理士法人，第54条＝使用人） 税理士業務の制限規定（第52条）（無資格者）	2年以下の懲役または100万円以下の罰金
第60条	業務の制限規定（第42条） 業務の停止規定（第43条） 税理士の業務停止違反（第45条または第46条）	1年以下の懲役または100万円以下の罰金
第61条	名称の使用制限（第53条第1項〜第3項）（無資格者）	100万円以下の罰金
第62条	国税庁長官による監督上の措置に係る報告等の拒否（第49条の19第1項，第55条）	30万円以下の罰金
第63条	法人の代表や使用人が第58条，第37条の2，第52条，第60条第3項，第61条，第62条の違反行為をしたときは，法人にも各本条の罰金を科す。	上記各条文の罰金参照

出所：筆者作成。

　なお，一部の違反について，税理士法人の代表や使用人が違反行為を行った場合には，法人にも罰則が科されるいわゆる両罰規定が設けられている点には注意が必要である。

4 税理士の組織

（1）税理士会

　税理士法の規定に基づいて，税理士は，国税庁の管轄区域ごとに1つの税理士会を設立しなければならない（税第49条第1項）。税理士会の会員数が5,000人を超える場合には，国税庁長官に，新たに税理士会を設立できる区域の設定を請求できるとされている（税第49条第2項，税施第23条）。

　また，税理士会は，1つの税務署の管轄区域ごとに支部を設立しなければならず（税第49条の3第1項），支部は，税理士会の目的に資するため所属する会員に対する指導，連絡及び監督を行うものとされている（税第49条の3第2項）。

　税理士となる資格を有する者が税理士になるためには，日本税理士会連合会に備えられる「税理士名簿」への，氏名や事務所の所在地などの事項の登録を受けなければならないが（税第18条），税理士は，登録を受けたときに，当然に，登録を受けた税理士事務所の所在地を含む区域に設立されている税理士会の会員になることになっている（税第49条の6）。

　2023年5月現在，**図表14-6**に示すように，全国に15の税理士会が設けられている。このうち，東京，東京地方，千葉県及び関東信越の4つの税理士会に，税理士登録者全体のおよそ半数が所属している[6]。

図表14-6　全国の税理士会

出所：日本税理士会連合会「全国の税理士会，関連団体」(https://www.nichizeiren.or.jp/nichizeiren/location/)。

6　日本税理士会連合会「税理士登録者数」(https://www.nichizeiren.or.jp/cpta/about/enrollment/)。

税理士会は，税理士及び税理士法人の使命と職責に鑑み，税理士及び税理士法人の義務の遵守，税理士業務の改善進歩に資するために，支部及び会員に対する指導，連絡，監督に関する事務を行うことを目的とする（税第49条第6項）。

税理士会を設立する際には，会則を定めて財務大臣の認可を受けなければならない（税第49条の2第1項）。そして，その会則には**図表14-7**に示す事項を記載する必要がある（税第49条の2第2項）。

図表14-7　税理士会の会則に記載すべき事項

```
・名称および事務所の所在地
・入会および退会に関する規定
・役員に関する規定
・会議に関する規定
・税理士の品位保持に関する規定
・会員の研修に関する規定
・会員の業務に関する紛議の調停に関する規定
・税理士業務に係る使用人その他の従業者に対する監督に関する規定
・委嘱者の経済的理由により無償または著しく低い報酬で行う税理士業務に関する規定
・租税に関する教育その他知識の普及および啓発のための活動に関する規定
・会費に関する規定
・庶務および会計に関する規定
```

出所：税理士法第49条の2第2項をもとに筆者作成。

このように，税理士会の会則には，税理士会の運営に関わる事項に加えて，税理士の品位保持，会員の研修，使用人その他の従業員に対する監督，無償又は著しく低い報酬での税理士業務，租税に関する教育その他知識の普及及び啓発活動など，税理士の職業倫理に関連する事項が盛り込まれることになっている。

税理士会は，税理士による自主規制団体として税理士が業務を行う地域に根ざしながら，税理士に対する社会からの信頼を維持・向上させるための活動を行うものなのである。

（2）　日本税理士会連合会

　税理士法は，税理士の全国組織として，全国の税理士会によって日本税理士会連合会が設立されなければならないと規定している（税第49条の13第１項）。

　日本税理士会連合会は，税理士及び税理士法人の使命及び職責に鑑み，税理士及び税理士法人の義務の遵守，並びに税理士業務の改善進歩に資するため，税理士会及びその会員に対する指導，連絡，監督に関する事務を行い，また，税理士の登録に関する事務を行うこととされている（税第49条の13第２項）。

　日本税理士会連合会には法人格が与えられ（税第49条の13第３項），全国の税理士会は，当然に日本税理士会連合会の会員となるものとされている（税第49条の13第４項）。

　日本税理士会連合会は，税理士個人ではなく，全国の税理士会を会員とする組織である。そして，その会則には，**図表14-8**に示す事項に関わる規定が設けられなければならない（税第49条の14第１項）。

図表14-8　日本税理士会連合会の会則に記載すべき事項

・名称および事務所の所在地
・役員に関する規定
・会議に関する規定
・税理士の品位保持に関する規定
・租税に関する教育その他知識の普及および啓発のための活動に関する規定
・会費に関する規定
・庶務および会計に関する規定
・税理士の登録に関する規定
・資格審査会に関する規定
・帳簿およびその記載に関する規定
・税理士会の会員の研修に関する規定
・税理士業務の実施の基準に関する規定

出所：税理士法第49条の14第１項をもとに筆者作成。

　税理士法の規定に基づいて日本税理士会連合会が定めた会則には，税理士の職業倫理に関連する規定が含まれている（**図表14-9**）。

図表14-9　日本税理士会連合会の会則における職業倫理関連規定

（品位保持の指導）

第59条　税理士会は，その会員が税理士及び税理士法人の使命にかんがみ，税理士業務の改善進歩及び納税義務の適正な実現に努めるとともに，税理士の信用又は品位を害するような行為をしないように指導しなければならない。

（不当勧誘行為等の禁止）

第59条の2　税理士会の会員は，税理士の業務において，不当勧誘，不当広告，報酬額の不明示等その他相手方等の利益を害するおそれがある行為をしてはならない。

（会則等の遵守）

第60条　税理士会の会員は，税理士に関する法令，本会の会則及び税理士会の会則，規則等を遵守しなければならない。

（非税理士との提携の禁止）

第61条　税理士及び税理士法人は，法第52条又は法第53条第1項若しくは第2項の規定[7]に違反する者から業務のあっ旋を受けてはならない。

（名義貸しの禁止）

第61条の2　税理士及び税理士法人は，何人にも税理士又は税理士法人としての自己の名義を利用させてはならない。

（帳簿作成の義務）

第64条　税理士及び税理士法人は，税理士業務に関して，帳簿を作成し，委嘱者別に，かつ，一件ごとに，税務代理，税務書類の作成又は税務相談の内容及びそのてん末を記載しなければならない。

（税理士の研修）

第65条　税理士は，その素質の向上を図るため，本会及び所属する税理士会が行う研修を受けなければならない。

出所：「日本税理士会連合会会則」（https://www.nichizeiren.or.jp/wp-content/uploads/doc/nichizeiren/about/detail/kaisokuR5.pdf）。

　税理士及び税理士法人は，日本税理士会連合会を構成する税理士会の会員としてこれらの規定を遵守し，税理士という職業的専門家に対する社会からの信頼を維持・向上できるように努めなければならないのである。

7　「第52条　税理士又は税理士法人でない者は，この法律に別段の定めがある場合を除くほか，税理士業務を行つてはならない。

　第53条　税理士でない者は，税理士若しくは税理士事務所又はこれらに類似する名称を用いてはならない。

　2　税理士法人でない者は，税理士法人又はこれに類似する名称を用いてはならない。」

（3）　税理士法人

　税理士は税理士法人を設立することができる。税理士法人とは，税理士業務を組織的に行うことを目的として，税理士が共同して設立した法人をいう（税第48条の2）。

　税理士法人制度は，税理士業務の共同化を促すことが，複雑化，多様化，高度化する納税者等の要請に的確に応えるとともに，業務提供の安定性や継続性，より高度な業務への信頼性などを確保することを可能にし，納税者にとっての利便性の向上に資するものであることから，税理士が個人として行うこととされていた税理士業務を法人形態でも行い得るように創設されたものである（日本税理士会連合会　2023）。

　税理士法人は，その名称中に「税理士法人」という文字を使用しなければならず（税第48条の3），社員は税理士でなければならない（税第48条の4第1項）。また，税理士法人は，税理士でない者に税理士業務を行わせてはならないこととされている（税第48条の15）。

　税理士法人は，税理士法の第2条第1項で規定されているいわゆる「税理士業務」を行うほか，定款で定めるところにより，同条第2項の業務その他これに準ずるものとして財務省令で定める業務の全部又は一部を行うことができるものとされている（税第48条の5）。

　一方，税理士法は，税理士の義務のうち，脱税相談等の禁止（税第36条），信用失墜行為の禁止（税第37条），会則を守る義務（税第39条），帳簿作成の義務（税第41条），使用人等に対する監督義務（税第41条の2），並びに助言義務（税第41条の3）を税理士法人に準用することとしている（税第48条の16）。

　また，税理士法人に固有の義務として，社員の常駐（税第48条の12），定款の変更の届出（税第48条の13）及び業務執行方法（税第48条の15）が定められている。

　税理士法人の社員は，他の社員の承諾の有無に関わらず，自己若しくは第三者のために，所属する税理士法人の業務の範囲に属する業務を行うこと，又は他の税理士法人の社員となることを禁止されている。この規定に違反したときには，当該社員又は第三者が得た利益の額が，当該社員が所属する税

理士法人に及ぼした損害の額と推定される（税第48条の14）。したがって，当該社員は，税理士法人からこの損害について賠償を求められる可能性がある。

　税理士法人の社員による競業は，当該法人の事業上の秘密保持に支障を来たし，利益衝突を生む恐れがある。また，所属する法人の事務所を本拠に税理士業務を行い法人の業務を執行する社員たる税理士が，個人としても税理士法人の業務範囲に属する業務を行うと，委嘱した納税者に対する責任の所在が曖昧になり，委嘱者（納税者）保護に支障を来たす恐れがある。こうした問題の発生を避けるために，税理士法は，税理士法人の社員に対して競業禁止義務を厳格に適用しているのである（日本税理士会連合会 2023）。

（4） 海外の税理士制度

　最後に，税理士の組織ではないが，海外における税理士制度の実態と，日本税理士会連合会の国際交流活動について簡単に紹介しておこう[8]。

　日本の税理士制度は国際的には独特な制度で，税務に関する専門職業は，海外ではドイツのSteuerberater，韓国の税務士，中国の注冊税務師などに限られている。多くの国では，税務業務は会計士や弁護士などによって行われている。

　そうした中，日本税理士会連合会は，日本の税理士制度が海外で正しく理解され，多くの国で税務専門家制度が導入され発展するよう，国際的な支援や協力を推進してきた。とりわけ，モンゴル，ベトナム，インドネシアからの要請によって税理士制度導入に向けた支援・協力活動を行った結果，2012年にモンゴルで税務相談業務に関する法律が制定されるに至っている。

　また，日本税理士会連合会は，専門知識・経験の交換，並びに相互協力関係の維持・強化を図るため，1989年にドイツ連邦税理士会，1991年に韓国税務士会，そして2004年に中国注冊税務師協会と友好協定を締結し，交流を深めている。また，アジア・オセアニア諸国の税務・会計専門家団体とも協定を結び，友好・親善の強化を図っている。

　1992年に，日本税理士会連合会の提唱によって，アジア・オセアニアタッ

8　日本税理士会連合会「国際交流」(https://www.nichizeiren.or.jp/taxaccount/interchange/)。

クスコンサルタント協会（Asia Oceania Tax Consultants' Association: AOTCA）が設立された。AOTCAは，アジア・オセアニア諸国の税務専門職業の発展を目指し，同地域の専門家団体間の交流の促進及び租税に関する情報交換の場として機能することを目的とするものである。日本税理士会連合会は，設立当初からリーダー的存在としてその活動を積極的に支援している。1993年から8か国・地域の10団体で活動を始めたが，2022年11月現在，準加盟を含めた加盟団体数は，16か国・地域の21団体となっている。

Assignment

- ・税理士に独立性は必要だろうか。必要だとすればそれはなぜで，誰（何）に対する独立性か，必要ないとすればなぜ必要ないのか考えてみよう。
- ・税務業務と監査業務を別々の職業的専門家に担わせることのメリット及びデメリットとしてどのようなものがあるか，それぞれの業務の特性及び求められる職業倫理を考慮して説明してみよう。
- ・公認会計士がその資格によって税理士登録をして税務業務を行うことができるように，税理士に対しても公認会計士登録をすることを認めるべきだという意見があるが，こうした意見に対してどのように考えるか，両者の業務の特性や求められる要件などを考慮して説明してみよう。

参考になる書籍

坂本孝司（2019）『税理士の未来：新たなプロフェッショナルの条件』中央経済社。

参考文献

田中恒夫（2017）『会計職業倫理（第2版）：会計士（監査人）の倫理 税理士の倫理』創成社。
日本税理士会連合会編（2023）『新税理士法（6訂版）』税務経理協会。

グループ・ディスカッション 事例

【公認会計士の倫理問題】

問題 1

事例

　A公認会計士は，公認会計士資格取得以来35年間にわたって，生まれ故郷のX町に個人事務所を置いて主に税理士業務を行うかたわら，繁忙期に監査法人から依頼されて監査証明業務の補助を行っていた。

　このほど多くの会社が集まるY市の中心部へ事務所を移転することにし，これに伴って，新たな顧客の獲得に向けて次のような広告を出そうと考えている。

＜A公認会計士事務所＞

当地域で最も豊富な経験と実績のある公認会計士の事務所です。

長年の監査・税務経験に基づく卓越したコンサルティング・サービスを提供します。

会計・税務・法律など，どんなことでもお気軽にご相談下さい。

秘密厳守　要電話予約　○○○○○－○○○○○－○○○○○

問　この広告に職業倫理上の問題はないか？　問題があるとすればそれはどこで，なぜ問題か？　また，どう修正すればよいか？

事例

　公認会計士であるあなたはＡ監査法人に所属しており，今年度の勤務評定によってマネージャーへの昇格が認められた。

　Ａ監査法人は上場会社Ｘ社の監査を担当しているが，Ｘ社監査チームの現場主任であるあなたは，Ｘ社のＹ経理課長から「近いうちにマネージャー昇進祝いに一席設けるので都合をつけてよね。」と誘いを受けた。Ｙ経理課長は同じ高校の先輩ということもあって，日頃から親しく接している関係にあり，その誘いは同窓のよしみということのようである。

　一方，ある会計処理を巡って，会社と監査チームとの間に見解の相違がある。双方の主張が大きく食い違っており，現在，Ｘ社の取締役経理部長とＡ監査法人の業務執行社員との間で協議が継続中である。

問　あなたはＹ経理課長からの誘いにどのように対応すべきか？　そのように対応する根拠・理由は何か？　職業倫理上，どのような点に留意すべきか？

問題3

事例

　公認会計士の資格を持つあなたは，数年前に，監査人としての知識と経験を買われて，旅行業を営むA社の経理担当取締役に就任した。A社は，経営環境の急激な変化の影響を受けて，過去2年間大幅な営業赤字を計上している。こうした中，経営状況の改善を図るための対策会議に出席するうちに，あなたは，A社が，専務取締役の指示の下で，国の支援制度を悪用して，補助金を不正に受給しようとしているのではないかとの疑いを抱いた。

　A社は内部通報制度を設けているが，これまで通報が行われたことはほとんどなく，実質的な機能を果たしていないのが実情である。

　あなたは，A社取締役就任にあたってそれまで勤めていた監査法人を退職し，今後監査業務に復帰するつもりも，税理士登録をするつもりもない。できれば，あと数年間はA社の取締役の職に留まることを希望しているし，A社からもそのように要請されている。

問　このような状況において，あなたはどのように行動すべきか？　そのように行動すべきであると考える根拠・理由は何か？　職業倫理上，どのような点に留意すべきか？

【税理士の倫理問題】

問題4

事例

　税理士であるあなたは，AIの開発に関連する技術研究を行っているM社と顧問契約を結んでいる。この度，M社から，X社との新たな取引に関する税務処理について相談があった。

　M社から相談のあった取引自体はここ1，2年の間に行われるようになったもので，あなたの知る限り税法や通達などに明確な規定はなく，税務行政が取引実態に追いついていない状況にある。しかし，あなたは，類似の取引に係る現行の税法規定に従えば，一定の課税を免れないと判断している。

　そんな中であなたは，M社が予定しているX社との取引スキームでは課税を免れることはできないが，M社とX社との取引の間に，一定の条件のもとでZ社を介在させることにより大幅な税額低減が可能となることに気がついた。

問　このような状況にあるとき，あなたはM社にどのようにアドバイスするか？　そのようにアドバイスする根拠・理由は何か？　職業倫理上，どのような点に留意すべきか？

問題5

事例

　税理士であるあなたの幼なじみのAは，高齢となった父親から家業を受け継ぎ，小さな町工場を経営している。ここ数年間，会社の経営状態は必ずしもよくなく，資金繰りにはかなり苦労している様子である。

　Aの会社では，父親の代から長年世話になっているB税理士と，引き続き顧問契約を結んで税務処理について見てもらっている。

　ある日，あなたは，Aからある税務処理について次のような相談を受けた。

　B税理士は，X案が税法基準に照らして適切かつ安全な判断だというんだが，自分で色々と調べてみたところでは，Y案の方が納税額が少なくて済むような気がするんだ。Y案の採用について，税理士であるお前だったらどう思うか，意見を聞かせてくれないか？

　もちろん，お前に聞いたことはB税理士にはいわないし，ちゃんと報酬も支払うよ。もし少しでも可能性があるのなら，自分の意見としてB税理士に相談してみて，ダメならB税理士のいうとおりにするから。頼むよ。

問　この相談に対して，あなたはどのように対応するか？　そのように対応する根拠・理由は何か？　職業倫理上，どのような点に留意すべきか？

事例

　税理士であるあなたは，数年前からA社の顧問として税務業務を請け負っている。この間，あなたはA社の社長からの信頼を得ることに成功し，A社の取引関係企業を紹介され業務契約を結ぶことができた。現在，A社とその取引関係企業からの報酬は，あなたが代表を務める税理士法人の全収入の3割を占めるまでになっている。

　ある日，あなたは，A社からある税務処理に関して次のような相談を受けた。

　先生の判断では，X案が税法や通達に照らして適切かつ安全な処理だということですが，わが社で調べてみたところ，Y案の方が，納税額が少なくなるような気がするのです。確かに，Y案については法解釈が分かれており，租税回避にあたるとする学説があるのは承知しています。しかし，以前に税務業務を依頼したことのあるB税理士法人に尋ねたところ，確かにリスクはあるが，相当程度の税額低減の可能性もあるとの回答を得ました。

　このところ経営環境が急に悪くなり，わが社の採算も厳しくなっているので，少しでも節税できると助かります。先生，なんとかY案で処理していただけませんか？

問　あなたはA社にどのように回答すべきか？　そのように回答する根拠・理由は何か？　職業倫理上，どのような点に留意すべきか？

解答のポイント

問題 1

・「会員は，自己及び自己の専門業務に関し，マーケティング又はPR活動を
する際に，職業的専門家としての評判を損なうようなことをしてはならな
い。会員は，正直かつ誠実でなければならず，次のいずれも行ってはなら
ない。

（1）専門業務，資格又は経験に関して誇張した広告

（2）他の会員を誹謗中傷する，又は事実の裏づけのない広告」（倫R115.2）

問題 2

・「監査業務の依頼人から贈答及び接待を受ける（略）場合，自己利益，馴れ
合い又は不当なプレッシャーという阻害要因が生じる可能性がある。」（倫
420.2）

・会社と監査チームとの間に会計処理を巡る見解の相違があり，協議中であ
ることをどう考えるべきか。

問題 3

・「会員は，違法行為又はその疑いに対処するために会員が所属する組織が
方針及び手続を定めている場合，違法行為への対応方法を決定する際に，
当該方針及び手続を考慮しなければならない。」（倫R260.9）

・「上級職会員は，状況並びにその地位，職務及び権限等に応じて，次の事
項についても適切な措置を講じなければならない。

（1）問題となる事項について監査役等とコミュニケーションを行うこと。

（2）適切な規制当局に違法行為又はその疑いを報告することを規定する
法令を含めて，適用される法令を遵守すること。

（3）違法行為又はその疑いを阻止若しくは是正し，又はそれらの影響を
軽減すること。

（4）再発リスクを軽減すること。

（5）まだ違法行為が発生していない場合には，その発生を未然に防ぐように努めること。」（倫R260.14）

・「上級職会員は，上司及び監査役等の対応並びに内部通報制度等を通して伝達された事項に対する所属する組織の対応の適切性を評価しなければならない。」（倫R260.16）

・「上級職会員は，上司及び監査役等の対応並びに内部通報制度等を通して伝達された事項に対する所属する組織の対応を踏まえ，公共の利益のために追加的な対応を行うことが必要かどうかを判断しなければならない。」（倫R260.17）

問題4

・「税理士は，不正に国税若しくは地方税の賦課若しくは徴収を免れ，又は不正に国税若しくは地方税の還付を受けることにつき，指示をし，相談に応じ，その他これらに類似する行為をしてはならない。」（税第36条）

・租税回避行為となる可能性のある処理を自ら紹介したり推奨したりすることについて，どのように考えるべきか。

・「租税回避行為という言葉には，マイナスのイメージがあるが，これは，租税回避行為が，本来であれば租税負担が生ずるにもかかわらず，何か特別なことを意図的に仕組むことによって，その租税負担を免れているという印象を与えることから生ずる感覚的なものではないかと思われる。つまり，その根本にあるのは，その何か特別なことを意図的に仕組むことで，税負担を軽減するということに対する感覚的な拒否反応，善悪の価値観として「悪」というイメージによる道徳的な側面に基因するものなのではないかと考えられる。（中略）我が国の現行税法では，学説上も裁判例上も，明文の法律の根拠なしに租税回避行為の否認は認められないものと解されているところであり，租税回避行為が行われた場合に，法令上それを防止するような個別的な否認規定がない場合には，その租税回避行為について，税務上，否認することはできないといわれている。」（鈴木 2018）。

問題5

・「税理士は，不正に国税若しくは地方税の賦課若しくは徴収を免れ，又は不正に国税若しくは地方税の還付を受けることにつき，指示をし，相談に応じ，その他これらに類似する行為をしてはならない。」（税第36条）
・租税回避行為となる可能性，また，租税回避と節税との違いに留意する。
・「セカンド・オピニオン」が求められている背景や理由などに留意する。

問題6

・「税理士は，不正に国税若しくは地方税の賦課若しくは徴収を免れ，又は不正に国税若しくは地方税の還付を受けることにつき，指示をし，相談に応じ，その他これらに類似する行為をしてはならない。」（税第36条）
・租税回避行為となる可能性，また，租税回避と節税との違いに留意する。
・A社との関係に起因する阻害要因（自己利益）の影響に留意する。

参考文献

鈴木久志（2018）「租税回避行為の否認についての一考察：我が国の租税法へ一般的租税回避否認規定を導入することの必要性を中心に」『税務大学校論叢』第94号，1-128。

【執筆者紹介】(五十音順)〔担当章〕

蟹江　章〔第4章，第13章，第14章，付録〕
　　青山学院大学大学院会計プロフェッション研究科教授

小松　義明〔第6章，第12章〕
　　明治大学専門職大学院会計専門職研究科教授

清水　涼子〔第9章，第10章，第11章〕
　　関西大学大学院会計研究科・商学部教授

林　　隆敏〔第7章，第8章〕
　　関西学院大学商学部教授

町田　祥弘〔第1章，第2章，第3章，第5章〕
　　青山学院大学大学院会計プロフェッション研究科教授

2023年9月20日　初版発行　　　　　　　　　略称：テキスト職業倫理

【標準テキスト】
会計専門職の職業倫理

編　　者　ⓒ　会計大学院「職業倫理」研究会
発 行 者　　　中　島　豊　彦

発行所　同 文 舘 出 版 株 式 会 社
　　　　東京都千代田区神田神保町1-41　　　〒101-0051
　　　　営業 (03) 3294-1801　　編集 (03) 3294-1803
　　　　振替 00100-8-42935　　https://www.dobunkan.co.jp

Printed in Japan 2023　　　　　　　　　　製版　一企画
　　　　　　　　　　　　　　　　　　　　印刷・製本　三美印刷
　　　　　　　　　　　　　　　　　　　　装丁：オセロ

ISBN978-4-495-21048-9